见识城邦

更新知识地图　拓展认知边界

JONNIE HUGHES
ON THE ORIGIN OF TEPEES
The Evolution of Ideas

锥形帐篷的起源
思想如何进化

[英]乔尼·休斯 著
孙薇 译

图书在版编目（CIP）数据

锥形帐篷的起源 /（英）乔尼·休斯著；孙薇译
. -- 北京：中信出版社，2020.7
书名原文：On the Origin of Tepees
ISBN 978-7-5217-1228-5

Ⅰ.①锥… Ⅱ.①乔…②孙… Ⅲ.①文化—世界—通俗读物 Ⅳ.① G11-49

中国版本图书馆 CIP 数据核字 (2019) 第 258677 号

On the Origin of Tepees
By Jonnie Hughes
Copyright © Jonnie Hughes, 2012
Simplified Chinese translation copyright © 2020 by CITIC Press Corporation
ALL RIGHTS RESERVED

本书仅限中国大陆地区发行销售

锥形帐篷的起源

著　　者：[英]乔尼·休斯
译　　者：孙薇
出版发行：中信出版集团股份有限公司
　　　　　（北京市朝阳区惠新东街甲4号富盛大厦2座　邮编　100029）
承　印　者：北京通州皇家印刷厂

开　　本：787mm×1092mm　1/16　　印　张：20.25　　字　数：225千字
版　　次：2020年7月第1版　　　　　 印　次：2020年7月第1次印刷
京权图字：01-2019-4835　　　　　　 广告经营许可证：京朝工商广字第8087号
书　　号：ISBN 978-7-5217-1228-5
定　　价：68.00元

版权所有·侵权必究
如有印刷、装订问题，本公司负责调换。
服务热线：400-600-8099
投稿邮箱：author@citicpub.com

献给朱莉，满怀爱意

目 录

致　谢　01

第一部分　只有人类

　　第 1 章　怪物们　3

　　第 2 章　新世界　17

第二部分　什么是想法？

　　第 3 章　进化，明尼苏达州　39

　　第 4 章　变化，北达科他州　52

　　第 5 章　传承，南达科他州　65

　　第 6 章　选择，怀俄明州　82

第三部分　少点历史

　　第 7 章　无意识？　105

第 8 章　西部如何取胜之一：找到边界　116

第 9 章　西部如何取胜之二：1876 年 6 月 25 日　128

第 10 章　西部如何取胜之三：美国的建造　142

第四部分　谁在驾驶？

第 11 章　锥形帐篷分类的初级指南　155

第 12 章　想象力的约束　175

第 13 章　文化基因　203

第五部分　疑问解决

第 14 章　过去　227

第 15 章　现在　262

注　释　279

文献目录　281

补充阅读　285

致　谢

我要感谢美国西蒙与舒斯特自由出版社的希拉里·雷德曼、世界出版社的罗宾·丹尼斯，以及罗伯特·科比（Robert Kirby）和芭芭拉·齐特瓦的鼓励和支持。感谢我的朋友爱玛·金、戴夫·福曼、安迪·贝德维愿意阅读我的初稿。感谢安娜·普伦帝斯博士对大平原考古学的重要研究贡献，以及蒙大拿斯·迈克、凯西·卡斯克、瑞克·梅斯、约翰·亚威斯的盛情款待。感谢雷金纳德和格雷迪丝·劳宾所写的《印第安人的锥形帐篷》（The Indian Tipi），以及 P. 威尔先生对我走向这条研究道路的启蒙。感谢我的妻子朱莉以及孩子们——达伊勒、米娅、乔尔和麦克斯，他们给了我充分的时间和空间来完成这本书。还要感谢我的父母帕姆和戴维·休斯一直以来对我的鞭策和鼓励，当然，还有我的兄弟埃兹，与我一路随行。

第一部分

只有人类

第1章

怪物们

镜片起雾

我们都是通过不同的有色眼镜来看待这个世界的。很多人并没有意识到这一点（即使那些意识到的人也不愿意承认），但我们的确都是透过被我们记忆中的各种思想染色的镜片来观察这个世界的——只有通过我们有意无意地储存在脑子里的上百万个思想观念，我们才能不断地将我们所体验的世界赋予意义。没有人不是戴着有色眼镜来看世界的，因为没有哪个人的头脑里空无一物。

而我们是有权选择不同的有色眼镜的。这里有一架子无序摆放的眼镜，包括弗洛伊德学说、自由主义学说、佛教禅宗、环保主义者学说、马克思主义学说。我们可以任意选择。如果乐意的话，还可以选择不止一种。

从历史上来说，我倾向于选择，最早在1858年，伴随查尔斯·达尔文的《物种起源》一书出现的视角。据说该书当时一出版就引起了很大的轰动。书里的世界是无神且无意义的。要适应这些观点需要很长一段时间，即使适应了，他们也并不喜欢这种观点。无论如何，达尔文的视角持续地影响着后人。他们研究并改进这些观点，现如今，对很多于西方世界成长的人来说，达尔文进化论已经是习以为常的了。自从记事开始，我就一直戴着这副有色眼镜。我喜欢这种观点。在我看来，无神且无意义的世界仍然迷人而美好，可能正是因为它是无神且无意义的。当然，我会这么说，因为我戴着达尔文的有色眼镜。不过，我也能看出达尔文的有色眼镜并不完美。虽然它对地球上的其他生命的作用一目了然，然而，当透过这种视角研究我们人类时，奇怪的事情发生了，这些镜片起了雾气，看不清了。这副眼镜无法再敏锐地反映出人类的状况。透过它们，无论你多努力看，智人都显得……有点模糊。

让我来解释……

所有生命中最古怪的五种生物

按倒序排列，它们分别是：

5. 锤头果蝠（*Hypsignathus monstrosus*）

它们是非洲最大、最吵闹、最丑的蝙蝠。

没有哪种蝙蝠是漂亮的，不过相对而言，雄性锤头果蝠可以说是极其丑陋的。它的脸上长着蒜头鼻，上方是突出的绿眼睛，下方是下垂的嘴唇。它标准的面部表情是"白痴"的感觉。它的疣状皮肤让它看起来像个丑八怪。如果解剖它的话，你会发现它体腔的上三分之一是肺和过大的喉头，下方三分之二是两个巨大的睾丸。它其实和水果没多大关系，因为作为一只锤头果蝠，其存在的理由不是吃，而是发出巨响的噪声。它们是动物世界中吵闹的铜管乐队。它们生活中的唯一目标就是演奏"音乐"，吸引"乐迷"。

在交配的季节，一到日落时分雄性锤头果蝠会在河岸边最中意的树下聚集。声音通过水面传播，不过锤头果蝠不太需要这种扩音效果：这些动物制造出一种独特的喧闹声。它们制造的声音独一无二，你可以想象，在带电喇叭之类的乐器演奏中，将迷幻的音乐去掉，然后剩下的一群狂热乐迷所发出的各种口哨声。这种让人抓狂的嘟嘟声会恶心地一直持续好几个小时，并伴随着翅膀的疯狂拍动，直到（相比之下好看些的）雌锤头果蝠终于平静下来，找到它们疯狂的、一直鸣叫着的同类并进行交配。

虽然在人类听起来，每只蝙蝠的叫声都差不多，但制造这种噪声还是讲究一些技巧的。最近一项研究表明，80%的小锤头果蝠的出生只是很少几只雄性的杰作。显然它们是最佳求偶信号发出者，也是疯狂的求偶者！

4. 皇带鱼（*Regalecus glesne*）

海洋中最奇怪的生物。

很多人从未听说过这种鱼，即使听说过的人也很难相信它的存在。它可是世上所谓海蛇传说中的明星。在挪威，维京人管这种鱼叫作"鲱鱼之王"；在他们看来，这个故事带有一丝《圣经》的意味，皇带鱼带领着鱼群从深邃海底游出，它在黑暗中发着光，就像信号灯一样闪烁着。

皇带鱼可是真实存在的生物，也是生物界几大传奇之一。它长达10米，重约四分之一吨。它锥形的身体被银色包裹，就好像在锌里浸泡过似的。它头顶上戴着鲜红色羽毛般的皇冠，胸鳍上长着6英尺*长的红色"筷子"，也就是它名字的由来（"oarfish"中的"oar"是桨的

---

* 英尺是英美制长度单位，1 英尺约合 0.3 米。——编者注

意思），以及像栅栏一般遍及背部的背鳍。

虽然"标本"偶尔在风暴过后被冲刷到海岸，或在其穴居的地方被发现，然而直到 2001 年，才有人在海里看到活的皇带鱼。一位美国的海军潜水员比尔·库克西（Bill Cooksey）在探测巴哈马群岛的浮标时，见到了一条皇带鱼浮在水面下。它垂直地悬浮在水柱中，奇异的头冠竖立着，"桨"向两侧张开。有一瞬间，库克西以为他在昏暗中看到的是银色闪光的十字架。当他意识到其实看到的是个巨型的海洋生物时，并没觉得好到哪里去。当他接近这个生物时，它并没有移动，而它那巨大的眼睛却一直在注意着他的一举一动。当库克西离它只有几米远的距离时，它以自己为轴心旋转着，用背鳍弄出小水花来和库克西保持距离。库克西被其控制水花的一幕震撼了；它就像机器一样运转着。在它离开之前，库克西本来是有机会碰到它的。它走时也不是从水面匆匆离去，而是像一块石头沉入黑暗之中，而它的眼睛还一直盯着库克西。作为世界上最大的硬骨鱼，没人确切知道皇带鱼吃什么，住在哪儿，如何繁育。

3. 大象（Family Elephantidae）

有魔力的外星生物。

我知道大家对大象都很熟悉，但如果你重新观察，如同第一次所见，大象会让你感到前所未有地陌生。首先它们对于这个星球而言，形体十分庞大。有记录记载，最重的大象达 11 吨。它是其他行走的动物的 3 倍大。它们对环境的影响十分重要。大象是唯一可以适应从热带雨林到热带草原，再到牧草地以及半荒漠化地区的动物（比我们人类的适应力还强）。这并不是说它们的"栖息地管理"纯粹是毁灭性的。大象所及之处推倒的树木促进了植物的生长，有益于增加物种的多样性；其开辟的道路为其他食草动物打开了浓密的树丛；它们是非洲大陆上最重要的种子播撒者；它们的排泄物足够养活多达 3000 种无脊椎动物。

此外，大象的外形可不一般：一块块的肉不匀称地包裹在亮灰色无毛的皮肤下，两颗巨大的长牙，四条腿像柱子，还带着脚指甲。亚洲象的耳朵大到（人类）可以在底下休息，而两颗牙齿会一直长，等到小象 5 岁的时候，它们需要绕着树走，以免牙齿被挂到。

还有就是它们面部的附属物。可抓卷的鼻子并不是大象所独有的，赛加羚羊、獏、土豚和澳大利亚的袋食蚁兽也有，只不过没有那么壮观罢了。象鼻是鼻子与上唇长达 3 米延伸部分的组合，这也就是象鼻末端看起来像撅翘的鼻孔的原因。光象鼻就有多达 4 万块肌肉，因此可以任意调整方向。象鼻一方面很轻巧，可以卷起一片草，另一方面又很有力，可以折断一棵成年金合欢树的树枝。

说到象鼻的功能性，它简直就是自然界的瑞士军刀。一天中，象鼻可以将树切成小份来咀嚼，以 1 次 4 加仑*的频率吸取 50 加仑的水喷到象嘴里，将果子从树上晃下，搬开挡道的原木，过河时像通气管般呼吸空气，将泥洒满全身达到防晒的效果，用摇鼻的方式和其他大象打招呼，伸到半空中嗅出捕食者、食物及其他象群的气味，给关系亲近的大象与小象以安慰，和其他大象用象鼻搏斗争夺领地，擦去眼睛里的泥土，摘掉脚里的刺，以及用鸣叫来通知方圆一千米内的其他动物宣示自己的存在。

在象鼻背后的是大象聪慧的头脑。针对野生草本植物的长期研究表明，大象可以使用工具，会悼念逝去的亲人，有审美，富有同情心

---

* 加仑是英美制容量单位，英制 1 加仑约等于 4.5 升，美制 1 加仑约等于 3.8 升。——编者注

并有自我意识。它们也可以从彼此的经验中相互学习。生活在北部莫桑比克的象群得以在重雷区存活，因为它们懂得不去踩闻起来有炸药的土地。这项技能大概是从其他经历过类似事件的象群中学会的。它们可以教给小象新的技能来避免不幸的发生，这说明大象具有不寻常的智能。

而大象最奇特的技能应该是其远距离交流的能力。凯蒂·佩恩（Katy Payne）来自康奈尔大学，是研究象群长达25年的动物学家。当开始研究时，她发现多年前的科学报告曾指出，象群在一定程度上具有心灵感应的能力。研究者坚持认为，大象可以觉察出彼此的存在，并与数英里[*]之外的对方沟通，而不发出任何声音。凯蒂发现非洲象散布在丛林的各处，却总能知道其他大象正在或者将要做什么。直到她站在美国家乡的动物园里的一头大象的旁边时，她才明白它们是如何做到的。

"我感到胸口怦怦直跳，就像回到小时候周日的教堂里，坐在管风琴旁，听风琴演奏时的那种感觉。我感到那种声波的振动低沉而震撼，我那小耳朵都快承受不住了。"次日，凯蒂回到动物园，带了麦克风和录音机。当她高速回放大象的录音时，那声音太低沉，以至于我们都听不到。她的研究转变了我们对大象的了解。如今我们知道大象一般用50多种不同的次声波来进行沟通和交流。由于其波长更长，在行进过程中很少能被植被破坏，因此可以传播很远的距离。刚果森林里的大象可以在茂密的丛林里和相距数十千米的同类彼此交流，就像鲸鱼在海里唱歌那样，大象的歌声通过植被进行传播。它们还可以将地表当作电报线，将"地震似的"隆隆响从体腔传到四肢，并通过陆地，传给另外一边通过四肢接收信息的同伴。

---

[*] 英里是英美制长度单位，1英里约等于1.6千米。——编者注

2. 裸鼹鼠（*Heterocephalus glaber*）

有蚂蚁般社交生活的哺乳动物。

极端环境需要用极端的手段来应对。地球上最极端的环境之一位于肯尼亚、埃塞俄比亚与索马里等最干旱及荒芜的部分，而这些地区自然催生出世界上最独特且不凡的生物。

多年来此处唯一的生命迹象是从旱土长出的枯木，而地表之下是饱含卡路里和矿物质的块茎物。它们的生长方式与草莓类似，一旦你看到一株，就会发现有很多株在附近，而这是维系动物生命很好的食物来源。从进化的角度，自然界本应出现大一些并善挖掘的哺乳动物。忍耐干旱，嗅觉灵敏，靠那些植株为生，然而出现的是一群不可思议的穴居动物。由于对它们知之甚少，我们仍在不断调整对它们的认识。

通过观察它们，你可以知道它们（几乎）是地球上最不寻常的动物。体形比阴茎大一点，一边的尾部带着尖齿，四肢大得有点滑稽。它的长相可能不是我们的菜，但其实裸鼹鼠的长相是由自然决定的。它们的龅牙用来挖掘最坚硬的荒漠土壤。它们像豆荚一样的四肢使它们可以快速灵活地奔跑。和地铁相似的是，它们前进和倒退的速度同样很快，而和地铁不同的是，如果两只裸鼹鼠在地下相遇，并不会出现"晚点"的现象。作为裸鼹鼠的礼节，从属的在遇到主导的裸鼹鼠时要蹲伏着让其从上方通过。如果出现了争执，它们会扭打一会儿，然后打赢的从另一只的上方过去。

裸鼹鼠奇怪的地方不只是它的外表。它们和仓鼠差不多大小，却能活25年左右。这是其他同大小体型哺乳动物寿命的3倍长。它们无法控制自己的体温，是唯一冷血的哺乳动物。它们吃自己的粪便，如果太胖了，够不到自己的肛门，它们会从路过的同伴那里要一点儿。它们没有神经递质来感知痛感。至于它们不长毛发也很神奇：它们是唯一比人类小却不长毛发的哺乳动物，我们也不知道其中的原因。

就算不具备这些特点，它们在我的名单里还是会排在第二名，因为它们有独特的社会组织结构。在它们的社会里，除裸鼹鼠后外，其他的雌裸鼹鼠都是不育的。只有裸鼹鼠后可以生育，和蚁后类似，其是所有裸鼹鼠的母亲。

不过，裸鼹鼠后可不是那种母亲节会被送卡片的慈母。就像爱丽丝梦游仙境里的皇后，裸鼹鼠后脾气特别差，会践踏其领域里的每个裸鼹鼠。成为裸鼹鼠后是一个事业，而不只是生育权的问题，其统治是很不稳固的，从属它的任何一个雌裸鼹鼠随时都可能取代它的位置。保持权力的唯一方式就是震慑，所以它才会如此强势。这种生育的独裁阻碍了其竞争者的繁殖。

现在来想一下这种情形多么奇特。这种哺乳动物像蚂蚁一样，生活在地下，有不育的裸鼹鼠充当工人和士兵的角色，以及多产的裸鼹鼠后，这种生存策略被称为"真社会性"，这也是地球上对于动物组织来说最复杂的设计制度。当科学仍在对昆虫具有这种了不起的策略的发现而感到震惊时，在1976年的发现表明，哺乳动物也具有这种神奇的理念。

由于哺乳动物比昆虫的"基因构造"要更大、更复杂，在一个联系如此紧密的社会中繁衍是有很大风险的。被困于沙漠中某个偏远的地下农田里，每个裸鼹鼠的领地都是各自独立的。因此，每只裸鼹鼠后都只能选择它的近亲属作为交配对象（它的兄弟、儿子，甚至是父亲，这完全不会对它造成困扰）。而每位生物老师都讲过，近亲繁殖是非常糟糕的，主要有两点：一来增加了不良基因的风险，有些甚至是致命的，这样很多幼仔都无法活到成年；二来降低了整个物种的基因多样性，如果环境发生改变的话，它们将无法适应，很快就会沦为化石记录。"分子钟数据"显示，裸鼹鼠在地下隧道中与它的近亲们胡乱交配，就像疯王卡里古拉那样，有差不多3800万年的历史；这几乎是啮齿动物保留寿命期限的40倍。它们是如何做到的呢？

　　裸鼹鼠的DNA（脱氧核糖核酸）模型表明，在进化的早期，它们的确遇到了残酷的基因发展瓶颈。这时候应该是昆虫变得普及的那个时期。致命的基因像自发的病毒一样四处传播，给大多数物种造成了影响，而一小群近亲交配、基因上没有缺陷的裸鼹鼠存活了下来。它们的基因库实在没什么东西，当环境发生变化时，这些幸存者应当会突然消失。不过这种情况却从未出现过。裸鼹鼠维持它们的生活有几乎4000万年的时间。非常偶然的是，它们处在了"进化真空"的状态。它们在非洲沙漠那片没太大变化的土地上，挤在地下温馨的洞穴中，相对于地上那个混乱的世界，裸鼹鼠躲过了进化。它没有出现在达尔文的进化体系中。还有另一种动物也用了差不多同样的方法，那就是……

1. 我们人类（*Homo sapiens sapiens*）

　　生命创造了一些无法想象的奇特生物，而我们智人，顾名思义，"聪明的智慧人类"，名列前茅。

　　我们是唯一会说话的动物。我们是唯一直立行走的动物。我们是唯一难过的时候会哭的动物。我们脖子上的喉头，如果在晚饭的时候被食物呛到，都可能导致送命。我们是社会动物却没有所谓最佳的群体规模；我们的群体可以从一个人到3560万人不等。

　　即使在与我们最亲近的物种——灵长类动物中，我们也是很古怪的。我们是唯一赤身裸体的灵长类动物。我们也是体形最丰满的，有比我们的任何近亲都要多10倍的脂肪细胞。我们是最容易出油、出汗的灵长类动物。（没有哪种黑猩猩会长痘。）我们是唯一在相对凉爽的区域可以成功生存的灵长类动物。

我们的头很大。我们的头太大了，以至于要提早发育成熟，从而顺利地从母体分娩。正因如此，发生在人类分娩期的母婴死亡率要比其他物种都高。拿新生儿来举例，我们的头有身长的四分之一，块头占三分之一。黑猩猩的幼仔在两周之内就能抬头，人类的婴儿则需要发育到 20 周，那时他的脖子才足以坚硬到可以支撑他过大的头部。

说我们的头大，主要是因为我们的大脑是其他同体型动物大脑的 3 倍。在大脑中，有 1000 亿个神经元，还有多到数不清的神经连接。用计算机术语来说，我们具有 16 800 GHz 的处理能力，100 万 GB 的记忆存储，连接着 21 种感知功能。* 当动物园或家养的动物的头脑只相当于便携计算器的时候，我们已经自带超级计算机了。

我们同时很好地运用了大脑。如果出现了什么问题，我们不一会儿就能找到解决办法。我们的智慧是使我们在动物王国中脱颖而出的特质。我知道人们总说狗或者海豚，或者黑猩猩是聪明的，你从它们的眼睛里就能看出来，对吧。可没有一种动物有我们的心智和常识。无论是灵犬莱西、海豚菲利普，还是泰山的黑猩猩伙伴契塔都还不够聪明。它们其实并不能做出影片中那些聪明的事，它们的行动需要由我们来训练。它们这么做也不是为了自我提升或挑战或钱，只不过是为了得到一片火腿、一条鱼或者一根香蕉。

超自然？

我们之所以是地球上最奇特的生物并不是因为我们随时可能致

---

* 不止亚里士多德提出的那 5 种。

命的喉头，或者我们裸露、多斑、爱出汗的皮肤，或者我们危险的大头，甚至不是我们聪明的大脑和闪光的智慧。更特别的一点：我们是地球上唯一不能被受自然选择影响的达尔文完美进化论解释清楚的物种。

自然选择足以解释雄性锤头果蝠如何变成会飞的小号演奏者，皇带鱼如何变得行为奇异，大象是如何使用它的象鼻和次声波的，裸鼹鼠后是如何变得繁殖专制的。这不需要什么神圣的造物主，因为自然选择可以解释自然是如何在缺少有意识思想的条件下创造奇迹的。这能解释自然是如何不经意地制造神迹的。不过现在我们了解到，即使是自然选择也不能解释你是如何坐在这儿，阅读这本书的：原因之一，没有什么动力需要你变得足够聪明来读书；原因之二，你不该浪费你的时间，毕竟你还可以去摘果子，找对象什么的。

我会进一步做出说明……

1. 我们过去的奥秘：难以描述的进化

在自然选择的作用下，物种经历了艰苦的生活。不幸是一切进化的核心，因为生命的进步需要对不幸做出调整。而环境，也就是围绕有机体出现的所有事物，从邻居到天气，通过选择任何一种可以帮助生命存活并繁殖的特质进行调整适应，并将阻碍其存活或繁殖的特质消灭。自然从可供选择中选出最适合的生命，物种会不断适应直到变成"最符合的"。不多也不少。

人类是通过在东非的热带大草原上存活、繁殖并不断进化的。即使是最乐观的进化生物学家都承认我们简直是大材小用了。

脑容量			
南猿	直立人	智人	黑猩猩
350 立方厘米	800 立方厘米	1350 立方厘米	450 立方厘米
300 万年前	150 万年前	现在	现在

从事实可以看出，我们从和黑猩猩差不多的生物变成今天这种多汗、直立行走、侃侃而谈的、聪明的奇怪生物只用了300多万年的时间。我们的各种特质饱受磨炼，而我们的其他近亲却毫无长进。自然选择神奇地推动了我们大脑的进化，使得脑容量从不太大的350立方厘米扩充到强大的1350立方厘米。非洲的热带草原需要这种头脑吗？我们现在具有了超级计算机般的大脑，而我们生存和繁衍——使我们的基因可以顺利传给下一代——所需要的只不过是我们近亲所有的普通计算器而已。也就是说，我们近期演变的内容和速度并没有什么意义。

2. 我们现在的奥秘：难以描述的生活方式

说到基因，我们人类总是轻视自己，这不仅是不明智的，也是不符合自然选择的规律的。其他的生物都很挥霍它们的基因：它们花时间和精力让自己开心，并进行传播。这也是现代达尔文主义的普遍真理，它必须最终在某种程度上对基因有益，否则就不会发生进化。有时候我们必须仔细看，才能发现"基因的视角"，我们从未失败过，除了我们人类自身。

很多事情看上去似乎对基因没有益处。我们在过了生育年龄还会生长，就好像有什么意义一样。我们选择不要孩子，即使我们有生育能力。我们为国献身。我们变成独身禁欲者。我们浪费时间做一些没用的事情，比如集邮，而不是采集坚果、水果那种。我们移居到加勒比海地区，不是为了躲避北方的寒冬，而只是为了把我们的皮肤晒成棕色。

虽然这些事情可能会以某种意想不到的方式有益于我们的基因——实际上，这是那些支持达尔文主义的进化心理学家最后唯一的希望——不过看上去，按生活的规则来说，我们一部分生活方式不但奇怪，还"不太合法"。

自然选择无法解释我们的进化和生活方式这件事，让我们的科学家日夜难安。你要记得，自科学诞生以来，它就一直忙于让人类蒙羞。我们一度以为我们是生活在宇宙中心的神的形象。自此之后，我们一直不断地取得进步。首先，哥白尼告诉我们地球是围绕太阳转的。伽利略又说太阳系是银河系的一部分。后来达尔文揭示，生命并不是什么神圣计划，而是一个无意识的生命自动形成的过程，这也就消解了我们的恐惧——那些出现在动物园的类人猿，和我们长得像是有原因的。

随着这个科学祛魅的过程达到顶峰，达尔文进化论的"有色眼镜"也变得模糊起来。自然选择无法解释我们大脑的构造和生活方式这件事使科学观念的进步暂时告一段落，并与过去的研究划清了界限。对于我们许多人，即使不是大多数人来说，还是认为"人的自然本性"与我们生活的世界没多大关系，它并不是达尔文的自然选择，而是一种天意。我们的命运本身也印证了这种天意的思想。

那我们就这样了吗？我们周围的一切生命，以及我们身体的很多部分，都是由自然选择构成，可以用达尔文主义解释的，而我们真正生而为人的却是非达尔文的，是由超自然的选择决定的。达尔文主义视角的拥护者是不会同意的。哲学家丹尼尔·丹尼特说，这就像描述一座摩天大楼的构造，底层的三分之二是由起重机完成的，最后的三分之一是由"天降神器"完成的：这个神器是穿越云层悬挂着的超自然的建筑工具。如果你相信超自然的话，如果你有宗教信仰的话，那么没问题，天降神器说得通。不过很多人并不相信超自然的存在。很多人，就像我，觉得"自然"就是一切。那么我们只有找到构建我们最后三分之一的起重机才会善罢甘休。那我们应该怎么做呢？

试试戴上一副新的"有色眼镜"吧。这会让我们从全新的视角来认识我们唯一知道的建造起重机——自然选择。透过这副镜片，展现的我们的进化和生活方式会使达尔文主义重新站住阵脚。透过这副镜片，可以聚焦那股神奇的推动力量，看清它是如何扩充我们的头脑，剥去皮肤上的毛发，使我们直立行走，以及放过我们的喉咙的。透过这副镜片，我们会发现人类对其生存环境并不是大材小用，而是恰如其分。透过这副镜片，能帮我们更好地理解"双份收入，不要孩子"的价值理念。

我可能有这么一副。

这副镜片还是全新的，处在虚拟阶段，还没来得及给它取名字。这不是我造的，而是一群激进的科学家和哲学家的成果。在很多方面，和达尔文的视角很相似（我相信达尔文戴上这副镜片，会觉得很舒适），不过在研究动植物方面，这副镜片近乎一无是处。它仅限于为研究人类提供新的视角。

显然这副镜片很棒。制造者声称拥有了这副镜片，佩戴者就会开始理解人类的处境。现在来说，我并无法证实或反驳这种说法，因为我才刚结束对这副新镜片的适应，我得说看上去还是很有前景的。说不定这就是我在找的"有色眼镜"呢！

它也可能是你的。这是我写下这本书的原因，目的在于让你来做判断。每个章节我都提到了这些全新的、叫不上名字的有色眼镜镜片。现在我们戴上它们，通过它们呈现的风景，来重新认识这个世界。

第一步：先让你的眼睛适应一下……

第 2 章

新世界

室内天地

埃兹和我有点无助地并肩站着,背景音乐是肯尼·基的《来自伊帕内马的女孩》。我们和两个男人、一个女人,还有一个小孩搭乘同一部电梯。风景在我们眼前闪过,我离近了看,眼前的这座大型室内空间里充满了欢乐和温馨的氛围。电梯快得让我们都觉得有点恶心,旁边的那个女人难受地呻吟着。

我们现在所在的是美国商城(简称 MOA),这是全世界人流量最大的购物中心。它占地面积达 23 万平方米。工作人员有 1.2 万名。这里有超过 500 家商铺。在这里几乎没什么你买不到的东西。这里的商店有只卖手串珠子的,有只卖拖鞋的。这里有远程遥控的直升机店,一个"钱包大世界",一个卖"可以当作枕头的填充的毛绒宠物玩具"的店。它既是枕头也是宠物。它是一个动物抱枕。还有卖那种人们想戒烟才会需要的东西。在这里,卖的东西种类根本数不清。商品的不同种类和细微差别简直让人眼花缭乱。如果你不想买东西的话,这里还有喜剧表演俱乐部、18 洞的高尔夫课程、每晚都上演的婚礼表演,你可以买票观赏可供游泳的鲨鱼坦克,还有游玩带过山车和水上滑梯的主题公园——这些都在这座购物中心里。

什么样的人会需要这么复杂的内部建筑呢？答案是：明尼苏达州人。埃兹和我所在的是明尼苏达内部的内部。明尼苏达是存在着内部问题的。这个州每年会下五个月的雪，冬天最低温是零下 50 摄氏度，夏天最高可达 46 摄氏度。如果你想在明尼苏达州过得比较充实的话（我跟你说，明尼苏达人确实也过得不错），你需要自己打造一个远离室外的避风港，只属于自己的小世界，一个大型的室内场所。

电梯响了一声，门开了，其他人走了出去。埃兹和我跟着人群来到高耸的回廊下，这里都是商铺。我们发现即使在上午 10 点，商场里也还到处都是形形色色的人，逛着、看着、买着。

美国商城是我们人类偏爱的栖息地。在这里可能有上万人。如果一位生态学家碰巧遇到像我们这么多集中出现的物种，他可能会说他找到了热点聚集区，一种理想的生态：在地球上的一片区域，刚好能完全满足所有人的需求。它就像家一样舒适。他们没错，美国商城就能满足我们的所有要求。这里温暖干燥，食物和水都很充足。这里没有天敌，也没有疾病的困扰。对于我们这些从热带东非来的裸猿人来说，这里真是再合适不过的地方了。

从基因角度来说，我们（差不多）都是东非人。我们智人经历了 1 万多年的生命历程，虽然出现过一些小的调整和补充，我们人类基因库的总体（基本上）一直没变。伦敦大学学院的基因学家史蒂文·琼斯（Steven Jones）教授说："人类的进化已经结束了。"在经过了 580 万年一言难尽的进化后，我们的大脑比相撞弹出的气囊的膨胀速度还要快，自然选择似乎伴随着 20 万年前东非"洞穴人"的出现而停止了。这意味着，从基因的角度来看，埃兹和我，还有商场里的所有明尼苏达州人，都还是和洞穴人一样。我们可能觉得自己很现代，但我们的身体已经有 20 万年没什么变化了。如果这时一个远古的洞穴女性走进盖璞（Gap）店，站在我旁边翻着牛仔裤，我一点儿都不会惊讶。她会和店里的其他人长得（差不多）一样。我还有可能和她生孩子，毕竟我们的DNA 构造是相似的。所以到底发生了什么？为什么我们在进化的时序中，看上去像静止了一样？

三明治的选择

埃兹和我被美食区吸引了。我们今天早上忘了吃早饭。用罗斯安妮（Roseanne）的话说，"这傻得有点特别"，要知道，我们昨天刚从希思罗机场飞过来，已经没什么时间观念了。我站在那儿，和其他所有人一样，看看有什么选择。我们不再需要打猎或者采集了；我们现在做的和以前那种钱物交换是一样的，然后带走一块热的油炸玉米饼。要不买个百吉饼？这个要健康点。（就好像这对我们这些洞穴人来说真的很重要一样：20 万年来，我们仍保留了石器时代的食欲，还是喜欢蛋白质、盐和糖。）

虽然自然选择不再作用于我们，但对于食物区的三明治而言，还是发生着变化的。*每当我们做出一个选择，销售发生了变化，库存减少了，销售经理会在心里记下——下次再多增加一些订货量。那些受欢迎的——也就是"被选择的"——将会重新订购（或再造），然后销量越来越多。那些经理觉得"值得一试的"选项——那些"不被选择的"——将不会被重新订货（或不会被再投入生产），直至在全球或者当地消失。过了几周乃至几个月之后，人们的选择会决定美食区中

---

* 由于是人为的选择，这个又被叫作人工选择。请允许我这么称呼。

三明治"种类"的构成。

正如选择发生在物种之间，美食区的自然选择同样如此。仔细看看这一堆长得差不多的金枪鱼帕尼尼，你会发现有一些放置时间有点久了：金枪鱼的颜色看上去是棕色的。有一些会有一大块生洋葱露在外边，不太好闻。有一个显然是散了，重新放在一起的。这几个要比那些更新、洋葱味小一点的、更齐整的"没那么合适"。如果金枪鱼帕尼尼足够多的话，也就是说要比选择金枪鱼帕尼尼的人还要多的话，"选择的压力"将会使那些不那么合适的帕尼尼仍然摆放在冷冻柜里。一个好的经理会指出这个问题，并向供货商反映"别给我棕色的金枪鱼，少放点洋葱，重新弄的时候认真点"。金枪鱼帕尼尼的数量将会慢慢调整。"适中程度的"将会增加。在人类世界里，我们称其为"质量控制"，而在自然环境中，我们称为自然选择。

那么为什么我们的自身"质量"不再被控制了？为什么20万年前的洞穴人的身体构造从未遭受反对，无论在那块理论的帕尼尼中露出了多少块理论上的洋葱。我们自身为什么从生物进化的进程中消失了呢？

还记得裸鼹鼠吗？它不也是从自然选择中逃脱了吗，怎么做到的？它藏身于自己创造的世界里——常年恒温恒湿的完美"室内"。在这么安全的环境中，恶劣的大自然不能通过"适者生存"的法则来影响它。我们也是这么做到的。我们生活在室内，只不过我们又向前了一步：我们把室内生存的世界也搬到了室外。

我们不用像裸鼹鼠那样在一成不变的坑里扎堆取暖。我们在沙漠、高山、岛屿以及明尼苏达州四处探险。我们到这些各不相同的地方——在这些都不是裸猿出现的地方——做了一些神奇的事情：我们没有去适应当地环境，而是调整当地环境来适应我们。无论在地球的哪个地方，我们都能随遇而安。美国商城只是其中之一。我们还打造了成千上万个农场、商店、公共设施，以及住宅，在这些地方我们什么都有：温暖、水、食物、庇护，远离天敌与疾病。这就好像我们一直生活在理想化的东非——只适合我们的东非。而由于我们一直和所有同类待在一起，我们古代的洞穴祖先没有任何质量控制的问题。我们的"经理"没有什么可抱怨的。

这理由看上去天衣无缝，而如果你像我一样，怀疑天降神器的存在，那一定会有自然的回应。我不相信魔法。而这种"奇迹般的"力量就像魔术一样。那么，当我们在明尼苏达州打造这些温馨的室内场所时，我们是如何做到的？这里被施加了什么魔法？

草原上的小屋

这次，埃兹和我走了大厅中间靠近中庭的楼梯，那里是尼克宇宙游乐园。我想要休息一会儿，欣赏一下海绵宝宝室内过山车的景观，但我对自己有点生气，刚到美国不到24小时，我已经穿坏了一条牛仔裤。我知道我不该吃那个金枪鱼帕尼尼的。

我在低层的回廊看到了巴诺书店，书店对我总有种强烈的吸引力。在书店里，靠近当地历史的区域，一对夫妇用一种奇怪的语言和他们的孩子对话，这让我感到意外。我俩的直觉告诉我们，这里只会出现住在明尼苏达州的美国人。而在这儿，他们却在说着外来语。这种语言听起来有喉音，却并不难听。单词间有某种韵律，当妈妈说话时，我和她家小孩一齐慢慢地看着她的唇部动作。当我意识到他们都盯着我看时，我赶忙将眼睛望向书架，看着无数本关于斯堪的纳维亚移民的书。我一下明白了。他们说的肯定是瑞典语或者挪威语。他们也是美国人——

斯堪的纳维亚裔美国人。

　　这个商场里，超过四分之一的人有斯堪的纳维亚的血统。早在1825年，当明尼苏达州还未正式成为州之前的30多年，挪威人、瑞典人、冰岛人、芬兰人，还有丹麦人来到这里。他们离开欧洲，因为那里的政治环境变得动荡，农业收成不好，宗教也不宽容。在繁忙的东部地区登陆后，抢占大西部的土地是其唯一的选择。很自然，这些来自欧洲北部的人被美国土地吸引。那时候，明尼苏达是美国最北和最西的地方，寒冷、植被覆盖，散居着法国毛皮猎人、林地印第安人，以及偶尔的盟友——麦士蒂索人。那时毛皮可是门大买卖，新成立的美国仇视英国，由于其对贸易进行严格的控制：总有北方的一只手，偷取美国动物的毛皮，然后回去发家致富。因此，美国政府建了一座斯内林堡，明尼苏达河与密西西比河在这里交汇，离我现在的位置只有8英里。移民来的斯堪的纳维亚人连忙围着这个西北部的据点聚集起来。

　　在有温暖舒适的庇护场所之前，明尼苏达州在19世纪早期没那么适宜居住。打造这么一个地方是很艰难的。不过，这个地点还有一些优势：在据点上方的瀑布是木材厂的主要水源，据点下方宽的河标志了密西西比河最高的通航点。几年之内，瀑布上游建立了磨坊，用来处理被砍伐的原木，下游河岸逐渐形成了河港。到20世纪中叶，产业的发展促进了明尼阿波利斯城镇的诞生，而河港成了圣保罗，它们是明尼苏达州的双城。

　　随着林地的退化，斯堪的纳维亚人在草原上建起了农场。磨坊的经营从木材变成了面粉，居住者这下有了粮食。更幸运的是，在1万年前，冰川融化时，留下了一片幼年肥沃的土壤。和北美其他地区一样，这片土壤很高产。这片沃土上开始长出小麦，明尼阿波利斯成了最大的面粉磨坊。这吸引了很多斯堪的纳维亚人相继从故乡来到这里，特别是挪威人。在1825年之后的那个世纪，三分之一的挪威人涌到了美国。除爱尔兰之外，没有哪个国家有这么大比例的人来到美国。一时间明尼苏达州都是维京人，这些人很擅长开拓这种一年当中五个月温度都处于零下的荒地。

为什么说他们擅长呢？他们面色苍白，在明尼苏达阴沉的天空下可以充分地吸收维生素D*，不仅如此，他们的基因并没有赋予他们在美国开始新生活所需要的任何特殊技能。然而，长达1.4万年生活在大雪、湖泊、寒冷的平原、树木遍布的土地的历史让斯堪的纳维亚人很适合明尼苏达州的生活。19世纪的斯堪的纳维亚人天生就是伐木工人，因为身边到处都是森林。他们还是专业的木匠。在当地建筑行业中他们处于世界领先水平。他们运用当地资源建造起漂亮且实用性强的建筑。由于他们在斯堪的纳维亚的人口少且分散，这使得他们不会受到封建主义的侵扰，以及不会像中世纪欧洲的其他地方需要建立石墙防御，没有对华丽的宫殿的渴望。6000多年来，他们只在短暂的播种季节种地。他们已经学会如何在恶劣的夏季天气快速地种植作物。他们在冬天不假思索地建造大谷仓来安置家畜。他们自觉地收拾冬天的肥料，并添加到土壤中。在那些寒冷、黑暗的月份里，他们也没有浪费时间，而是用来做衣服和制造工具。他们在维京时期，曾有悠久的制造皮毛、皮革以及金属制品的传统。除此之外，这些新美国人深受路德教传统的影响，拒绝奢侈浪费和轻浮，崇尚勤奋、简单劳动以及品质好的手工技艺，还有团结强大的社区。这些为他们在明尼苏达州的生活提前做了准备。适应气候对于斯堪的纳维亚人来说变成了习以为常的事：毕

---

* 维生素D是通过太阳照射被皮肤吸收的。北欧和北亚人的浅皮肤发生进化来填补原来生存环境的空白：比起棕色皮肤来，他们的皮肤更容易吸收太阳光。

竟他们在这种环境中生存了几千年的时间。

所以，即使他们自然上只是热带的裸猿人也无关紧要。在明尼苏达经过了几十年的适应，斯堪的纳维亚人在这个荒芜寒冷的地方依然可以安稳、温暖地生活着。就像裸鼹鼠一样，他们成功打造了一个温馨的家——一个只属于其自己的地方，自然无法触及的"室内"区域。但和裸鼹鼠不同的是，这个庇护的地方不是在坚硬的沙漠泥土之下。它看上去更为脆弱：他们对父辈以及祖父辈用过的东西的回忆。

因此，我们人类的大脑是有魔力的：一种能记住他人如何解决问题的能力。说得委婉一点，这是一种非常罕见的才能，也是与其他生物相区分的本领。为了更好地阐释，这里有一个关于生命体是如何解决问题的快速调查（别担心，不会花很长的时间。在35亿年间，生命一直在进化，而这样的方法只有4个）。对于这个调查，我的问题是那个经典的、孩子在操场上会问的问题："为什么小鸡要过马路？"只不过这里的"为什么"要换成"如何"，而我们的开头要比小鸡听起来还要蠢一点。

问题解决者的路

剧情：在马路一边有四种生物——一只水母、一只海参、一只小鸡，还有一个人。他们都需要解决过马路这个问题。我不知道原因，但我知道他们是如何做到的。

水母是怎么过马路的？

（"达尔文学说"的生物）

水母作为世界上最简单的生物之一，是存活在地球上首类生命体的最佳诠释，又被称为"达尔文生物"。*这些生物对任何问题都只有一种解决方式，而这种解决办法就连接在它们的协调系统中。和大多数动物一样，水母是通过神经细胞，或"神经元"相连的。它们像网络一样分布，就如同铁路系统一般，这样每条轨道都可以和另外一条相连。当感知到刺激物时，神经冲动——像电火花般——在最初的"站点"被引发。它通过网络的速度很快，当到达终点时，引起的反应主要有两种：要么是收缩肌肉（进行移动），要么是分泌激素（改变"结构设置"）。当你总结时会发现，所有的动物，包括我们人类，也都只有这两种选择，这意味着所有动物的协调机制都只是收缩肌肉或分泌激素的问题。因此，如果想让生物变得更复杂，不是给它们更多的选择来做出反应，而是建构更加复杂的神经系统。

达尔文生物的神经系统很基础：在出生之前，一系列简单的路径就已经搭建好（这也是"连接"的字面意思）。在一生中，它们无法再构建新的神经路径，只能接受自然赋予它们的，出于"条件反射"做出反应。如果神经系统搭建得不好，它们就会做出错误的反应，甚至可能致命。好在达尔文生物的每种物种都有许多成员，每个成员的神经系统都略有不同，因此在面对不同的情境时，产生的反应也不同。这种物种间的差异是达尔文生物存活的关键。在面临不同的情境时，总会有一些做出反应。在自然选择的作用下，那些适时做出反应的个体将会存活，并生出下一代。这下问题又来了。不过还是同样的问题，比如如何过马路。

我们的水母站在马路的一边。（我们要让马路淹没在水中，这样它就可以自由移动了。）和它一起的还有很多它的同类。它们看上去很像，

---

* 我们无法分类的植物、菌类，还有所有微生物都属于首类生物。

但每一只都有一点不一样。当听到发令枪的声音时，其中一只开始穿过马路，完全不顾来往的车辆。时间并不长。其他移动得比较慢，在我们开始观察到它们感受震动发生神经连接静止之前，有一两只已经被碾死了。如果不是轮胎的痕迹，那就是好的反射；反之则不是。由于这条马路上的交通很拥挤，这些跃跃欲试的水母没有一只能成功。

（水母还在边缘试探。它们在等什么呢？）

更多的水母动身了。一只水母天生会"之"字形游泳，可能躲避来往的车辆，但当它笔直地游过去的时候，很快被碾得飞溅。另一只继续朝着路面游动，显然它是生活在深水区域的，但在水面却不行，所以……也失败了。现在只剩下两只了，我们的那只水母还有另外一只，还在起跑线上平稳移动着。它们一直在路边等待，直到天黑。水母可以察觉到光线。这两只水母只有在没有阳光的时候才会移动。庆幸的是，在天黑之后，路上的交通也没那么拥挤了，这帮了它们大忙。它们出发了。不过也还是需要幸运女神的眷顾，在黑暗的庇护下，它们最终到达了马路的另一边。作为两只幸存者，它们需要肩负起传宗接代的任务。而它们会发现另一边的水母很可能在白天划水，只在晚间活动，在新环境中做出任何"调整"其实是完全无意义的。不过这就是生命。

重要的是水母不需要决定下一步要做什么。它只是本能地做出反应：做出了它父辈在面临相同的情形时的行为。由于它们经过了重重困难才成为父母，它们的神经连接行为应该也会再次发生作用。这也是称它们为达尔文生物的原因——在搭建协调系统中自然选择起到了直接作用。它们可能会一直保持麻木，是因为不需要变成其他样子。

你也不要沾沾自喜，我们比水母强不到哪里去。我们毕竟是达尔文口中的进化的生物，从我们的神经网络中可以找到线索。包括我们眨眼，分泌唾液，不受控制的膀胱。我们无法决定这些反应。它们和水母的条件反射如出一辙，是完全不假思索的。

"水母是怎么过马路的？"答案是幸运到具有良好的条件反射。

海参是怎么过马路的？

（"斯金纳学说"的生物）

美国心理学家伯勒斯·弗雷德里克·斯金纳（Burrhus Frederic Skinner）发现了这种生物。他是用鸽子做的实验，不过我们现在知道，像海参那样简单的生物也遵循同样的原理。事实上，很多生物都属于这个分类。它们与达尔文学说的生物最大的不同在于——它们可以学习。

当面临新的问题时，海参会做出许多不同的行为。它们不是通过"思考"，而是随机进行选择。如果它们的行为获得了奖励（不被杀的话），那么下次再面临相同的情形时，海参可能会做出相同的行为。如果这个行为招致痛苦（可能侥幸脱险），那么它们下次就不太会做出相同的行为。换句话说，海参会从成败得失中进行学习。它们不会事前思考，但它们有事后记忆。为了不断地扩大神经网络，对海参而言，每一个始发站都对应着不同的终点站。在应对刺激时，它路径中的任何一支将会随机产生火花。如果结果是好的，这将会使路径从分支到达主干线路。如果不是好的结果，它将会彻底封闭这条线路，并尝试新的不同路径（假如它从初次尝试中幸免于难的话）。也就是说斯金纳学说的生物神经网络可以对经验做出反应：它在一定程度上具有可塑性，而可塑性是一切学习的核心。

学习的基本模型可以简单称为"试错"。这是所有动物学习的主要形式的基础，而我们人类在面临新的情形时，通常也会使用这种方式。

那么海参是怎么过马路的？也是靠运气吧……不过下一次就不需要运气了。

小鸡是如何过马路的呢？

（"波普尔学说"的生物）

作为斯金纳生物，它们会从成败得失中学习，这是非常有用的技能，但同样也很危险，因为如果选错了开局，甚至可能会致命。在你头脑中事先想好，再进行试错，要好得多。换言之，在做出任何行为之前，要先想想这个问题，以及如何解决。这就是波普尔学说的生物，这种生物得名于科学哲学大师卡尔·波普尔，他曾说远见会让"假设代替我们去死"。波普尔生物是斯金纳生物的分支，也是达尔文生物的分支。如果你是波普尔生物，那你同时也是斯金纳生物和达尔文生物。小鸡就是一个例子。

一只在过马路时带着对未来恐惧的小鸡会先"想象"如果每条可通过的路线都会产生火花会是什么样的。这样的话，它脑子里需要有一个足够现实可以做出有效预测的模型。这个模型会很复杂，信息来源于小鸡各种不同的学习经验。这可能不是特别好，会有一些迷惑和不准确的路线，但如果这样可以使小鸡在选择下一步时有更好的机会，那就是值得的，而且是技巧，而不是运气，确定了最后的结果。

波普尔生物千差万别，因为要建立一个好的模型是很困难的。你需要准确记住各种经验，需要记住每种经历中准确的"成因"，然后你需要用技巧将这些有用的经历放到你的模型中去。我们人类很擅长做这些——数量级要比小鸡高级得多。我们的大脑布满了神经元。我们尤其擅长归纳并推理我们所经历的因果关系。然后我们在脑内构建精密复杂的模型。这并不是完全毫不费力的。每次你停下来思考的时候,你能感到你的大脑在工作,对吧?比如在地图上找路,下棋时想怎么走,找地方停车——这些都需要你构建脑内模型,这样你就可以比随机的第一步走得更好。这需要努力和关注。这也不是万无一失的,人们每天都会经历挫败。

那么小鸡是如何过马路的呢?它想了个办法。

人类是如何过马路的呢?

("丹尼特安"生物)

幸运的是,在很多情况下,我们都不用想办法,因为我们是"丹尼特安"生物(根据丹尼尔·丹尼特命名),我这一章节都是向这位美国哲学家致敬的。根据他的论点,在"生殖与检验之塔"的理论中,这个模型描述了当遇到问题时,不同头脑解决问题的方法。丹尼特安生物要比波普尔生物更厉害。我们可以不用真正体验如何过马路,而顺利地解决这个问题,我们都不需要花时间去想这个问题。你会问:"怎么做到的?"答案很简单:会有人告诉我们的。丹尼特安人可以从同类的其他人那里"借鉴"经验。他们要么观察,要么听取,要么阅读其他丹尼特安人的经验,然后在解决问题时派上用场。一句话:丹尼特安人会偷懒,他们会交换思想!

当那些水母在尝试其祖先面临相似情形的方法时,海参一边祷告一边从各种能收集到的方式中探索解决办法时,小鸡站在那儿想下一步该怎么办时,我们,作为高等生物的人类,可以朝某个过马路的人大喊,然后问他是如何做到的。那人可能会说:"如果我是你的话,就到山顶去。那些车一会儿开着就慢了,你可以离得很远看,那里的水母要少得多……"

永不过时

　　试想一下这组生物将会如何在新的环境中生存。在新的环境中，他们会遇到两种问题：一种是以前遇到过的问题，一种是以前从没遇到过的问题。如果他们遇到新的问题，因为是丹尼特安生物，波普尔生物的分支（因此也是斯金纳生物以及达尔文生物的分支），他们会用传统的三种方式解决问题。可能水母会靠本能的反应，海参会经历一系列的试错，对于小鸡而言，可能安静地想清楚才会解决问题。我们会认为，对于人类而言，更高级的波普尔式解决办法应该是默认的选择。不过也不能否认：我们通常也会用类似海参或者水母的办法。你只要站在一旁，看看那些组装宜家家居的人就知道了。

　　无论每种问题是如何解决的，一旦解决后，这个解决方案就不只属于丹尼特安生物，而是属于整个群体的（如果个体之间会进行思想交流的话）。而这个解决方案会和其他习得的解决方案被统称为"集体记忆"，这是一个群体内的所有成员都可以找到问题答案的知识库。

　　现在想象一下这个知识库。随着时间的累积，取得成功的个体将会增添新的解决方案；失利的个体将会丢掉那些不再有用，已经过时的解决方案；每个个体都参与提升解决方案的过程。每当这个解决方案的知识库发挥作用时，灵感会带来促进的效果，而一些怪事或偶然事件可能会添砖加瓦。这种解决方案的改变和修正都是具有深远意义的，体现在：知识库本身会进行调整来适应环境。当丹尼特安生物肆意地挥霍他们解决问题的天才时，他们的集体记忆用来与外在环境进行互动。作为思想的载体，集体记忆变得任何一个宿主都无法承担，进而变得超物质，也就是开始变得超越依赖其个体而存在。也就是说，集体记忆有了自己的生命。一种不断进化的生命。

这是我们人类物种的魔法。作为超级波普尔生物，我们脑海里有了不起的模型，可以解决外在世界向我们扑面而来的所有问题，这些问题可能会阻碍我们生存以及繁衍。而由于我们同时又是丹尼特安生物，我们可以利用同类的经验来解决问题，这样我们整个物种都可以从自然选择的烦扰中解脱出来。结果就是人类的基因组再也不用和大自然直接抗衡了。现如今，它们之间的相互作用通过中间介质进行调节。我将这种介质称为集体记忆，也就是解决方案的储存库。不过它还有个更常见的名字，叫作文化。

正是斯堪的纳维亚文化使他们在明尼苏达州的荒地上变得温暖、安全以及食物富足。正是他们文化的不断进化使得作为热带裸猿人的身体不需要再继续进化了。

大概经过了35亿年的研究和发展历程，大自然最终做到了：诞生了最终问题的解决者——人类。这种生物不但通过生物上的调整，解决了传统意义上的问题，还通过调整文化解决了很多非传统意义上的问题。通过这么做，大自然像任意一位技术工程师那样，第一步先实现了设计：它设计出一款不会过时的产品。这款产品的"硬件"复杂精细，不需要进一步改造。这款产品需要的只是不断提升自身的"软件"设置。

属于我们自己的世界

我们是有多奇怪！我们脑子里的东西持续发展，而我们那洞穴人的身体却可以保持20万年不变。一直以来发生进化的唯一部分是我们不断变化的思想。我们用文化进化取代了生物进化。不过这种进化不是我们所知道的那样。

那我们要如何来理解呢？我们这些怪人，进化历程如此独特，如何在世界上定位呢？世间万物不都应该有自己的位置吗？

毫无疑问，我们生活在宇宙中被称为地球的那部分区域，但我们应该了解得更多，毕竟地球还可以通过不同的角度来理解。它是大气圈，这里聚集了所有的气体因子，无论是飘浮在珠穆朗玛峰上空的，还是存于抹香鲸肺部的，或者是留在你的直肠里的。它还是岩石圈，这里聚集了地球上所有自然土壤，无论是火山熔化的土地，格陵兰岛地下挤压形成的地貌，或者是沙滩上躺着的鹅卵石。它还是水圈——所有水分子的总和，无论是罗斯冰架冰冻形成的，威尔士上空倾盆而下的雨，或者是你的拿铁冒出的热气。这几个世界不是完全相互独立的，它们并不是"封闭的"，不过它们确实很少相互干扰，并且各自具有一系列独特的特点。我们不属于其中任何一种。

我们属于的世界直到不久之前才被发现。（它们可能一直在我们身边，但是地球上"圈子"是很容易被忽略的——你只有离得足够远，并且仔细看，才会发现一整个不同的世界。有时候你甚至要眯起眼睛来仔细看。）直到达尔文出版了《物种起源》，属于我们的生态圈才进入我们的视野。

生态圈是生命体的世界：基因的总和，全球生态系统，所有的生命体。这是个庞大而混乱的地方。大自然主宰着一切，它通过自然选择质量控制着生存于其中的万物，甚至包括那些奇怪的生物。比如锤头果蝠、皇带鱼、大象等。如果裸鼹鼠加入其中，它也要遵循游戏规则。除了我们人类，世间万物都是如此。就像我之前所说的，我们人类是个难题。

毫无疑问，我们也是生态圈的成员。我们身体生理上的一切，都是"生态圈的"。这也是我们会有痛感、长青春痘、尿急、饥饿、性冲动、生小孩、长雀斑、会放屁的原因。这些都证明我们是生态圈的成员。但我们难道只有身体上的反应吗？我们除了生物性不应还有其他吗？当然，我们不只是这个自然选择的世界中的一部分，还超出了自然选择。那我们是如何适应生物圈的呢？

问题的关键在于：我们其实并没有。作为独特的生物体，我们人类一部分属于生态圈，不过生态圈只体现了我们的一部分。我们自身发展出了两个世界。一个属于生态圈的旧世界，有着我们有时不太愿意承认的自然动物属性，还有另一个新世界——只属于我们人类的世界。

这个新世界其实一直就藏在我们身边，直到1926年，一位来自早期共产主义时期的不太知名的俄国地质学家弗拉迪米尔·韦尔纳德斯基（Vladimir Vernadsky）发现了这个世界。他看到的是"人类思想的世界"，这里集合了我们所有的记忆，全球的文化，所有已知事物的总和。这是个形而上的世界，体现在所有的手工艺品中，包括器皿、衣服、小说、教堂等，在实体基础上，它们体现为微小的火花，不断地为人类的集体记忆添砖加瓦。他捕捉到了这些难以察觉的事物，因为这个世界是完全存在于思想中，更确切的说法是，在我们每个人的思想中的。在那个世界里，是远离贪念、纵念和怨念的生态圈，是我们作为"人类"相遇的地方。这个发现很了不得，所以他为这个世界想了个名字。他称其为"心智圈"。

这名字没什么稀奇，它取自古希腊语中"精神"的意思。再加上，他是用俄语写作的，而俄国当时比较封闭，这可能也是这个词比较晦涩的原因。不过"心智圈"这个词对我们的探讨而言是个十分重要的概念。也就是说，韦尔纳德斯基试图概括我们人类整体的知识库，包括所有问题的所有解决办法，这个新世界开启了我们成为智人后互相交换思想的时刻。刚开始可能只是小规模的，只存在于1万年甚至更久远的非洲，几个特别聪慧的人类祖先的头脑中。伴随着文化的发展，它呈指数级增长，后来庞大到出现在每个人的头脑中。心智圈甚至开始有了自己的生命。它是一个真正意义上的"圈子"，一个全新的世界。它遍布世界各地，是因为我们遍布世界各地，也是借着令我们不断发展的文化，促使我们遍布世界各地。

来到新世界

在斯堪的纳维亚裔美国人那种有些过时的古老文化中，除了鳕鱼和芜菁甘蓝的菜谱，缝制北欧服饰的样式，用鹿角制作雪橇的最佳方法，剩下的都是一些模糊的古老的故事，在这些故事中充满了他们几个世纪穿越大陆的艰难旅程：口口相传，或者通过老人的描述，或者以诗歌或散文的形式出现在羊皮纸上，然后尘封在皇家藏书馆的橡木架上。这些故事都提到一处名叫瓦尔哈拉殿堂的大殿，意思是"阵亡将士的殿堂"，这个地方是死神用来纪念在维京战役中阵亡的将士的，这样他们在死后就可以得到他们渴望的一切。殿堂里完全满足将士们的需要，永无休止地上演着宴请、畅饮、娱乐，甚至是沉溺和放纵。那里是全天候的属于神明的内部空间，满屋都是曾为肉身之躯的欢乐的不朽灵魂。

这似乎可以得出结论，在美国商城里，这些曾经畅饮、娱乐、到处享乐的斯堪的纳维亚人现在拥有了属于他们自己的殿堂——可能会叫"购物殿堂"，这座占地面积约23万平方米的建筑是对文化基因的证明，就坐落在不到200年前，他们曾以难民的身份出现在这个国家的边缘地点。不过按照韦尔纳德斯基的理论，真正的瓦尔哈拉殿堂——"伟大的内部建筑"——要比美国商城，或者明尼苏达州，甚至整个美国还要大。那是承载着所有人类思想的天堂一样的地方，我们都拥有开启这座巨大知识库的钥匙。虽然我们自然的肉身在生态圈里注定会充满艰辛，迫于进化的压力，我们需要面对疾病、妄念和各种烦恼，而我们的思想在心智圈中，可以获得永生（如果出现了什么值得记住的东西的话）。

我不知道如果我们能更好地理解世界的话，是否作为人类奇怪的地方就可以得到解释。我的推理过程是：如果你对水不了解的话，你怎么能解释金鱼呢？你怎么描述它的鳍、腮、流线型的躯体？如果你对金鱼生存的环境不熟悉，那关于它的一切都会显得很奇怪。对于我们来说也是如此。如果把我们比作金鱼的话，可能我们无法解释自我的原因在于我们仍然对生存其中的鱼缸以及浸泡其中的水不够了解。鱼缸就是心智圈，我们所浸泡的就是文化。

我们如何发现更多关于浸泡其中的文化呢？当然是通过有色眼镜的视角了。

好了，基本就是这样。你的眼睛差不多也适应了，你也更专注了，新世界即将呈现在你眼前。这些新视角的作用不止于此——这只是开始。我们利用它们来探索新的世界，通过这么做来化解我们自身面临的特殊疑惑。这是下一阶段的目标。

我等不及要开启这趟旅程了。我站在"购物殿堂"的大门口，不停地抬着脚后跟，等着我兄弟埃兹，他跑到厕所去排空生理上多余的尿素。低头一看，我手里拿着一本《本土印第安人部落百科》。还有埃兹选的关于萨满教的书。他出现了，我们最后看了一眼这个天堂般的购物中心，便开车奔向了广阔的天地。

第二部分

什么是想法？

来自四个大州的启示

第 3 章

进化，明尼苏达州

原力一直与我们同在吗？

新的"有色眼镜"与其他相比，最大的不同在于文化本身是具有生命力的，而不单是人类活动的副产品。这种说法并不夸张。为了让这些"有色眼镜"起作用，我们必须接受文化是有其自身生命的概念，换言之，心智圈是有生命的，就像生物圈一样。那么生命的定义是什么呢？

很遗憾，我们现在并不知道。生物学家总是苦恼于如何解释生物学的概念（表面意思是对生物的研究）。我当年的生物老师 P. 威尔先生在解释"生命"这个词时，提到了 7 种特征：

1. 需要吃东西（营养）。
2. 消耗能量（呼吸）。
3. 对外部环境有反应（敏感）。
4. 会动*（运动）。

---

* 即使外表看起来静止的植物也有忙碌的小细胞。

5. 生成废弃物（排泄）。
6. 自我增长（成长）。
7. 可以生成其他生命体（繁殖）。

我班上的同学都很聪明，这些特征写到黑板上还没五分钟，就有人说："那火算不算？"还有人说："水晶也是啊。"他们是对的，大学的科普讲座会讲这些，所以为了避免尴尬，这些特征又附加了条件。在第2条加了"储存能量在ATP（腺苷三磷酸）的分子里"，第6条加了"从自身内部"的限制。这下所有可能的争执都被扼杀了，不过总觉得很悲惨。定义"生命"非要这么具体吗？一定要细化到讨论ATP是否存在吗？就没有更简单的办法吗？不就是"生命"吗？

如果威尔先生在课堂一开始让我们来解释生命，我们不会给出一份列表，而是描述一种更直观的感受，"生命"是存在于某种事物上的能量，它存在，就是活着，失去了，生命就不存在了。我们的说法虽然平实，却包含了生机论的中心论点，而生机论起源于古老而遥远的地方。中国古代生机论者称之为"气"，印度生机论者称其为"普拉纳"，在星战系列里我们叫它"原力"。这种能量是存在并藏匿于每个生物个体之中的。这大概就是生命所具有的像魔法粉末一样的独特成分。

当我们感受到这股原力或别的什么叫法的能量时，它却并不会表现出来。对于那些时刻拿着放大镜执念于寻找生命体的人而言，生机论的观点简直是太天真了。科学家认为，如果说生命是一种物体，那么我们所观察到的生命是一种"副现象"，是天地万物日常活动的一种副作用。来自各领域的优秀科学家纷纷为这种说法找到了替代。不过他们的说法听上去干巴巴的，一点也不吸引人。欧比旺（Obi-Wan，星战角色）肯定不会同意。这些说法包括："生命是自主主体为了自我繁殖而自发形成的。""生命是当一个系统减少其内部的熵时所产生的。""生命是当一个多主体的系统为了完成热力学的循环而与其所在环境进行物质和能量交换时出现的。"

呃,理论上来说没错。问题是,如果都对的话,哪一个是决定性的特点呢?可能不止一个。可能三个都需要,谁知道引发生命这一"副现象"究竟需要多少个论点。这不像个正确答案。于是有了别的办法……

在位于圣迭戈的实验室里,杰拉德·乔伊斯博士正在提取 RNA(核糖核酸)的分子,RNA 是 DNA 的小弟兄,它们都是存在于我们细胞中的一串化学物质,能够引发一系列的反应。某种程度上,RNA 已经具备了这种特质,但是缓慢且低效率,乔伊斯希望它们变得迅速而高效。为此他有两种办法,可以二选一。一种是耗费大量时间研究 RNA 是如何引发反应的,然后通过不断调整每个相关的原子来实现,另一种办法是让 RNA 自身进化。

乔伊斯说:"分子的达尔文式进化其实很简单。第一步,先找到多种成分组成的分子。第二步,选取那些哪怕很稀少,但含有所需属性的分子。第三步,将选中的分子进行大量的复制,并在其成分中加入变量。第四步,随意重复上述步骤。"乔伊斯扮演着上帝之手,将每批 RNA 中最好的选为下一代的复制对象,那么 RNA 在引发反应的表现中也会越来越好。由于 RNA 的组成很简单,这个过程很快。乔伊斯可以在一天的时间里完成 100 代 RNA 的更替。在他一周工作即将结束的时候,500 代的 RNA 已经形成,而其分子的主宰者轻而易举地大获全胜。这其中最关键的是,乔伊斯并不需要知道它们是如何做到的。这和另一种他需要自己设计 RNA 的方法形成了鲜明的对比,在这个方法中,他的角色主要是个不用怎么操心的人。他只需要选择那些发挥最好的,剩下的就交给 RNA 自己去完成。

对于乔伊斯以及"直接进化"领域的前辈们来说，RNA 这种自我进化的行为，就好像 RNA 本身是"有生命的"。乔伊斯网站的轮播广告写着"化学系统所表达的生物行为"。这就是在说，分子具有像生命体一样的行为。

那么，可以认为具有进化的能力是生命的基本特征吗？如果回到多年前威尔老师写在黑板上的生命的 7 个特征，就会发现前 6 个的意义在于可以使生命维持足够长的时间以实现第 7 项——繁殖。说到繁殖，客观而言就是为了生命体的种族存活足够长久以实现进化。假如生命是一种副现象的话，那它一定是伴随其他一切活动的最终结果出现的，这个结果就是进化。

这种进化并不是普通的，而是一种达尔文式的遵从自然选择的进化。在我们的现实世界里，达尔文式的进化是唯一接近原力的事物。从乔伊斯那些无生命的分子开始，组成了这个充满生命体的大千世界。虽然我无法解释这一切，但肯定需要无数个分子经历无数问题，从而找到无数种解决办法。在这个过程中，一些分子和其他分子形成了细胞。一些细胞又和另一些细胞形成了多细胞生物。一些多细胞生物和其他多细胞生物形成了生态系统。在达尔文式的进化这一原力的作用下，一个纷繁复杂的世界得以呈现。在这个长达 35 亿年的自我进化进程中，作为这种进化的副现象，生命"浮现"了。

我后院的鸟看起来就很有生命力。它们飞来飞去，啄这啄那，这些是由其体内无数个分子所决定的：通过 35 亿年的达尔文式进化，它们自身的缺陷得到了解决。单是太阳系的地球便充斥着这种自我更迭的活动。对了，我们也管生命叫作忙乱。

那么文化领域中的生命，心智圈是否也和生物圈一样呢？这取决于你对"生命"的定义。虽然心智圈并不在 ATP 的分子里贮存能量，但如果你觉得生命与此无关，而是关于达尔文式进化的（可能是偶然的）"自我更新"的能力，那么文化就是有生命的。文化世界有自身进化的形式，文化是随着时间变化的，你从博物馆或老照片里父母的穿着可以感受到。问题在于，这种"文化的进化"是否和生物进化是一样的？文化进化也是达尔文式的吗？如果答案是肯定的——文化真的具有生命，那么我们新的"有色眼镜"将要兑现其承诺了。

所以究竟是怎样的呢？我和埃兹在西明尼苏达的时候，一直在思考这个问题的答案。如果答案是"文化是经历了自然选择来完成自我迭代的（即使是偶然的）"，那我觉得欧比旺说的话没错，原力与我们同在，不管是生物圈还是人类圈，而我会在下文好好解释我们的物种有多么奇特。

达尔文的想法

有一点需要说明，进化论并不是达尔文想出来的，这种观点早在古希腊时期就有了。

持该观点的人认为生命体不是一成不变的，随着时间的推移，生命体形态会发生变化。达尔文的贡献在于他提出了一种机制，不同于古希腊人所认为的由上帝造物者完成，自然本身可以完成这些精细又令人赞叹的工作。

他的观点是，每个物种的每个特性都是被严酷的环境所打磨而成的。那些在繁殖之前无法将其特性适应环境的生命体将会死亡，而因为其没有后代，该物种的次优特性也随之消亡。残酷的大自然为了生物体得以适应环境，决定了"适者"生存的法则。

当然，环境是会发生变化的，从而改变一切标准。曾经被视为优秀的可能会变得普通或更糟，而以前不好的可能会变成普通或优秀的。可以说，大自然对生命体质量的要求是持续存在的，表现为不断地检验其进化的设计，迫使其做出适应的改变，并渐渐调整其外在的形态。

随着时间的推移，这种看似漫不经心的"自然选择"变成了地球上我们常见的那些优秀的（有适应性的）及新的（物种形成的）进化设计。这种演变并不需要上帝之手来实现，只要有足够的时间。自然选择算是一个"慢富计划"。[1] 现在形成的一切经历了 35 亿年的时间，而我们所在的文明世界只有 6000 年的历史，相比之下是远远不够的。只有通过大量来自地质学、古生物学及考古学对启蒙运动的研究数据我们才能了解经过自然选择的进化所形成的时间线。

达尔文是如何产生这个想法的呢？那时人们刚对时间有了新的认识，达尔文（碰巧[*]）发现踏上的是一块古老的土地。在他的那次旅行中，他看到了其他人曾经看到的关于地球年代的第一手数据（奇特的南美史前野兽的化石），他还见证了其他人的研究中写到过的令人惊叹的生命多样性（他目之所及任何可能的地方都充满着各种新奇的动植物）。其中一个地方在他的自然选择理论中至关重要，这个地方叫作加拉帕戈斯群岛。因为这个地方给年轻的达尔文带来了能证明原力的证据：一种叫作加拉帕戈斯雀的物种。

雀群

虽然在岛上的时候达尔文并没有过多地留意这种鸟（最后，还是在回到不列颠之后求助于他同事在名为《路线寻踪》一书中分类出的更好的数据），但他的确是从加拉帕戈斯雀那里想到了自然选择的理

---

[*] 年轻的达尔文并不想加入"贝格尔号"的航行。他想去加纳利群岛做一次短途旅行。

论。据我们目前所知，真的没有比这个物种更能代表自然选择的适应性和物种形成的理论。

加拉帕戈斯雀共有 14 种（取决于如何分类）。它们散布在加拉帕戈斯群岛，该岛由横跨赤道的 18 个独立的火山岛组成，距离南美大陆西部 600 多英里。这些岛屿从海底形成的时间都不长，大约 1000 万年，因此岛上没有什么远古生物。这其中有 4 种植被，包括由红树林和沙丘组成的海岸线，干旱的仙人掌和灌木丛，高耸树木及林地的过渡地带，由树木、灌木丛和蕨类植物组成的潮湿森林。不同的风力和纬度决定了水量的多少，从而形成了这 4 种植被，装点着整个岛屿。因此，加拉帕戈斯群岛实际上是两个群岛：一个是集群的海岛，另一个则是不同的"栖息岛"。这两个群岛为 14 种加拉帕戈斯雀的生存提供了环境。它们飞到林地里去吃种子，飞到森林里去吃昆虫，飞到仙人掌灌木丛里去啄球状植物的叶子，飞到海鸟沿海的窝里吃那些藏在磨损的羽毛里的臭虫。这 14 种加拉帕戈斯雀之所以可以充分享受这种大杂烩，是因为它们有各种喙可以进行攫取、戳、啄以及碾碎等动作。有多少种加拉帕戈斯雀，就有多少种喙。实际上，在某些岛上，为了应付不同的种子或昆虫，加拉帕戈斯雀的喙还会变成更多不同的种类。而就算同一种喙也会由于不同的用途变成更多种类。拿尖嘴地雀来说，不同的地雀有各种喙的用途。在很多岛上，它被用在传统的方式：吃种子。另一些用来啄昆虫。还有一些钻到带刺的梨花里吸取花蜜，一些扎到蓝脚鲣鸟的羽毛里吸血。岛中有新岛，鸟类有新鸟。加拉帕戈斯雀的进化世界简直像万花筒般让人眼花缭乱。

这种鸟的祖先来自中南美洲的一种普通棕色小鸟。据测可能是一种叫作浅褐草雀的鸟类，因为它与加拉帕戈斯雀有着相近的基因。对于未开发的群岛而言，它的确能算是个最初的殖民者：它不挑食，什么种子都吃，栖息在或潮湿或干燥的树林中；它还能飞越大洋，曾活跃在加勒比海一带。

　　对于这种小鸟来说，飞到加拉帕戈斯群岛是很辛苦的一段长途飞行。那是如何发生的呢？是不是有只刚交配的雌鸟从厄瓜多尔出发，满怀希望地期盼地平线处出现新的岛屿？是不是一对草雀在求偶时离悬崖太近，被一阵厄尔尼诺海流刮到了陌生的600英里之外？还是一个带着鸟窝的树落入了巴巴奥约河，并带着鸟窝漂洋过海，穿过令人窒息的红树林三角洲，随着秘鲁寒流一路向西，孵出的小鸟彼此为生，相互繁殖？不，这些都不是。通过观察决定加拉帕戈斯雀免疫系统的基因多样性，研究学者认为草雀向加拉帕戈斯雀的转变并不是由一两只或几只草雀决定的，而是至少三十只。更令人吃惊的是，加拉帕戈斯雀是大迁移的结果。可怎么会有这么多草雀同时飞到这里呢？根据目前的研究来看，最可能的理由是它们居住的地方起了大火，不得不飞到海上，找新的地方。风向扩散了浓烟，鸟群不得不向远海处飞。而当烟雾散去后，其中一群棕褐色小鸟迷失了方向。可能离得很远，它们以为看到了鸟群，就朝着它们认为是故乡的方向飞去。而达尔文理论中的主角，鸟类界的亚当和夏娃飞到了加拉帕戈斯岛上——从它们到达这片土地上开始，它们原本作为草雀的外形经历了自然选择的进化过程。

　　过了二三百万年的时间。达尔文回到英国，他开始研究从加拉帕戈斯岛上带回的标本。来自自然选择的压力将草雀的喙变为了14种，有碎东西的，带探头的，用来攫取的，还有那种像小鹦鹉一样的。每一种都有特定的功能，放在一起就是一套组合。从精巧的钳子到坚实的老虎钳，一应俱全。14种相似的鸟类却长着14种不同的喙。自我更新这种不经意的天才进化就这样以鸟喙的方式呈现在达尔文面前。

　　达尔文觉得有必要将这些记录下来，他写道："这群小鸟所形成的层次和结构的多样性，让人不由得感叹，开始只是少量生长在岛上的鸟，而后进化出如此不同的种类。"在他的文字中，他描述了我们现在称为"适应性辐射"的现象，也就是一种进化使很多新物种在短时期的集中暴发，就像林地中的蘑菇那样。我们认同自然界的适应性辐射。如果在自然环境中有新的机会出现，那么就会有大量的新的形式随之而来。

我认为应该在心智圈中也找到相对的适应性辐射。如果文化的进化也像生物进化那样，那么在人类思想的范畴中也应当存在类似的加拉帕戈斯雀。哪儿能找到呢？当然是在文化意义的群岛上。尽管心智圈是无形的，但也有其地理的分布。由于其存在于人的意识之中，也就与我们的形体一同遍布世界各地。在人口密集的地方，表现为深入且交往密切。人口稀少的地方，就会稀疏且缓慢。而没有人烟的地方，心智圈是不存在的，整个世界都是"漫不经心的"。

如果你仔细看看这张思想地图，会发现心智圈像双重意义的加拉帕戈斯群岛一样，也细分为无数的"小岛"。每个岛的界限就是不同思想的交锋，不同文化的边界。在现代社会，这些岛很难界定——最深且密切的心智圈是非常复杂的，岛与岛之间是重合的：那是思想社群中二维、三维，甚至多维的群岛。对于我这种研究文化自然界的新人而言无从入手。而在过去的年代，心智圈的岛屿之间的辨识度要更高些。当我们还在原始部落时，收集两百多种想法，或者被独特的语言和习俗隔离，心智圈是可以通过实地划分而成的——正如部落的散布一般。比如前哥伦布时代的美洲，是一片广阔多样的思想汇聚的群岛，其中很多部落是他之后称作的印第安人。一般很多岛都是紧密相连的。在心智圈的地理分布上，可称之为集群的，可能还会有交叠。思想在不同的岛之间会经常迁移，就像自然界的草雀一样。但之前的岛并不像现在一样相互交叠。尽管如此,现如今这些岛也是很容易辨认的。

我和埃兹开车行驶在 94 号内陆高速上,当他烦扰于 iPod 里开着的斯普林斯汀的摇滚乐时,我沉迷在寻找我的加拉帕戈斯群岛中,那些散落的文化群岛就在那里等待被发现。现如今这些群岛被称为大草原印第安人的部落。这是这个国家在欧洲文化的席卷下最后一片被消费的美洲原住民思想文化。它们现如今小规模地分布在美国地理版图的高地上。通过寻访这些古迹,我希望可以找到原始的大草原印第安人文化群岛,然后拼凑出一种曾使用过的独特的文化物件的演变过程,这个物品是属于当地心智圈的一种遮盖物——**锥形帐篷**。在那时,每个部落都有自己的锥形帐篷。我的任务是弄清楚它们究竟是不是同一种,还是在心智圈中由自然选择的适应性辐射带来的多种不同的样式。谁知道呢?为了解决这个问题,我可能还要溯源找到帐篷界的"草雀"才行。

首要目标是找到帐篷最开始出现的地方,那就是美国大平原,到达这里需要穿过很多大州的公路。但我不会感到无聊。因为如果文化进化也是达尔文式的,那么就会留下证据,在路上,会有很多文化意义上经过自然选择的物件出现。

美国的谷仓

我们开着车,打开了空调制冷。明尼苏达州现在是 7 月,很热,我决定不这么忍下去了。在我们两旁经过的是那种多年为美国早餐桌供应农牧品的农场。每个农场都有一大片耕地以及一处集中的建筑群——一间农舍、一个拖拉机棚、一两个贮粮仓和一个大的谷仓。周围由前人种下了齐整的落叶阔叶林,可以为后人遮挡狂风的侵袭。它们坐落的方式令人印象深刻，每隔几英里路边就会出现新的农场，从高速远处看过去，农场错落分布着。每一块丰沃的土壤都像参与了什么大计划一样得到了充分的利用。在不到两百年的时间里，人类文化就将满是高草和树林的大草原变成了为人类所用的场所。

我和埃兹是英国人，我们对谷仓尤其感觉新奇。我们小时候曾有一套费雪牌农场的玩具，里边就有一个谷仓：它是红白色的，屋顶很长，分成两段，先是比较缓的坡度，然后在侧面变得很陡峭。它的顶上是像烟囱似的结构，高墙底部是一扇大门和窗户。小时候我们觉得这种谷仓是不存在的，因为在英国没有谷仓是这样的。而在美国，所有的谷仓都是这样的。

很自然，这些谷仓被叫作"美国谷仓"。这种特殊的屋顶被叫作"复折屋顶"，这种结构很好地解决了一个比较棘手的问题，它们在不大量使用木材及避免屋顶遭受大陆性气候的前提下，最大化了谷仓的存储空间。由于这种设计在自然/社会/经济等条件下都有好处，这种复折式屋顶在北美各地都可以被找到。不过它并非一直如此，美国谷仓一开始并不叫美国谷仓。它经历了进化和演变的过程，而这种演变的过程在全国各处也留下了痕迹。

美国被欧洲人殖民的历史是从东边开始的，因此越往西边，农场会越新，谷仓也是。在东边旧殖民地的山谷中留下了很多"英式的"谷仓：石质或木质结构、很高的墙以及浅而单线条的屋顶。英式谷仓的主入口是在侧面相对的两扇大门，因此马车可以从一边进入，装上干草，再径直从另一扇门驶出即可。这就跟我们在英国西南部看到的运送萨默塞特的拼布床单的那种是一样的。很多还是保留了殖民时期的传统。这说得通。那英国农民在到达新世界之后为什么不保留他们传统的谷仓设计呢？

稍微近代一点的是"荷兰式"谷仓，在纽约州和新泽西州还能看到，荷兰人在18世纪曾聚居在那里。他们建造的谷仓是木质的，山形墙底部有个运送入口，因此谷仓看上去更像个车库。为了起到防潮的效果，谷仓的屋顶是"单斜顶棚似的"，从山形墙探出。谷仓内部修建得像个教堂，有为马车停放的空间以及两边为牲畜及储存所需的走道，而这些都位于H形木质结构之中。

在宾夕法尼亚州，有一些"德式"谷仓，也叫"倾斜谷仓"。它们是那些响应威廉·佩恩的指令来到这里的德语区的宗教难民建造的。这种谷仓通常是自然或人为倾斜的，共有两层可供使用，低一点的是牲口棚，高一点的是干草棚。这种谷仓要比英式的大，因为德国的传统是把所有牲口和农具放在一处，而英国是习惯分开放的。

就这样，三种不同的欧洲文化，造就了三种不同的谷仓建筑。19世纪初，大批美国农民来到西部前线占据中部平原上的大片土地。德式谷仓很受欢迎，因为大型的谷仓在平原很有优势，土地是平坦广阔的，也没什么竞争，唯一的限制在于喂养牲口的能力以及谷物过冬存放的问题。因此具有大面积干草棚的谷仓比较能符合新环境的要求，这种谷仓就像入侵物种那样，如雨后春笋般在平原上扩散开来，每一处都比前一处的干草棚要大一些。直到根据自然规律，谷仓达到了面积的极限：木质结构不能再支撑下去了。欧洲式的传统谷仓从此没有了"设计进化的空间"。

但随之而来的是激进的突变。谷仓变成了具有独创性的复折式屋顶结构。屋顶的桁架结构，以两段式构造起到了支撑作用，这样谷仓内部就不需要额外的支柱，也就能为干草棚提供更大的空间了。这甚至比欧洲的谷仓还要好。没人知道该怎么称呼这种新式谷仓。有人戏称它为"马脚状屋顶"，他们认为屋顶的样子看上去像马的脚后跟一样。

一种全新的谷仓横空出世，同时成为很棒的解决方案。新世界最初的东西并不是从旧国度的习俗那里延续下来的，而是以全新的方式命名的，即叫作美国谷仓。自此，这种谷仓的设计快速地在全美国各地传播。更大、更好、更美国——更重要的是，它不是欧洲的，这种"马脚状"的复折屋顶代表了美国人对于新世界的憧憬和向往。这是木质建筑革新的过程，同样也是一个年轻国家的代表和象征。这也是我和埃兹会在20世纪70年代的欧洲玩到美国谷仓这种建筑的塑料玩具的原因所在。

到底是谁发明了这种屋顶结构呢？难道是天佑美利坚，所以神迹带来了这种奇特形状的屋顶？还是哪位来自中西部的（从事农业或者身在建筑领域的）无名英雄？还是说，这是对达尔文式进化的原力所带来的（可能来自偶然的）某种自我规划的最好证明？

第 4 章

变化,北达科他州

在草原上穿行

我们是从法戈城来到北达科他州的,穿过北部的红河,也曾在市区的车流中缓慢穿行。在经过了一连串的加油站、快餐店和汽车旅馆之后,我们从法戈城驶出,重回了大自然。但景致不同了。在明尼苏达州,农田是葱郁、起伏的,而这里只有平坦、棕褐色、一望无际的地平线。北达科他州像是被熨烫过一般。作为大平原的起点,这里的地形如此平坦,以至于法戈高尔夫俱乐部甚至要人造山丘来增加其趣味性,看上去第 7 与第 8 个洞之间是最高点所在。

现在开车是朝着正西的方向。我们的计划是直接穿过长达 300 多英里的北达科他州。离开了城市文明,我们的前路变得刺激起来。路两旁的草像海浪一样向我们涌来。地面开始有所起伏,当我们疾驰到 60 节*的时候,车子开始慢慢上下摇晃了。我们虽然身在大平原,却有了一种在航海的感觉。

这种感觉可以说是真的。路面之所以有点晃,是因为数百万年来,

---

* 节是航海速度单位,1 小时航行 1 海里(1852 米)的速度是 1 节。——编者注

这里是大洋的底部叫作西部内陆海道的地方，曾沉于北美的腹地，直到白垩纪晚期随着恐龙的灭绝而干涸。自此之后，这片古老的河床孕育过万物，无论是沙漠或冰川，但一万年前，冰面最后一次消退，陆地淹没在新的海洋之中：一片面积为130万平方千米的草的"海洋"。

植被随环境的不同而分布。来自云层或河流的水汽，在被蒸发或冰冻之前形成的水源促进了树木的生长。而如果这种水汽由于蒸发或结冰只剩不到一半的话，便成了荒漠。剩下的其他地方，就出现了草。千万年来（除了一些当地的自然劣势），连绵的落基山脉带来了足够的水汽，使平原不至变为荒漠，但却也无法形成森林。落基山在白垩纪晚期在西部内陆海道干涸后形成了平原，6500万年后，这片山脉还在决定着从潮湿的太平洋海岸进入内陆中心地带的水量。因此，大片的草地停留在了落基山脉的东线，并伴随着向南穿过整片内陆，就像只忠诚的小狗一直跟在后面那样。

对普通人来说，"茫茫一片"的草地可能没什么新奇，然而并不是那么简单。有上百种不同的草，每种都有办法抵御日晒、风吹以及冰冻。它们的区别体现在高度、宽度、生长季节、花期、根长、对不同矿物质的依赖程度、耐涝程度、叶片表面的气孔数量，还有很多特点让它们在广阔的草原上有自己的一席之地。比如，艾伯塔的草能抵御寒冬，得克萨斯的草能沐浴在炎炎夏日之中，西部的草对矿物元素有种偏好，而落基山的岩石刚好每天都以分子的形态，由来自山间河谷不断向东流淌的河水携带，源源不断地出现。东部的草将草根深植于山谷中，并以上一个冰期的冰川中带来的泥沙为营养供给。

古老的西部内陆海道是略微倾斜的，朝着山脉的方向往西边走，会有一点上山的感觉，气候也会变得有点冷。雨影效应在西部更明显，纬度越高，地表越干燥，草类必须按其保水力来生长。这种倾斜度是从东向西变得更干冷，地势也更高，如果你在地理书上看过，你会知道大平原可以分为三道纵向线条。我们现在所在的是平原东部，夺目而细长的草摆动着，这里有深层的"黄土"以及最佳的降水条件。它们在一个生长季节中直到冬天之前可以长到两米高，被称为"高草草原"。最远的西部，在高平原和山脚下的草比较矮小，叶片是窄间距的，草根很深；它们的生存条件比较艰苦，依存各种仅有的水源存活，生长极其缓慢，如果没有水的话草木直接就停止了生长。这种被称为"矮草草原"。在这两种之间的是"混生草原"，也就是东西部的草木相交的地方，在这里，东部的高草需要忍受矮草的存在，而西部的矮草具有了伸展的空间。

当然这种起伏在地面是看不出来的。在内布拉斯加州，并没有一个草突然间长高了半米之类的地方。它是由东向西的一种逐渐过渡的混合，因此开车看路两旁的时候根本不会注意到这种变化。举例来说，一位从蒙大拿州向北达科他州东行的商人并不会留意到草的变化，他只会觉得自己的轮胎在漏气。

"混生草原"从北达科他州的中部开始出现。我们到的时候已经是晚上了，我看到了前面的灯光，我对埃兹说："我们到了北达科他的首府——俾斯麦。"我本想说得更庄重些，结果在看到又一次出现的加油站、快餐店和连锁的汽车旅馆时，我的舞台感顿时全无。我们开进城，找了家汽车旅馆住下。

谷仓的不同

自然选择主要由三个部分组成：变化、传承和选择。如果这三个都有，就八九不离十了，不管这三个部分的比例是多少，自然总会带给你惊喜。作为达尔文式进化的产物，美国谷仓也是由这三部分所构成的。但是能算出每一部分的比例吗？先从变化这部分开始吧。

在吃过一顿传统的汽车旅馆的早饭后，换埃兹开车，我们去北边旅行了一天。这下我不用再看路了，而谷仓看起来离高速是那么地近，我可以观察每个设计的细微差别。大多数复折屋顶都是直的，而有一些是圆形的屋顶，像是教堂的拱门或征服者的头盔。有些屋顶有一半是离地的，还有一些几乎直接连接地面。有些一面是木质山形墙，另一些顶部有小的四方形窗户，就像萌萌的小眼睛。有些有两扇开合的大门，另一些则是一扇巨大的滑动门。有些屋顶上有小的"烟囱"（叫作圆屋顶），可以使光线和空气通到干草棚。有些屋顶在底端是探出的，可以在谷仓侧面形成一个单坡棚。

这就有一个有点可笑的问题，它们为什么会不一样？我们可能会（不耐烦地发出"啧"的一声）说："因为当地的农民想让它们不一样啊，他们是为了各自的需要打造的谷仓。"可我是个文化自然研究者，我要去发现更多关于人类文化中这种显而易见的生活，因此我要进一步梳理这个问题。

在达尔文的年代，人们热衷于收集大量同一物种的不同个体来绘制大自然的"自然差异"。富裕的英国人闲来无事的时候会带着网子出去捕蝶，然后带回一袋子的"赤蛱蝶"和"菜粉蝶"。回到家中的书房，他们会将这些蝴蝶按系列钉到板子上，最好地呈现自然界差异的渐变情形，可能是前翅上越来越大的黄色斑点，或后翅上越来越长的燕尾。这种无伤大雅的休闲活动实际标志着对创物论的诘问。维多利亚时期的蝴蝶爱好者一边点雪茄，一边会想："为什么会有这种差别呢？"当（伴随着嗤之以鼻）答案是"因为上帝想让它们不同啊，上帝是为了其需要设计了不同的蝴蝶"，这会引来别的问题："为什么上帝不设计最完美的蝴蝶？"以及"上帝有什么具体特殊的需要呢？"这些维多利亚时期的蝴蝶爱好者吸了两口雪茄，眉头更加紧锁，而随后陷入的这种沉默成了后来给我们带来革命性认知的时代的开端。

换句话说，革命者得出的结论是：自然并不制造"完美"，而是大量制造"差不多对的"，就像生产金枪鱼三明治帕尼尼那样。没有"完美"的原因是环境一直在发生细微的变化，调整选择的压力，每一代之间消亡的方式都不同。这种内在的个体间的不完美实际上是有好处的。这就像是个保险，不管环境怎么改变，理论上总会有一些个体可以适应新环境的"特殊要求"。如果短尾蝶更好地适应寒风，那么它就留下。如果大斑点在乏味的日子里能够增加蝴蝶的警戒色，那它们就会变成这样。虽然达尔文并没有提出自然差异的理论，但是这个概念对达尔文进化论是至关重要的，（如果我眯着眼睛）我能从那些明尼苏达的谷仓看到自然差异的存在。它们就像蝴蝶一样不尽相同，没有一个是完美的，每一个都有所不同。

那么谷仓的差异是否和蝴蝶相似或相一致呢？这种相似性是巧合还是由于某种普遍的诱因，比如达尔文式的进化？很明显有一条理由驳斥了这种猜想，那就是蝴蝶的不同是由于个体所具有的略带差异的基因，基因使其个体变得千差万别。但是谷仓可没有基因一说。那么它们之间的差异从何而来呢？

在工业化到来之前，没有人能单独建造一所大型的谷仓，传统建造的谷仓无非是用木板、木瓦以及人造钉在一两天内完成的。完工后大家喝酒庆祝，不仅仅是庆祝这种建造谷仓传统的延续，也宣告了征服美国这片未开发土地的小小胜利。这些谷仓并不是由任何一个个人设计完成的，而是团体协作的结果，这或许就是谷仓所谓的"自然差异"。

试想一下一个团队正在着手建造"奥拉夫森的谷仓"：工人中有

男有女，有的人经验丰富，有的没有。他们都对建造谷仓有着自己的坚持。随着谷仓的建造，他们将会发表不同的看法，然后讨论，做出决定。谷仓的顺利完成离不开对如何建造谷仓的这些思想的成功协作。最终在经历了个人间的协商与集体的智慧决策后，奥拉夫森的谷仓建成了。

来年开春要建的是拉森的谷仓。另外一支建造团队聚集在一起，但人员构成与之前略有出入。由于拉森的谷仓是新团队，就会带来新的创意，这肯定会使建造的谷仓不同于之前的那个。实际上，**即使是由相同的团队建造的谷仓，在建造奥拉夫森谷仓时的那些讨论和决策也不会原样重现**。丹尼特安派的思想交流方法与波普尔派的解决问题导向的方法使之基本不可能实现。就算同一支团队的讨论和决策原样呈现（带有侥幸的成分），拉森的谷仓还是会区别于奥拉夫森的谷仓，那是不断变化的（生态/社会/经济）环境所带来的影响。

这个不断发生变化的世界总会给拉森的谷仓留下印迹。有可能这个春天用来建造谷仓的长木板不够了，建造者需要用比平时更多的接头，也有可能建造地点的地势有点倾斜，建造者不得不在打地基时填平。还有可能建造者中的两个兄弟进行了一场激烈的角逐，结果整个屋顶比计划的更高了。这些都可能造出不同的谷仓。这意味着，经过精心考量和预先设计的谷仓仍可能是不完美的。

无论是奥拉夫森或是拉森的谷仓，或是任何一个我们在俾斯麦北部看到的谷仓，都注定是不同的。它们之中不存在基因的问题，但也像维多利亚时期被收集的蝴蝶那样存在差异：表现为特定环境的独特性，一种集体的规则与不那么时髦的随意感之间永不重复的相互作用。谷仓是由现实中的团队打造的，它们无法被复制。美国谷仓形成了自身的自然差异。

现在情况已经不同了。两个世纪以来，谷仓建造团队在全美国的荒地上建起了各具特色的谷仓。几乎分分钟就有一个谷仓被建造出来。但到 19 世纪末，传统被大规模工业所取代，谷仓居然都能通过邮购的方式购买，然后以半成品的方式邮寄到家。统一规格的混凝土地板和机器切割的木板使谷仓失去了自然的差异性。许多 20 世纪的谷仓工厂使复制谷仓成了可能，而这也是他们的目的所在。建造谷仓的行家都离开了当地（新手建出的谷仓势必都不相同），而只有少部分专业的建筑家各自怀着特殊的目的集聚于此，那就是将赚取的利益最大化。

我们下了高速，来到一条乡间小路，发现了一座从未见过的大型谷仓，似乎在昭示着农业工业化的规模。道路两旁是两处铝结构的摩天大楼，有炼油厂的管子探出来。甚至还有自营的火车站把国内产品运送给需要帮助的民众。

盯着这些庞然大物，我们差点错过了转弯。右转开过了静谧的斯坦顿城，我们快到这个上午的目的地了。要说一句，斯坦顿城与萨卡加维亚（Sacagawea）有不解之缘。她是位参加了 1804—1806 年由梅里威瑟·刘易斯（Meriwether Lewis）和威廉·克拉克（William Clark）带领的探索远征团队的美洲原住民女性。她曾生活在这一带。沿路几千米处，我们找到了具体的地点。

草原上的入口

车停在泥泞的悬崖边，背后就是奈夫河，我们被 35 摄氏度的高温烤着，望向一片开阔的刚修剪过的草地。阳光炫目，不过我们很容易就找到了草地里一处密集的碗状的图案，大约有 40 个，每个直径都有

9米或更长。这是早期的木架土屋留下的凹痕，这些木架土屋是美洲原住民夏天的居所，直到19世纪中期他们仍住在这个山谷中。这些木架土屋是由其中三个和平相处的部落共同建造的，有曼丹族、希多特萨族和阿里卡拉族。根据其族人的口述史，他们的祖先起源于东部的林地，在约500年前沿着河道一路向西，一直到密苏里州北部的大平原地带，那里的河谷已经不再生长树木。于是他们定居下来，坚守着他们的阵地的边缘，而四周被大平原所围绕。

他们在东部的时候学会了耕种，这是从最早开始在美洲土地上耕种的墨西哥的阿兹特克人那里学会的。这三个部落的人会种植玉米、豆子、南瓜、向日葵、烟草。他们把种植园选在了东边土壤比较肥沃的平原上。这块土地很宝贵，需要精心保护。好在一小块土地上产量不错，就不用非要守住狩猎祖先那片广袤的领地，而丰收的作物自然扩大了人口。每个村子都变得人丁兴旺。

随着耕种技术在部落间的普及，东部逐渐壮大起来，战事不断，其中三个部落纷纷选择沿着河道往西部寻求安宁。河流不仅带他们到了西部，还到达了北部。他们最后在密苏里州的北部相遇了。

新的居所非常考验他们的生存技能。这片土地稀疏，且很难通行。夏天很短又难预测，因此也难有好的收成。部落找到了另一项重要的技能：垂钓。冰河里有许多肥美的鱼，部落的人将卷绕的柳树板放在河床上，用拴在杨树苗上的生虫的肉做诱饵，在沙洲上设下陷阱。经验丰富的老人一边哼着钓鱼的歌，一边抽着烟草，直到树苗沙沙作响，他们知道有鱼上钩，晚饭有着落了。

光有鱼可不够。部落不得不在山谷之外探索更广阔、未开发的世界。头一次走出山谷肯定是很忐忑的，毕竟那里一望无际却又毫无生机，但努力是值得的。他们发现如果知道地点和时机，平原上会一下子出现成群的北美野牛，那可是最棒的肉。

但北美野牛对这些部落来说很陌生。以此为食，曼丹族、希多特萨族和阿里卡拉族不得不改变他们的生活方式。他们从此变成了印第安人中的一支，叫作"大草原印第安人"。

大草原印第安人可以解答关于"为什么石器时代的人会出现在大平原上"的问题。我们都是从牛仔及印第安人的电影中得到的这些印象：饰头巾，和睦烟斗，"神奇的药"，撕头皮，还有那个差点杀了一个叫"马"的人的太阳舞。但这些并不重要。草原印第安文化的核心是游牧式的，以狩猎采集为主，而这主要来自以下三种不可或缺的次文化现象。

一是捕猎北美野牛的文化。（由于喜群居）它们拥有上千双眼睛、上千对耳朵以及上千个鼻子，因此是庞大又灵敏的群体。它们很容易受到惊吓，一旦受到惊吓，整个北美野牛群跑起来的架势会把草原土拨鼠从洞穴里震出来。捕猎北美野牛可不容易，但草原印第安人有很多办法，而且他们会根据地势、天气以及北美野牛群的规模选择不同的方法。他们甚至知道可以如何在不碰到猎物的情况下捕杀北美野牛。在现场就可以像工厂流水线那样直接肢解北美野牛的尸体，以确保每一部分都没有浪费：他们把骨头熬煮成胶状，将北美野牛的膀胱缝起来做成水壶，甚至用尸体内的粪便烧旺节日篝火。

二是一种叫作干肉饼的食物。这种高热量的食物主要由风干捣碎的肉及融化的动物脂肪制成，有时还有野樱和萨斯卡通浆果制成的干果。当夏秋捕猎季的时候，他们就做这种干肉饼，紧紧捆好放在牛皮袋里，贮藏起来作为冬天和来年早春的补给。一些欧洲来的捕猎者很快了解到干肉饼的重要性。没有干肉饼的话，很难熬过大草原的寒冬。

三是锥形帐篷。我们知道有首美国民歌唱着"北美野牛漫步",如果以猎食北美野牛为生,就要随着它们而不停换地居住。这意味着得有一个能随之移动的住所。对于大草原印第安人来说,锥形帐篷就是他们所需要的答案。

"温馨的家"

锥形帐篷可不只是一个高高的帐篷,而是人类独创的奇迹的体现。由于支架间的相互支撑,帐篷内部得以有足够大的无遮挡的空间,居住者可以在内部自由地走来走去。在顶部相交的地方有一个排烟孔,可以把生火产生的烟灰烟雾排出而不会使围坐在火堆旁的一家人的双眼受到损害。为了让烟向上排放,帐篷有一个里衬,可以将新鲜空气从底部运送到排烟孔进行内部通风。这个里衬同时还是绝缘的,可以阻挡冬天最冷的寒风与夏天最强的阳光,就像现在的美国商场一样,帐篷这个温馨的小屋可以为居住者维持最适宜的温度。

帐篷不仅舒适,而且十分实用。其外部运用了草原上最充足的材料:北美野牛皮。它的锥形结构在草原上很显眼,也确实很难被忽视。搭建或拆除整个帐篷只需要不到半小时的时间。拆好以后,它本身的松木杆可以摇身一变,成为一种类似雪橇的搬运工具,不仅能装下原先那些东西,还可以带上几个小孩。

对于大草原印第安人来说,锥形帐篷不仅仅是一间房屋,人们在这里经历生死,它也是世界上最舒适的野外居住环境。有了这些帐篷,草原上的吉卜赛人远涉重洋,在北美野牛群密集的地方垂钓。对于完全属于游牧的部落民族,就算是那些在草原上度过深冬的人,帐篷也是属于他们的家。

之前提到的曼丹族、希多特萨族和阿里卡拉族并没有到这种程度。他们从来没有离开自己的家园，也没有完全离开过自己的村庄。他们只有在短暂外出捕猎北美野牛时，从住所来到草原比较偏僻的地方，从来都不会离家太远。他们捕杀少量的北美野牛，把尸体拖到河边提前准备好的地点，妇女们在那里坐着圆形的"牛皮船"迎接他们，再把东西装船运回大本营。

1804年10月，探险家刘易斯和克拉克到达奈夫河的时候发现了曼丹族和希多特萨族的村庄。河里停满了牛皮船，整个村庄都忙碌着。由于他们是矮草草原附近唯一的非游牧民族，他们自然成了草原印第安部落中的主要交易者。他们知道哪里可以找到燧石，还为这个区域的物品交易担当中间人的角色。刘易斯、克拉克和其他探索远征团队为他们探索西部找到了最佳人选：这三个部落的人是这里的船民，他们知道通向落基山的各条水路。而且还有一个关键：一个叫萨卡加维亚的美洲女性原住民是他们从北边的肖松尼族部落绑架来的，这个部落在大平原的另一边，位于密苏里河的上游源头。她会说本族语言，还会用草原印第安人的手势与相邻部落的人进行沟通。她一路上为团队看护马匹，带他们穿过落基山，还越过大陆分水岭。当刘易斯和克拉克1806年回到圣路易斯的时候，他们的团队只有一人遇难。萨卡加维亚对此功不可没。

在博物馆里，我们找到了她和其他几个部落的人居住过的复原重建的住处。这种木架土屋呈圆丘状，直径差不多有9米，在一侧有一个高挑的木质隧道入口。我们一下子就被吸引了。天气酷热，而在这间复建的木架土屋里却格外凉爽。终于摆脱了炎热，我们都松了口气。看不到隧道的尽头，我们穿过一扇高耸的北美野牛皮的门向右走去。一走到屋内，我们便发现了入口的不对称性：木屋的中间是火堆的位置。

上方屋顶的孔在抵御草原上夏天灼热的阳光的同时保证了光照。在白天，阳光照在隧道入口另一边用树干搭建的墙面上，这面墙上有一张伸展开的兽皮，在阳光的照耀下发着光。兽皮从中央向四周布满了各种光圈和符号：这是木屋主人长袍的复制品。

在这种炫光之下，我们花了好一会儿工夫打量整间屋子。屋里有好几张床，都包裹着用北美野牛皮制成的遮篷。屋里有游戏用的刀斧球棍，还有化妆箱、神龛、水壶和牛皮袋。我们被博物馆禁止入内的胶带拦下了脚步，但还是能看到远处一个地窖似的凹陷处：那里是木屋的天然冰箱。

这个地方很棒，既宽敞又舒适，还要归功于那些不断改良设计的人。但这种设计并不特别。像这样的屋子也见于今天伊利诺伊州和肯塔基州的密西西比造丘文化，西南部沙漠的阿帕切族和纳瓦霍族文化，以及不列颠哥伦比亚省的原住民文化中。当然北密苏里州的三个部落改良了这种木屋，但他们肯定不是原创者。

那么锥形帐篷呢？曼丹族、希多特萨族和阿里卡拉族是不是最早使用的人？是不是在他们建造木架土屋时一次头脑风暴的结果？

并不是。事实上，曼丹族、希多特萨族和阿里卡拉族只是半个大草原印第安人。他们没有完全融入草原进而发展成大草原印第安文化。他们与南部的奥马哈族、波尼族、奥托族、威奇托族，西部的尤特族、肖松尼族、内兹佩尔塞族及雅吉瓦族圈出了草原与锥形帐篷所辐射的边界。这些部落都是半游牧的：非永久帐篷居住者。他们在夏天追随北美野牛群的踪迹，而在恶劣天气时退回到周边的草原、林地或高山中。为了找到锥形帐篷的起源，我需要研究永久的帐篷居住者，也就是那些一辈子住在矮草草原上的人。那些离不开锥形帐篷的人，他们才有发明这种帐篷的需求。

在奈夫河，所展示的锥形帐篷只是一圈在博物馆外的三个亮白色帆布模型。这些帐篷也没有内衬，门的方向也不同。据我所知帐篷的门都是朝东的。一位博物馆的好心的助理是北欧裔美国人，他告诉我们："这是我们上周在文化日活动中和当地学生一起做的。"怪不得呢。

第 5 章

传承，南达科他州

生物学上的亲兄弟，文化上的表兄弟

我们又回到了北达科他州的俾斯麦，继续开往西部。没过半个小时，我们反应过来，我们之前看到的大平原，并不是它的全貌。我们之前看到的矮草草原上的草，高耸、干燥、坚硬且多汁，它们曾塑造了北美野牛的栖息处。如果把大平原形容成草的海洋的话，那我们刚离开大陆架的地方：这片"海域"是开放的。前方没有了树、湖泊以及星星点点的小山。面前的风景开阔无垠，时间仿佛都失去了意义。驾驶克莱斯勒车一个半小时，我不得不放松了会儿握着方向盘的手。这儿真的没什么可看的。唯一的点缀是偶尔出现的路标，比如安慰人心的"离休息区 91 英里"，坚定的"做个好人"，以及醒世警句"该畏惧上帝，而不是恐怖分子"。

北达科他州的狄金森一下子吸引了我的注意。真的是不知道从哪儿冒出来的。两旁快速闪过的广告牌在宣传香肠店和瑞典式自助餐。我们并没有停下试吃，而是一路向西，直到三十分钟后，我们头一次好像撞上了什么！平原在眼前消失了，取而代之的是一些粉黄色的看上去层层叠叠的沙丘。从那么荒凉的景色到这种精美的风景，我们的精神也为之一振。适应了好一阵，我才能好好打量这片新的景致。平原被河水侵蚀了，在草地的河水边展现出彩虹的图案。我们好像是解锁了达科他州荒原的北部新篇章，而作为游客，我们有点反常。我们尖叫着，开下高速，期待能看到点什么。还好西奥多·罗斯福国家公园的工作人员有所准备。他们为我们提供了停车位、观景点，还有几个小时前提示过的公厕，以及一些冷水。我们坐在那儿发着呆，喝着水，在栅栏旁俯瞰这片广阔而瑰丽的峡谷。

一小时后，我们完成了这次徒步行程，拿到了 T 恤，开车看了景区。我们短途去看了湍急的"小密苏里河"，还观赏了北美野牛、草原土拨鼠和野马。埃兹最喜欢野马。它们夹杂着棕色、蓝色和黑色，就是它们应该有的样子。我们能想象以前印第安人骑着它们的画面。我喜欢北美野牛，它们躺在路边，就像愤怒的牛一样，那种卡通片里的样子，赶着飞蝇，不顾周边的状况。这些牛头很重，你会觉得它们会翻倒，它们的后腿会翻到半空。但这种事从来不会发生。可能因为它们的头盖骨与低垂、庞大的下体的重量相互抵消平衡了。

看够了大草原的动物，我们开车到了和 85 号公路的交会处。85 号公路是向南的，蜿蜒地通向南达科他州的枯木镇。我对埃兹说："野马和北美野牛只有一种是属于大草原的动物，你猜是哪种？"他说"那还不简单"。但真的不是，我稍后会和他解释。

我们停下车去加点油。

在加油站里，几双尖锐的目光盯着我俩。在蒙着油和泥灰的脸上，湛蓝色的眼睛正偷看着。不同于我们在高草草原偶遇的那种友好和善的人，矮草草原的人矮小、黝黑、粗野，甚至有点破坏性。他们戴着脏的棒球帽，盖过了眉毛。他们都留着罕见的八字胡。矮草草原不适宜发展农业，大家也都知道这一点。我们在俾斯麦遇到的一个服务员说：

"东边的农民都是百万富翁，不像西边，那儿没法种东西。"

我小声对埃兹说："你说他们会不会以为咱俩是同性恋？"他正在自助玉米片摊位那边找可以吃的素食。

他说："不会啊，我们挺像兄弟的。"

我笑他浇在玉米片上的"辣椒酱"其实是辣肉酱，这意味着这盘玉米片只能我吃了。

埃兹几年前变成了素食者。这和他的生活方式有关，他喜欢玄学那些东西。他认为宇宙中有很多在自己所信之外的存在。他是个活力论者。他每天都会练气，甚至在早饭之前。他以前可是玩魔兽世界、听重金属乐队的人，现在是个信仰玄学的素食主义。虽然说得通，但我有时还是会问自己，为什么我们这么不一样。我们是同胞兄弟，从小在一起长大，是什么让我们的思想产生了如此之大的差异呢？

这与我们人类这种生物的遗传定律分不开。我们是人类，因此我们并存于生物与文化的双重世界，我和埃兹，并排坐在克莱斯勒车里，也离不开这种独特的二元遗传定律。我们的生物遗传几乎是相似的。我们体内的 DNA 细胞——每当早上太阳升起，我们脱下羊毛外套时，抖落在汽车后座的饮料和薯片袋上——几乎携带着相同的基因密码。而我们的文化基因，也就是属于我们自身的心智圈，是不同的。至少过去二十年中，我们过着不同的文化生活。我知道很多他不知道的事。他也知道很多我不知道的。我们的"价值观"有所不同。结果就是，虽然我们长得很像，但是思想不一样。我们在生物范畴是亲兄弟，但在文化范畴只能算是表兄弟。我们的文化信息库是不同的，而且每天愈加不同，因为不同于生物基因，文化基因是持续不断更新的。

埃兹问我："那是什么？"

我答："叉角羚。"

在我们一路向南开到枯木镇的长途旅行中，路两旁蹿出的叉角羚和那些大胡子粗犷的农民一样普遍。我和埃兹说这两样大概都是矮草草原的产物。

现在我们找到了穿过大草原的近路，之前我们一直在这片草原海洋上飘来荡去。随着起伏，地平线也忽隐忽现。我们扫一眼地图就知道天黑之前还有很远的路要赶。我们想在天黑之前赶到枯木镇，我们可不想在黑漆漆的草原上支帐篷。在这片一望无际的草原上，总能酝酿出一种油门一脚踩到底的冲动，不管开多快，对草原而言其实变化不大。开了几千米之后，我们突然发现前边停了一辆高速巡逻警车，埃兹摆弄了几下刹车，想在不被发现的情况下减速。我们小心翼翼地接近，做好了惹麻烦的准备，却发现了阿米登镇的小幽默：司机的位置坐着的是穿着警察制服的人体模特。

提速回来，飞驰过农场，我们开始留意矮草草原上的美国谷仓。它们看上去比东边的要简陋些。很多都岌岌可危的样子。旧得都不知道到底有多旧。20 世纪 20 年代建的谷仓像 19 世纪 90 年代的，19 世纪 90 年代建的像 19 世纪 70 年代的。我突然意识到这种相似性恰好证明了文化是需要继承的。这些相似的谷仓就像我和埃兹，以及我们的父亲和爷爷那样，我们都有共同的祖先，共享着这种传承。

谷仓门口

传承是自然选择中第二个组成部分，而这也不是达尔文提出来的。遗传，这种从父母传给子女的特质，自古被认为是自然基本的特征。而随着达尔文的研究，我们才开始意识到其重要性。如果没有传承的能力，生命体是不会持续不断地发展的，因为传承可以解决生命体最大的问题，那就是死亡。

到最后，所有的生命体都会消亡。所以当威尔先生定义生命体的时候，将繁殖作为特征之一，也不难理解"生命"的反义词是"即将死去的"。这当然很悲哀，也是灾难，尤其是想到随着生命的终结，它曾在这个世上存活的一切经历也都消失不见了。这些经历关乎着生命的成长，即"进步"。为此生命自身有了一种办法可以传递这种存活奋斗的经历，那就是传承给后继的事物。这种方法大约从35亿年前就有了。

不小心在一起的分子像吸在冰箱上的便条纸那样，传递着信息，这样别人都可以读取。这个分子就是DNA，它所携带的不同信息就是基因。自此，生命体通过基因将信息传递给下一代，但不同于冰箱上的便条，"父辈"将其信息的备份存于"子辈"的体内，留着以后（体内发生变化）再读。从信息的角度而言，有点像对死亡的欺骗：虽然个体消亡了，但他所含内容的副本在另一个体内又活了过来。这种产物，这种通过复制而对死亡的欺骗，是生命体最基本的一部分。

人类心智圈是否也有这样的传承呢？当然有——我看到的那些类似的谷仓就是——但其到底是以什么样的形式传承的呢？这一扇谷仓门是如何做到与六十年前的谷仓门一模一样的呢？更新换代之间是什么得到了复制和传承呢？

我仔细想了想生物上的继承。拿我和我母亲来说，你可能认为我鼻子长得像她。我继承她的是"鼻子那部分的基因"。鼻子只是外表，我还继承了组成鼻子的基因构造。谷仓也是同样的道理。那些谷仓的门、圆顶、支架，这些都是表象。事实上，**整个谷仓都只是外在的**。不同代际传承的是其背后的东西，也就是那些谷仓的设计。那么这些设计存在于什么地方呢？并不在谷仓之中，而是在建造谷仓的人们的头脑中。就如同生物圈的基因遗传，心智圈中有相对的思想遗传。对于我们这些人类而言，这种思想传承是最自然不过的事情。我接着会来解释这一点。

想象一下春天花开之后，天气转暖。你决定今天开始恢复户外运动。你冲到车库，支好乒乓球桌，架起网子，准备好乒乓球拍。但找不到球。你在自行车和工具箱附近都找了。最后找到了一个，但很快发现那个球上有个凹痕，被人踩过。

你可不想为了一个乒乓球跑一趟商店，索性放弃了，撤了网子，收起桌子，放回球拍，把它们都放回车库，因为你很气，又撞到了脚趾，就变得更郁闷了。除非你知道怎么复原一个凹陷的乒乓球。这世上有两种人：那些知道怎么修好乒乓球凹陷的人——他们会在阳光明媚、开满鲜花的院子里和家人开心地玩，还有一些不知道的人——他们白浪费了半小时，还弄伤了脚。*

你属于哪一种？如果你是前者，我无话可说，因为你已经学会了心智圈思想的传承方法。如果你是后者，那也不用担心，你就要用到下面这些了。这是明年春天你如何避免这些郁闷的情形：先跑到厨房，烧点热水，将凹陷的乒乓球放进去，等着听到很轻的"嘣"的一声。好了，这个乒乓球可以用了。热水把球里的空气加热，于是胀开，将这个球顽固的凹陷地方复原了。

这种事如果花点心思是可以解决的，但我们很少这么做。这种小妙招更多是学来的，而不是谁发明的。对人类来说，学习解决方案（丹尼特安派）要比创造解决方案（波普尔派）容易得多。

---

* 事实上，你肯定会想，"多么差劲的例子，每个人都知道如何复原乒乓球"。但我可以告诉你，他们不会。我在 38 岁的时候学会了这个技巧。我打乒乓球二十多年了，之前却并不知道。现在我有一种"这很容易"的感觉，就像你一样。这就是你在习得时的感觉。

如果你之前没听说过这个复原乒乓球的小妙招，那么恭喜你，在没有改变任何一个基因的情况下，你刚"继承"了一种如何应对生活中的问题的方法。你继承的这种思想来自我这里。从心理上讲，这个过程很复杂，但感觉还挺容易的，不是吗？理应如此。毕竟思想传承对于我们这种世上最有文化的生物天生就该是这样。思想的传承正是我们与众不同的地方。

"叉角羚啊，"埃兹说着。"叉角羚，"他又说了一遍。"叉角羚，"他重复着。

死亡之手

我们今天头一次抬头看了看云，由于临近傍晚，云层都镶着金边。所有航海过的人都知道，云层意味着岛屿的存在，这里也是。南达科他州北部的滚筒式旅行即将告一段落，我们感受到高度在下降。当我们仍颠簸着前行之际，期待中的岛屿出现在眼前：平原上耸立着一片黑漆漆的树林和陡峭的悬崖。这个地方叫黑丘岭，是准平原上并不常见的地理事物。这片区域单独存在着，周围被大面积的矮草草原包围，这和我们之前看到的景致完全不一样。对我们的车而言可以稍微松口气了。从俾斯麦开过来的这一趟就像一场历险，好在目的地不远了，我们开着车找到了路。

不一会儿我们就到了海岸。车开始蜿蜒爬升，我们被黄松木林所笼罩。感觉这里既清爽又宜人。我们摇下窗子，呼吸着潮湿的空气和森林的气味。脸上留着的平原的灰也被林间的湿气所替代。我们看到了湖，山谷里还有养马的牧场。这简直像到了另外一个世界。没过几千米，我们就开到了峭壁那么高的地方，到达了枯木镇。

枯木镇是个神奇的地方。1876年之前还并不存在。而在1876年底，已经有了5000名定居者，拥有一条开了70多家沙龙的主干道，还有自己的报纸。是什么力量使得这片美国白人从未踏足的领域发展成这样的街区呢？答案是黄金。1874年，乔治·阿姆斯特朗·卡斯特（George Armstrong Custer）中校的探险队在黑丘岭这里发现了黄金。作为一位美国的内战英雄，卡斯特被派到苏族的圣山上找到一处"可以控制这些未开化的印第安人"的据点。这是片未知的平原，卡斯特需要谨慎行事。他带了1000多人和110辆马车。他还带着第七骑兵，带了一支吹奏乐队，一路上演奏让人振奋的曲子。他的队伍里有记者、摄影师、科学家和探险家。整支队伍有其特定的行进顺序，想来也是幅超现实的画面。他们花了三周左右的时间走了我和埃兹一天内走完的路线——从（俾斯麦的）福特·亚伯拉罕·林肯（Fort Abraham Lincoln）到山丘的最北边。但毕竟完成了目标，而且还发现了黄金，随后在这儿建造了枯木镇。

　　随着淘金热的到来，枯木镇成了灾难的温床。鸦片、枪支、妓女、酗酒者、赌徒——开沙龙的人经营这些，光顾的人挥金如土。下缅因街尤其混乱，人们都管这条街叫"恶土"。很多人在这虚度光阴，在头三年镇上有记录的97起谋杀案中，要属威尔德·比尔·西科克的案件最出名。他是个枪手、赌徒，同时还是执法者。1876年8月2日，西科克在"10号沙龙"玩扑克。他背对着门，头一天晚上和他赌博输得精光的一个男的径直走向他，朝他的头开了一枪。子弹穿过他的右脸颊，过了没几秒，他在桌子前倒下了。他拿着牌的那只手摊在大家面前，两个A、两个8，都是黑花，还有一张牌，在另一只手里，现在被叫作"死亡之手"。

　　我给埃兹在10号沙龙又点了一杯波旁酒，然后我盯着威尔德·比尔那晚坐过的椅子。在前门那面墙上，记载着这个枯木镇的大事记。酒吧里是一片派对的氛围。威士忌，"马克"——那个坐在我旁边喝百威的人，还有比尔谋杀案的重现，我却感到置身事外。的确，文化是可以传承的，但在文化与生物传承之间有一些显而易见又十分重要的差异，这可能会导致两者大相径庭。

首先，说到文化传承，对于"父辈"与"子辈"并没有条件限制。如果我蓄了"一战"将军那种卷卷的大胡子，我父亲效仿我也留起这种胡子，那么我在文化传承的意义上就成了我父亲的"父辈"，他学了我的胡子。这和生物遗传是不一样的。

接下来是"到底什么被复制了"这个问题。感谢20世纪的一些科学突破，我们现在知道了生物遗传是怎样的，我们能说出一堆人类遗传的原理。我们了解什么是基因。可谈到思想传承是如何作用的时候呢？这里头可没生物什么事儿了。

最后，当我坐在长吧台，听埃兹跟马克讲英式足球比橄榄球好的时候，我又想到了一点不同。这是个学术上的问题，但很重要。这里要讲一个人，他在达尔文之前就想到了关于进化的事：一个名叫让·巴斯蒂特·拉马克的法国人——他朋友称他"拉马克"——参加了七年的普鲁士战役，创造了"无脊椎动物"这个词，并且相信原力的存在。他认为一共有两种原力。

一号原力负责使生命体在时间的长河中越来越复杂：一种进步的原力。拉马克称之为"一种持续不断整合秩序的力"。他很快指出，这种原力是由宇宙法则所支配的，而不是通过神奇的上帝之手。

二号原力是一个微工程师，每天都在对成千上万个个体组织进行修修补补，也就是一种调整的、设计更新的原力。这种适应调整是通过你能想到的最合理的方式进行的：提升那些经常使用的部分，削弱那些不常用的。拉马克拿鸵鸟举例。鸵鸟以前和现在并不一样。它曾经和其他鸟一样，但由于生活在没有树的半荒漠地带，它做了一些其他鸟类不会做的事：它不飞，而是用跑的。试想一下那些最早开始跑的鸵鸟，日复一日，提升其原本不发达的腿的血液含氧量，肌肉延展—撕裂—修复，直到像运动员那样，每条腿都形成了大块优质的肌肉。坐在其坚实有力的后肢上，它们不常用的翅膀变得无力而臃肿。这时，拉马克会说，这种鸵鸟构造的改变传给了其后代。每颗鸵鸟蛋都是父母鸵鸟辛勤孵化出来的。每个新出生的小鸵鸟都继承了其父母善跑不善飞的特质，而且腿部更加强壮，翅膀更加无力，这样过了许多代，鸵鸟完成了这种进化。这是设计原力的作用：找到最能适应环境的部分，并将其效率最优化。进化的方法实在神奇！

不过，这不是生命体进化的方式。乍听上去好像很棒，因为其解释了自然变异和遗传。但拉马克式的进化并不能解释生物世界的原理。你并不能遗传你父母在他们一生中后天习得的部分。不管我父亲在生我之前有多爱踢足球，这一点都不会影响我成年之后腿部肌肉的最终大小。直到过去了快一个世纪，一位德国学者弗里德里克·利奥波德·奥古斯·魏斯曼才对此做出解释。生命体有两种细胞：生殖细胞（精子和卵子）和体细胞（其他部分）。这两种细胞在生命体中的作用完全不同。生殖细胞的作用是将基因传给下一代，这是我们体内唯一可以发挥这种作用的；体细胞的作用是通过保持其生存长久以及足够活跃来确保生殖细胞完成任务。

魏斯曼推翻了拉马克的理论，他认为生殖细胞就像船上的一箱货物。它们存在于自身小小的空间里，受到保护远离不利，独立于周围的组织，并不直接和体细胞发生接触。因此，不管身体其他部分经历过什么，体细胞都没办法将这种经验传送给生殖细胞。它们无法告知生殖细胞，这个生命体在这个世界上曾经做过什么。生殖细胞与体细胞之间有一道天然的屏障。

因此，当你将自己的那部分传给后代的时候，你所过的生活并不会在传承中体现。你的生命根本不重要，只是借助其让属于你的部分得以传承，使生命体更加接近永恒。这对于拉马克和他的原力说都是具有打击性的。魏斯曼的屏障说意味着对习得部分的继承是不可能的，而他的研究在20世纪初终结了拉马克的"软性遗传"学说，取而代之的是关于如何构建生物科学基本概念的"硬性遗传"，而符合这种方法的唯一理论就是达尔文提出的关于自然选择的进化论。

我点了一杯9美元的苏格兰威士忌。我知道我现在在大西部，但我真的不能再喝波旁酒了。吧台的人直接把瓶子放在我们旁边。这是瓶在枯木镇建立之前就有的酿酒窖产的斯佩塞威士忌。瓶子标签上写着这里头的单一麦芽所使用的技术是由酿酒窖的师傅一代代传承和磨炼而成的。我这9美元一部分是贡献给了这种无形遗产，我挺高兴的，这是因为这些前人的技艺见证了我这杯威士忌的品质。可我的问题是按我的口味来说，心智圈里的生命更像是拉马克的观点。如果我对"磨炼"的理解正确的话，这意味着，经年累月，威士忌的酿造者发现了提升口感的方法，将这些技艺融入他们的酿造工艺中，再将这些提高了的技术传授给他们的学徒。但如果是这样的话，我这杯威士忌背后的故事意味着习得手艺的传承，这不正是拉马克的理论吗？如果这个思想在于，在人类一生的时间里，将其得到提升的技艺进行传承，这不正是拉马克的进化思想吗？这不正是文化进化的方式吗？人们在一起汇聚思想，完善思想，再传给他们的后辈，所传递的并不是原样复制，而是他们改良完善过的思想。这不正体现的是"软性"传承吗？简直像新生儿的小屁股那么软。

如果我对进化的理解没错的话，事实不该如此。在达尔文的世界里，你是不能这么得到遗传的，这违反常理。你不能随便捡起一个死了的人的手，然后当成你自己的来用。这场生存游戏就进行不下去了。生命体也是如此。你必须直接从桌上抽你的牌。这是规则。这是不是意味着我们的视角有了问题呢？

这时埃兹拍了下我的肩，我这才缓过神，从椅子上下来。

锥形帐篷，是或不是

我头有点疼。从帐篷里出来，旁边那对哈雷-戴维森情侣——挎着哈雷-戴维森腰包，披着哈雷-戴维森毛巾，穿着哈雷-戴维森T恤——一脸不满地看着我。可能是因为我打呼噜来着吧。我们稍事休息，收起了帐篷，就出发去皮拉德城了。我之前已经了解到，真正的苏族帐篷不在苏族聚集区，而是在拉皮德城的"旅途"博物馆。这座博物馆虽然整体是混凝土结构，却有一个锥形帐篷的入口。这一天比哪天都热，我们赶忙躲进博物馆大厅纳凉。我们没看导览视频，就直接去看展览了。中央展区就是一个锥形帐篷该有的样子，也是第一顶锥形帐篷。我赶快拿出了笔记本。

我所知道的是，作为一顶圆锥形的帐篷，之所以被叫作锥形帐篷，是因为它具有以下两个特征：

1. 它必须是不对称的。锥形帐篷后边的支柱要比前边入口的地方陡一点，这样就算是最高的草原印第安人也能在帐篷里站着；而且所有的帐篷都朝东，这个结构朝向风口（来自落基山脉的风）更稳固。

2. 它必须有排烟帘。帐篷的支架在生活区上方形成了一个天然的排烟口，不过圆锥形的帐篷想在顶部开一个口总是不太好实现，好在排烟口多余的材料可以用来调节烟孔的形状和大小。当天气好、风不大的时候，排烟帘就贴在帐篷侧边，当作装饰；当下雨或下雪的时候，住在帐篷里的人用绕在帐篷外部的排烟杆将排烟帘盖起来，关上排烟孔。如果大风换风向的时候，印第安人会将其中一个排烟帘拉起来，这样之前存于烟孔中的烟灰可以顺风排出帐篷，吹到大草原上。

所有大草原印第安人的帐篷都有这两个特征。我的任务是弄清楚帐篷之间是否存在差异，这种差异是怎么来的，以及原因所在。

"旅途"博物馆的苏族帐篷搭建了16个呈十字形的杆，但我进里头一看，整个结构只有三个支点做支撑：一个呈三脚架形状的位置，是所有杆搭建的地方。如果把帐篷想成一个时钟，门口就是六点钟方向，三脚架的位置在七点钟，紧挨着门的左侧，还有十点钟、两点钟。门上方，用六个别针将两边门帘连接起来。这个门帘是用北美野牛皮制成的，总共用了差不多16张。在帐篷后方，有一张皮上还带着尾巴，这一看就是故意的，因为它正对着中间的方向。排烟帘面积很大，上边还有口袋，是用上角处多余的边角料做成的，然后还在里头放了排烟杆儿。

我正在笔记本上涂鸦，一位叫麦尔文的博物馆讲解员走了过来。

"真是顶不错的帐篷。"我说。

"是啊，花了3万美元呢。"他答道。

"所以这个不是原版的？"我有点失望，但我发现麦尔文在一旁笑了。

"不是啊，原版保存不了那么久的。"

"不过看起来和原版一样。"我补充说。

"是啊，做这个的人很懂行，这是顶典型的苏族锥形帐篷。"

我又高兴起来：他这话意味着不同部落的锥形帐篷是不同的。

我又问："为什么说这是典型的苏族锥形帐篷呢？"麦尔文开始给我解释：

"这是三个支点的锥形帐篷，还有用来排烟的袋子。"嗯，这就是我之前提到的那两点。"夏安族的帐篷也有这个，但是他们的排烟袋更小巧，底部还有延伸……"哈哈，不管差异多小，只要有不同就行。麦尔文继续给我展示两片门帘是怎么连接到一块的。除了头一张皮，还有那张带尾巴的，所有的皮都是重的沉在底部，越往上越轻。我听得十分满意。

"那是谁做的这顶帐篷呢？是位上了年纪的人吗？"

麦尔文说："不是，是位白人。"

"哦。"我有点意外。

大国，全局

埃兹睡得很甜畅。苹果 iPod 播放器里放着一些不太需要集中精神的慢速音乐。我们绕着黑丘岭的北部海岸线，开往怀俄明州。我沉浸在正午的阳光里，怀念着威士忌，想着现在已经没有人知道怎么建造一顶真的帐篷了。但我最关注的是传承这个话题。我不怀疑文化是可以传承的，就是字面意思看来从一代传向另一代，可如果文化传承遵循的不是达尔文理论，而是拉马克式的，那么生物圈和心智圈的类比就是不存在的。这就像拿扑克和桥牌做对比，根本不是同一种游戏。

我对自己说，在进化自然界，对于继承这一理论的疑惑是常有的。19世纪以来，学术界一直对生物界的继承原理表示怀疑。一部分是由于他们错误相信了拉马克的习得学说，另一部分是由于他们错误假设了后代物化的特征：他们相信所谓"融合遗传"的说法。

这种学说认为父亲和母亲所带的遗传成分相融合，这样他们的后代就变成了两个人的均值。如果一位很高的父亲和一位很矮的母亲有了孩子，这个孩子就会是中等身高。如果一位黑人女性和一位白人男性有了孩子，他们孩子的皮肤就是棕色。这个说法在19世纪是说得通的，每个人通过观察身边的事例证明其是对的。不过这个"真相"却困扰着他们，因为他们知道这种说法行不通，因为这会导致自然变异的终结。举个例子来说，想象一个调色盘。将两种颜色混合在一起，就会有一种来自原色的新的颜色，如果将这些混合的颜色再次混合，就能得到中和过的颜色。用不了几次，盘子上所有的颜色都会变得脏乎乎的，之前那个调色盘也不复存在了。拉马克的理论和其他关于习得遗传的学说都试图解释，在这种混合的情况下，自然差异是如何持续的（自然差异肯定是持续的，不信去问问那些收集蝴蝶标本的人）。

达尔文就是其中产生怀疑的人之一。他毕生都致力于解决这一代人关于这个问题的困惑。他提出了"泛生论"的学说，这是他在1868年发表于《动植物在家养下的变异》一书中的观点。总的来说，泛生论不过是拉马克主义的进化版。达尔文对拉马克的"有用无用学说"的唯一贡献是探究到了学说背后的生理机能。他认为每个身体细胞都制造"胚芽"，这样传递到生殖结构的胚芽粒子里就装载着精子和卵子，随后在其后代成长的过程中被激活。达尔文相信，随着父母生活中精子和卵子的不断更新，体现了环境对机体适应性的影响。

他一定觉得绝望。在这个问题上和拉马克站在一边无疑削弱了其对自然选择的说服力。这意味着引起适应取决于两点，但他的心思都用在希望解决继承这个问题上。甚至他的表弟弗朗西斯·加尔顿并无恶意地宣布兔子血液里没有找到胚芽之类的东西，达尔文仍然不承认他的失败。他认为胚芽可能存在于其他未被发现的传送媒介中。结果，关于遗传继承这个问题一直到他去世都困扰着他。

悲剧的是，就在1866年，《物种起源》一书出版七年后，真相被揭开了。一位西里西亚叫格雷戈尔·孟德尔的修道士发表的一篇文章里提到了关于"基因"的科学。虽然这篇文章是用很少人懂的语言发表在不知名的文集上的。通过精心地观察豌豆植物，并记录哪种产物遗传了哪些特点，孟德尔发现了生物遗传的规律。数据显示19世纪以来持续的关于遗传继承的争论暂时告一段落，结论是：**遗传根本不存在融合**。孟德尔的豌豆植物使他发现了我们现在所熟知的道理：我们从父母那里遗传的粒子细胞携带着某种指示，从而产生特性，通过性繁殖产生的后代获得了这种粒子细胞的两个副本，一个来自父亲，一个来自母亲，这两者之间在表现时具有竞争关系，占支配地位的获胜，那么隐性的就输了，但隐性的并不会消失，会通过之后的精子和卵子传给再之后的后代，以便在以后能赢回其成为显性的地位。

这个观点在孟德尔和达尔文逝世后一度被搁置。直到1900年被重新发现并公之于众，孟德尔的遗传理论与达尔文的自然选择完美地融合，甚至理论中的粒子细胞根据达尔文未采纳的学说"泛生论"中的单词而被重新命名为"基因"，而生物科学也被推进到前所未有的时代。1953年，弗朗西斯·克里克和詹姆斯·沃森在一个寒冬走进英国剑桥的老鹰酒吧，大声喊道："我们发现了生命的秘密！"他们确实做到了，他们发现了DNA的组织结构，也就是承载粒子的分子细胞，因此他们发现了基因的样子。2001年，人类基因组计划发布了一份整个人类 DNA 序列的"草稿",一份人类的基因指南,展现了每个人基因的样子。在《物种起源》出版约 150 年后,我们对遗传继承这件事没有那么焦虑了。

但这并不意味着我们可以高枕无忧。为什么呢?当我们发现了生物遗传背后的真相,我们会意识到这件事情有多复杂。为什么黑人女性和白人男性生出的孩子皮肤是棕色的?我们并不完全知道。但我们知道的是人类的肤色是由 7 种或更多不同的基因所决定的,它们都以不同的形式(或称为等位基因)出现,有的显性,有的隐性,它们之间复杂的互动产生了褪黑素,也就是皮肤细胞里的黑色色素。我们现在知道了皮肤颜色的遗传并不是通过融合的方式,但好像解释起来也没有变得更简单。我们还需要继续努力研究。

在生物界,多数特性的遗传只是参与其中。我和我妈妈的鼻子并不特别像,我的鼻子是在我父母鼻子的基础上形成的自然变化。这中间经历了辛勤的工作、互动及无数基因的重组。鼻子长成的过程受制于当时形成鼻子所有的条件和随着后天我对其造成的损伤(比如在学爬的时候摔倒等),以及随机的基因突变也可能影响这个过程。我鼻子长成的过程就与谷仓建立的过程如出一辙。我鼻子更像我妈妈,而不是更像我爸爸的原因是,她的那部分基因,在我长鼻子的过程中,某种程度上,要比我爸爸的那部分更显性。

遗传继承是件很复杂的事。生命本来就复杂!盯着鼻子看并不会揭示什么秘密。看着酒吧里威士忌瓶子上的标签也不会。我需要再耐心一点,不能做假设。真相可能就在那等着被发现。

这时埃兹喊了声"欢迎来到怀俄明"。我把音乐调到了阿隆·科普兰的曲子。

第 6 章

选择，怀俄明州

大部分无意识

怀俄明州是一片柔和的金黄色。山路又开始起伏，就和在之前的矮草草原那种熟悉的感觉一样，不同的是这里点缀着山艾树树丛。运煤车沿着平行的轨道穿行驶过。车厢很长，开得很慢，看上去像静止的画面一般。埃兹和我已经习惯了眼前的这种景致。过了一会儿，我们才反应过来没有看到火车的引擎，也没有看到最后一节车厢，这列火车就像一节节货车一样，在山谷中时隐时现。这让怀俄明州看上去像一道道动画风景的舞台一样。

结果证明，在这里开车有益于身心。我们一直都用"巡航模式"，路上的其他司机也是，任何一个塞车的空当都让我能好好观察一下怀俄明州人。他们不爱戴棒球帽，而是每人一顶牛仔帽，我估计很普遍。就像看到农民想到叉角羚，看到牛仔就会想到畜牧场，畜牧无疑是怀俄明州农民的主要工作。可为什么呢？这种在这里风靡的牛仔帽到底来自何处？为什么这里的人（而不是东时区那边的人）选择戴这种牛仔帽呢？

选择是达尔文进化论第三个也是最后一个要素。当出现了自然差异，遗传继承也发挥了作用，那么就是选择完成了这个进化的过程。这一点的确是达尔文提出的，但其实他可以选一个更确切的词。对很多人而言，选择意味着这个行为背后经过了深思熟虑，因为选择是有目的、有意识的行为。这肯定不是达尔文想要表达的意思。选择还意味着自然选择了"最好的"，而事实上这只是一个随机的过程。

达尔文最初选择这个词是为了说明自然对有机体的作用和人类驯化生物之间是相似的。让我举个例子，在这一片区域，养牛可是门生意。**来自纯种公牛的精液可以卖到上百美元，这是由于公牛的 DNA 里具有最好的基因。**它的后代将会顺利成长，且肉质鲜美，这样农民的收益也会增加。农民会选择不同特性的公牛配种，将它们的基因遗传给后代。

对达尔文来说，这个"人工选择"就像自然界所做的那一切。唯一比较大的区别是人工选择的速度。涉及脑力的人工选择可以选出最好的，这样经年累月特质的进化效率会更快。像牛、猪、狗、鸡、香蕉、土豆、小麦这些我们生活中接触的都经历了快速的进化，它们在相对短的时间里经历了巨大的改变。但这也是达尔文式的进化，这种选择也适用"适者生存"的说法。

所以可能我给达尔文进化论加上"无意识的"标签是有点令人误解的。达尔文进化论的确可能进行无意识的进化，这种特别的手段在我们人类出现之前，是唯一的选择，而一些有意识的决定并没有阻碍达尔文的进化论。如果这个"选择意识"是在具有遗传特质的一系列差异中做出选择，那么这和自然所做的是相同的，而不是通过别的一套不同形式的运算。如果一个外星人研究调查地球生物圈的进化，会得出这样的结论：这其中 100% 是达尔文进化式的，而其中 99.9% 是无意识的，或者说"大部分是无意识的"比较恰当。

这并不是说我们所参与选择的每一部分都是有目的或有意识的，事实也并非如此。就拿我的狗莫利来说，狗的物种的进化早在2万年前就和我们祖先的活动紧密相连，而近现代之前，这种进化都不是有目的的。

　　狗是最早被人类驯化的生物。它们可能是中东上万年前的狼的分支。公认的说法是，它们在还是狼的时候，随猎人部落出去四处打猎，然后偶然间/自发地开始了它们被家养驯化的过程。那些"飞行距离"最短、见了人之后不跑的，就会得到更多的食物。人类的自然选择有一个特点，我们称为"驯化"。[1] 其他的特点还包括：选择小体型的；狼皮的颜色变了；它们的下颌变短了；它们的牙齿变小了；它们变得像人类的玩偶一样，摇尾巴，吠叫；它们还会主动寻求人类的抚摸和眼神接触。久而久之，它们变成了狗。这些特征因人类同伴的正面反应而得到了加强：一匹狼越像狗，部落的人就会给它越多的食物，它就会更好地存活和繁衍，但这还是属于无意识的自我进化。

　　不得不说，最早的狗和我的莫利一点都不像。莫利是一只可卡犬，它的特征是几世纪以来接连发生的更多有意识地"选择性饲养"的结果。可卡犬是"猎犬"，它的作用是把陆生的鸟类赶到半空，这样猎人就可以用猎枪把它们打下来。我如果去打猎丘鹬，莫利就是我要找的那种猎犬。它低贴着地面，喜欢钻灌木丛，还喜欢下到水里。它总是喜欢找乐子。它用鼻子找好玩的东西。走路的时候呈之字形（如果有机会的话），它最喜欢捡拾掉落的鸟类尸体。

　　这些特征并不是偶然形成的。这中间经历了许多代英国犬类饲养者的辨识工作。但不要认为他们是有意识地培养了这种"可卡犬"。他们只是意识到这种狗会是作为猎犬最好的培养对象，而同时否定了那些枪还没准备好就开始吓唬鸟的，或者喜欢挖东西的，或者怕水的狗。结果就是有了一只像莫利一样的狗,但是这只狗并不是他们有意造就的。

不过,现在的确有饲养者有这样的意图。他们想要一只像莫利的狗。甚至他们想要一只终极进化的莫利。于是对狗品种的培育持续进行着。每年3月,在英国最大的犬类秀克鲁夫茨狗展上,可卡犬在台上走着舞台步展示,让评委们检查。如果它们没有展示出理想的可卡犬的特点,它们就输了。而如果它们展示出"四方形的口鼻,鼻尖和枕骨中间有明显的分隔","眼睛饱满,但不特别突出",身体"前段既不太宽又不太窄",还有其他一些规定的特征,它们就有机会赢得最佳犬种,然后自己也会保持最佳可卡犬的纪录。结果会怎样呢?现在已经有两种被认可的可卡犬品种了:一种是"工作可卡犬",仍然和它们祖先的长相和行为一致;另一种是"英国可卡犬",主要是比赛类展示犬,这种可卡犬具有完美的比例和气质,可以出现在台上被从头到脚测量评判。

因此莫利这种可卡犬和我们人类之间的关系至少有三种不同的人工选择。最初,2万年前,我们的参与过程是偶然/自发的,并且完全无意识,就和自然选择一样。到后来可卡犬品种逐渐形成的过程中,有一些人为的因素,而狗本身也具有一定程度的自我设计进化。近代以来,随着谱系选择的普遍,这种进化的特征被完全人为控制了,最后成了"有意识的"(在我看来,如果不是这样的话,就没有任何意义了)。

我要将这三个种类放在我脑海里,这个从无意识到有意识的范围图里。这个图横向的是所有具有繁衍能力的对象。所不同的是这些对象有意识的程度。这个范围里的最左侧,想象最无意识的是达尔文最纯粹原始的自然选择。最右侧能想到的最有意识的是犹太教基督教的神。

```
自然                    越来越谨慎的"人工选择"              创造
选择  ────────────────────────────────────▶
择                                                        造

无意识的  ├──────┼──────┼──────┼──────┤  有意识的

         狼      狗     谱系    纯种    转基因狗
```

从无意识到有意识

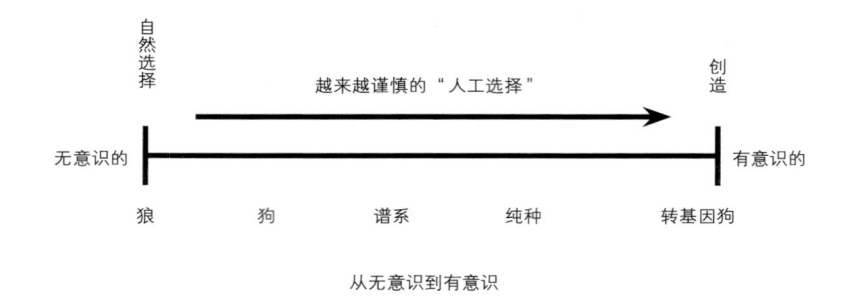

在这两者之间的范围是我们习惯归为"人工选择"的有意识的事物。

我的可卡犬莫利先后经历了这个范围从左到右的巨大转变。始于最左侧,它的祖先最初是单纯地遵循了自然选择,在那段时间里是以我们认识的狼的形式存在的。和人类的关系不断增进,对它们的体形产生了影响,莫利的祖先在这个区间范围内发生转变了。随着它们滑向右侧(变成狗),通过有选择的驯化(饲养),以及谱系选择,它们进化的速度越来越快。这就是不断增强的有意识选择的结果。我好奇,它的同类会最终到最右边"如神造的"位置吗?

最右的位置是特殊的。这是唯一一个达尔文进化论,以及别的任何进化论失灵的地方。这是一种"创造",也就是有目的/意识的头脑有能力自发地创造生命。没错,我们现在对生物组织所做的工作已经接近这一点了,我们开始"扮演上帝的角色"了。转基因就是其中一种。那转基因应该出现在我的图范围的哪个位置呢?大概是最右那里,把它叫作"人工创造"更合适。因为它不是自发的,就像它的名字那样,对已存在的事物是有前提条件的。即使是最冒险的转基因实验者也是由自然差异形成的基因所决定的,不过不再是完全由遗传继承决定的了,而是可以制造的。实际上,在人工选择和人工创造之间存在着差异。对前者而言，选择是人工的，而继承是自然的。对后者而言，遗传继承也是由意识决定的。可以想见，我们现在能做到的是人为制造这种差异，比如设计从未见过的生物的基因*，谁知道呢，可能真的会创造出什么来。可就算到那时，"创造"本身，所有这些存在着的生命产品，还是要遵循达尔文进化理论。对于生命而言，一切无处可逃！

牛仔帽的进化，呈现的三种方式

如果说人类驯化中这些不同的有意识的方法使得近年来生物圈的一部分进化变得复杂，那么可想而知，心智圈的进化要复杂得多。毕竟人类思想与我们的意识头脑紧密相关。可能不像我们想的那么紧密，因为当思想从我们的头脑里传递到其他人那里时，这并不意味着我们意识到了这一点。

就好比同一个单词，不同的发音会出现口音的差别。我们在英国的时候没有口音，但到了美国之后，口音就变得很重了。好几次我们在问当地人问题时，被狐疑地打量着。有的人从我们的话里听出来，直接说："你们是从英国来的呀！"不过很多人都听不出来。我在西雅图的时候，有位女士问我："你到底是从哪个地方来的啊？"我跟她说从东边来的。还有一次在亚拉巴马，一位父亲叫来他的孩子们，还大喊着"快来，听这个人说话，他跟个外星人似的"，接着让我背了首儿歌，然后他们一家老小，有的哭有的笑，很是热闹。我们并不是有意选择口音、方言或语言的。我们是在年幼的时候从身边的人那里学来的。在这个从无意识到有意识的图里，对口音、方言及语言的选择是在最

---

* 克雷格·文托（Craig Ventor）的"合成生物学"已经顺利完成。

左边的，类似于生物圈里最纯粹的自然选择。随着时间的推移，这些进化都是自然发生的，在没有人类有目的／意识的参与下发生了重大的变化。

还有什么是这样的呢？回到之前那个问题，牛仔帽为什么会在怀俄明州这么普及？这个问题有三个答案，而这三个答案取决于你会将牛仔帽的进化放在从无意识到有意识那个图的什么位置上。而这又取决于你的观点以及你是否戴了"有色眼镜"……

答案一：斯泰森发明了牛仔帽

每个牛仔都会说，约翰·巴特森·斯泰森在 19 世纪 60 年代初期在科罗拉多淘金时发明了牛仔帽。一个被肺结核病赶到西部的年轻人，远离了他熟悉的拥挤的新泽西州以及亲人。斯泰森在淘金热期间就住在派克斯峰山脚下破旧的棚屋里。身为制帽人的儿子，他很快注意到西部人特别的生活方式里没有像样的帽子。他周围的勘探者都戴着以前的人留下的帽子，没有一顶是完好的。所以一边挖金，斯泰森一边在周边的城镇上搜集毛皮材料。他从他父亲那儿学过如何将其压成防水的毛皮毡。有一天，毒辣的阳光晒着他疼痛的后背，他把一片毛皮毡缝合起来，制成了一顶宽檐、高顶的帽子。虽然看上去有点傻，他还是决定戴着它，在派克斯这样的地方时尚并没什么意义。这顶帽子既硬挺又防水还凉快（高帽顶能使头部保持凉爽）。他回到东部的时候，并没带回金子，却带回了这么一个好点子。

1865 年，他开始生产像那天他做的那顶帽子。宽帽檐、毛皮毡，还有一个 10 厘米高的帽顶。他把这顶帽子命名为草原老板。这种帽子最初是为了给西部的畜牧人，而样子也是你能想到的最傻的牛仔帽的样子。帽顶是个正圆（没有起伏），帽檐是平的（没有绳边），颜色就是皮子本身的土灰色。不过谁也不知道牛仔帽会变成什么样,很快草原老板这顶牛仔帽就在西部风靡了。

斯泰森的帽子公司很快就成了世界上同行业首屈一指的大公司。他从未停止对设计的更新,设计出了很多经典款式,包括"卡尔斯巴德"以及出现在银幕上的"高呢帽",从此牛仔的形象深入人心。斯泰森逝世时,他的公司已经有超过5 000名员工,每年制造300多万顶帽子。

(以从无意识到有意识图来看,第一种教科书般的答案是偏向于右侧的。斯泰森是个发明创造者,他制造的牛仔帽是一个人工创造的行为,就和转基因的可卡犬一样,利用现有的物质条件,却创造出一个巨大的飞跃。

该把答案的位置向左移一下了……)

答案二:牛仔发明了牛仔帽

事实上,并不是谁发明了牛仔帽。斯泰森是第一个制造了一顶宽檐高顶的帽子的人,但很多年之前,在他来派克斯峰掘金之前,这里的人们已经在戴一种长得很像草原老板的帽子了。真正确立牛仔帽作为西部代表形象地位的并不是斯泰森而是牛仔们自创的智慧以及后来的消费偏好。这其实就是资本主义的缩影。

20世纪中期,被迫从东海岸逃离,来到这片传说中有黄金、皮草以及适宜畜牧的大西部的一大批边境过来人,发现他们身处一片荒芜的大陆之中,面临着风霜雨雪的恶劣天气以及干旱等极端条件。他们需要一顶能遮风挡雨的帽子,但是之前并没有这种装备。那时走在任何一个西部城镇里,你会发现人们戴的帽子在西部这种环境中都不太对劲。在这么炎热、干燥,以骑马为主的生活里,那种在东部被当作时尚的丝质高帽是完全不合适的。那种自制的浣熊皮帽子虽然能保暖，但容易滋生跳蚤，而且没有遮阳的功效。德比帽可以在骑马的时候保护头部，但并不保护脸部，一圈下来脸被晒得通红。在西部最合适的帽子可能要数宽檐草编的那种"园丁帽"、宽边软帽以及移民过来的墨西哥人戴的墨西哥宽边帽。这些帽子可以遮阳，但却不能防水，也不透气。

随着人口的增长，人们自然对帽子有了自己的选择。没用的帽子就被舍弃了，而宽檐帽成了标配。这是自然选择的结果。兽皮现在也多了，很多人都想办法用皮革和皮毛来使帽子变得防水而且更加时尚。对于越来越讲究的西部人来说，帽子是够用了，但还不够优雅，不够好。

19世纪60年代初，东部爆发了内战。联邦战士的"哈迪帽"和同盟军的"斯塔格帽"都是宽檐高帽，一下就在前线士兵中风靡开来。除去他们的徽章和羽毛装饰，这种帽子在炎热的天气里非常适合骑行佩戴。现在这里还有很多小作坊和卖二手帽子的店。

从1865年开始，在主干道上的商店里出现了一种独特的帽子款式，那就是由来自东部的斯泰森制造的草原老板帽。这款帽子简直是为这个地方量身打造的。样子像西部已经有的帽子样式，但做工更精良，而且是由毛皮毡制成的，完全防水，更重要的是，它是新的。于是这款帽子俘获了整个城镇的人心。一顶优雅体面的西部帽子，还有个好名字！人们都想成为"草原上的老板"。和同时期的其他帽子相比，草原老板帽的价格并不便宜，差不多要一个拉牲口的司机半个月的薪水，但也是因为它不便宜，也就变成了身份地位的象征，而由于能体现身份地位，人们就更加趋之若鹜了。仅仅几个月的时间，每个住在边境的人和拉牲口的司机都人手一顶草原老板帽了。

但还是价格的问题，这么一顶帽子，牛仔可能一直都买不起，于是他们还在用自己的斯泰森帽，还用出了很多种方法，斯泰森自己可能都想象不到：

我那顶旧的斯泰森帽子

（作者未知）

斑驳的碱渍、沙粒和泥浆
还沾染着油脂和鲜红的血。
经历了日常的磨损和卷曲，
你还在默默承受这一切。

这些年来我的伙伴。
驯过野马，还有长角牛。
这些都归功于这顶灰色的帽子，
它做过一切值得的事情。

它曾骗过偷牛贼的头儿，
或在我头下当我的枕头；
在寒冬里烧旺篝火，
在淘金时拭去灰尘。

高顶，平檐，
这就是我的斯泰森帽。
可以给杂花马装来燕麦，
还可以为酒吧运送酒水。

曾在狂欢时被胡乱丢掷，

> 就那么走着,我的斯泰森。
> 曾在小屋的护墙外扑过火,
> 还曾用来挡住漏风的墙。
>
> 去过了它能到的各种地方,
> 到过 48 个州,还去过墨西哥。
> 我们这样走着,我变老了,
> 而你,我的破帽子,还依然完好。
>
> 一直以来你都是我的好伙伴,
> 你这顶风尘仆仆的斯泰森帽。

正是这些原因,斯泰森帽仍然有很多人用,却变成了另一种新的样子(我敢说,就像拉马克理论里的鸵鸟一样)。随着声声"咦——哈",以及那些在星空下的夜晚,牛仔们的帽子变得更加凹陷,帽檐的边更加卷翘。运送牲口的这一路,从得克萨斯一直到铁路轨道,牛仔们把肉装到运往东边城市的火车上。这样,本来优雅平整的"草原老板"变成有褶皱、凹痕、边缘翘起来的样子,这下真的就更像一顶"牛仔帽"了。

在这些铁轨沿线的城镇,由于眼红斯泰森的成功,一些竞争对手纷纷生产起自己的西部牛仔帽来。这下氛围一下子紧张起来。越来越多的南方牛仔也有了他们的话语权。由于之前对墨西哥的宽边帽有所了解,他们特别想买一顶帽顶更高、帽檐更宽的毛皮毡帽子,况且太阳那么毒!不同于那些城里人——他们永远接触不到真正的草原生活,还戴着干净又体面的草原老板帽,牛仔们会选那些帽顶有折痕,帽檐带卷边的帽子，因为这种帽子最能代表他们的生活，毕竟他们家乡的英雄都戴这样的帽子。

牛仔们对帽子执着且独具慧眼的选择，是被一种持续进化的西方审美所指引，也正是这种选择打造出了真正的牛仔帽，就是我们现在看到的这种，也是好莱坞电影里演的那种，而比实际上出现早了好几十年。

（第二个答案大概在从无意识到有意识的图上左侧中部的位置。在这种情况下，斯泰森的"创造"倒不如说是对大众意识的一种适应，一种对现存模式的适时调整。他的帽子不属于新的品种，而是西部大众多元选择的各种头饰的其中一种新的形式。说到底，是他们不同的意识选择决定了牛仔帽的进化。

还是左侧吗？怎么会？）

答案三：牛仔帽是自创的

关于"谁发明了牛仔帽？"这个问题还有一个答案。在游历过四个州以后，在空旷的空间感受渺小的自己，观察心智圈是如何促进自然差异的，而这种传承和生物圈相一致，我已经越来越接受这种方法了。换言之，第三个答案与第二个相似，只是转换了焦点。不聚焦于那些选择了牛仔帽的牛仔，第三个答案弱化了这一点，而认为牛仔们只代表了一种集体思想，这种思想形成了这种选择的氛围，在这种氛围中形成自由的思想并得到进化，在这个过程中，牛仔帽完成了自我设计与创造。很大程度上，你可能会不认同这个答案，因为它将文化进化置于"从无意识到有意识"图的末端。但我要告诉你这是我通过新的看世界镜头所得到的体会。我还是用心智圈形容生命进化的词汇来解释这些：

当人们初到原始的西部时，他们戴的帽子各异。一些人的帽子戴在头上，却不能遮阳、挡雨、防风、御寒、耐旱。还有一些在路上看不到，但可能藏在人们脑海里的帽子，比如三角帽、贝雷帽、猎鹿帽等。然后这些都和这里的环境不搭调。

在一代人的时间里，敢于尝试的人只试过在头上戴他们理想中的"帽子"的一小部分。这种帽子的特点最符合他们所生存的环境——有宽檐园丁帽、宽边软帽、墨西哥帽等——但都不是最好的选择。它们都不防水。园丁帽和宽边软帽戴起来闷热。墨西哥帽又太宽了：它的设计适合墨西哥那种毒辣的阳光，到了北部，那种大大的宽檐就显得碍事了。自然选择作用在了这三种帽子上。在这三种"帽子数量"中，那些更合适的被生产得更多，相反，那些不合适的就生产得少了。伴随着一代代帽子的出现，在样式上越来越接近理想中的"西部帽子"应该有的样子。进化生物学将这种选择命名为"有方向性选择"。这意味着随时间的推移，整个物种朝同一个方向进行了调整。当然，这三个帽子的设计源于不同的方向，而它们的终点是一致的——全新的"给牛仔的帽子"，由此它们的设计开始朝向同一个样式的方向融合。

然而，在实现这个最终目标之前，一个新的物种不知道从哪儿"冒了"出来，这就是：草原老板。事实上，草原老板也不是最终牛仔帽的样子，它也需要不断地调整，但在历史的那一刻，它是完美的，它比其他三个竞争者都更好地适合了这个环境。因此，也就广泛普及起来。

随之而来的一种独特的"密度效应"也进一步促进了这种成功。在这种选择性的环境中，随着新物种的密度增加，其相对的适应性也增加了。常规而言，我们将这种密度效应称为**时尚**。由于这种原创性地位的巩固（斯泰森很精明地把一些帽子免费给了大型批发商），再加上时髦效应，草原老板在新市场上的成功显而易见。在几年之间便横扫整个帽子市场。

而随着市场的不断扩大，选择性的环境不断增加的复杂程度带来了一种"干扰性选择"。两种不同的消费群体——城镇人与乡里人，对草原老板帽在不同程度上产生了影响。这时出现了自然选择，一边选择卷边，一边选择有凹痕的，这些特征并无优劣之分，而是基于选择者对设计的要求所决定的。因此草原老板帽也就分化成了两种形态：一种是城镇地区人们戴的更原始，也更流行的形态；另一种是乡村地区人们戴的有凹痕和卷边的。随着这种情形的出现，在乡村地区，形成于牛仔们脑海中，并最终戴在牛仔们头上的这种更偏远，也更粗犷的设计，逐渐在西部地区扩大了其受欢迎的范围。

没几年的时间，各种略有差异的牛仔帽设计在更多的有选择环境的边境地区风靡起来。而随着这种帽子的"饱和度"越来越高，对于设计特点的选择压力也越来越大了。以前不是问题的那些特点现在也开始成了问题。凹陷的程度需要刚刚好，颜色也重要，帽檐的卷边以及防汗带的材质都关乎新帽子的设计成败。每一个相对独立的地区，比如得克萨斯的阿马里洛、怀俄明的夏延、蒙大拿的比尤特、艾伯塔的卡尔加里，都呈现了各自独特的带有选择性的环境，也由此形成了地域性的设计调整。在没有或很少受外来环境的影响下，各地多样的风格随着时间进一步被加强，直到有一天，来自蒙大拿和怀俄明的牛仔可以通过帽子的线条做出区分。

这是直到20世纪以来的关于选择的故事。随着西边片、乡村歌手的出现，一些华丽的服饰很大程度上使牛仔帽的进化变得更加复杂。谁会知道在50年的时间里牛仔帽变成什么样了呢？

我知道答案：没有人，因为并没有人设计过牛仔帽。牛仔帽是无意识的**自我设计**，就像锤头果蝠，还有乔伊斯教授的 RNA 分子。选择的大众属性使得任何一个在牛仔帽进化中涉及的思想都是没有意义的。

我们停在喜来登喝了杯咖啡，观察着西侧服装店的橱窗里展示的最新帽子样式，要比 19 世纪末期的斯泰森帽更为夸张：弯的卷边，翘起的帽顶，又高又宽。我倒是想买一顶，就是不知该如何选择。我实在不知道自己喜欢什么款式。这些都还算合适。在店里，有个牛仔在一顶接一顶地试帽子。他是金发，所以在挑选牛仔帽的时候，可能百里挑一，会有一顶适合他。我们透过热拿铁蒸腾的雾气蒙蒙的窗子看他精心挑选着牛仔帽。他很从容，在经过一番挑选之后，买下了一顶卷边高的牛仔帽。为什么他会选择这顶帽子？是不是一定有个非常恰如其分的理由？比如，"卷边足够高的话，就不会被雨淋"？还是表达对某个人的崇敬之情"卷边足够高的话，就更像牛仔竞技明星特里夫·布雷泽了"？还是一种发自肺腑却难以描述的心情，简单地偏爱一种特征——"卷边要足够高"？结论就是：到最后，这些都不重要了。他为什么选择卷边高的牛仔帽和牛仔帽的进化这件事没什么直接的关系。有关系的是他做的选择：一顶卷边高的牛仔帽。这个选择的唯一影响是，在牛仔帽进入未知的进化过程中，不断会出现细微的调整。

好了，现在我们不需要用这么学术的语言来表达，以下是第二个答案和第三个答案的区别。第二个答案中，我们认为牛仔帽是一点点地变成了牛仔们想让它变成的样子，是他们集体的有目的/有意识的决定产生了最终的设计，他们才是牛仔帽的设计者。而答案三中，我们认为决策意识并不是最重要的，无论他们选择帽子的原因是"蒙骗偷牛贼的头儿"，还是"枕在头下的枕头"，还是"可以在寒冬里烧旺篝火"，还是"淘金时拭去灰尘"。到最后是他们选择的模式决定了牛仔帽后来的进化方向，而不是他们做出选择的原因。150 年以后，当准新娘戴着闪光粉色牛仔帽在她的婚前派对那晚走出酒吧的时候，那顶牛仔帽所保留的形式是由选择的模式决定的，而当时做出这些选择的原因已经不得而知了。

想法

牛仔帽的进化可能和牛仔口音的变化一样是无意识的。我们总觉得发明、目的、有意识的决策在塑造人性的过程中发挥了重要作用，不过可能事实并非如此。也许心智圈的进化只能被形容为"大部分无意识"。

在经过了四个州之后，透过这些视角，文化进化看起来和生物进化十分相似。文化像生物学一样有自然差异。也（有点）像生物学，有一套传承的理论（我正在研究这一点）。也像生物学一样，大部分是无意识的。虽然文化与生物学不能完全等同，但在某种程度上是一样活跃的，形成了适当的、有意义的生命体。我能感受到这股原力！

开车穿过空旷的山谷时，我一边感受着原力，一边想到了新的启示：虽然说我们的世界可以分为自然的和文化的，但并不意味着我们栖息于两个世界之中。我们只存活在承载我们的这个自然的生物圈之中。另一个心智圈，是完全存活在我们头脑中的，它是栖息在我们之中的。在看了谷仓、牛仔帽和威士忌酒瓶之后，我不得不欣赏起这个新世界，它由一种完全不同的生物所组成，存在于超物质世界中的超物质生物：那就是我们的思想。虽然这种思想在每个人以及每代人中都有所不同，而且自己还进行调整加工，这使得其本身具有一定的独立性。它们好像是有自己的生命的，而你会怎么称呼一种有自主生命的思想呢？比方说——一个想法。

想法可以定义为：和生物圈类似，心智圈也有自己遵循达尔文进化的生命，想法就是这种生命体，是一个"物种"。这并不是指谷仓、帽子，或什么奇怪的事物，而是这些东西背后的思想。实际上，任何可以在不同思想之间被记忆和传递的都可以称为想法。就算不是牛仔帽的设计，也可能是马赛鱼汤的食谱，或者一次头脑风暴，或者如何折纸飞机，怎么读"土豆"这个词的发音，一条八卦，一首新歌，一个手势，一个笑话，一条牛仔裤的款式，一套很棒的社会政治哲学，一个如何修好乒乓球凹痕的技巧，如何建造谷仓的新屋顶的方案，一系列关于如何搭建锥形帐篷的说明，或者如何来解释"想法"这个词。在这些语境下，它们都是各自有生命的想法。

这些鲜活的想法是如何体现的呢？我一直在想这个问题，我想通过举几个关于笑话的例子来解释我对这个问题的看法。

1. 问题：什么东西是棕的又黏的？
答案：带黏性的东西。
2. 问题：你听说两个电视天线的婚礼了吗？
答案：仪式很拖沓，不过接待（与"信号"为同一个英语单词）很棒。
3. 我那天去健身房上瑜伽课。教练问我你有多灵活（与"空闲"为同一个英语单词），我说我周二可以。

这三个笑话，其中第一个是很多年前听来的，很好笑，孩子们也这么觉得。第二个好像是在婚礼上听来的，多符合时宜。第三个是我在网上看到的。

现在需要将这三个笑话归为不同的想法。让我们想一下它们在心智圈的存在方式。在全世界，可能有几百个人知道第一个笑话。对于这些人而言，这个笑话就是他们记忆的一部分。正确看待这种情形的方法是将每个讲笑话的人所讲的笑话都看作对他们记忆里笑话的复制。每个人记忆里所复制的笑话可能会有出入。我听过第一个笑话的另一个版本是问："什么东西是又长又棕又黏的？"这和我几年前听到的那个笑话有所区别，可要知道自然差异是必然存在的。这并不意味着这个版本的笑话就是一个新的物种，你不会在一个聚会上同时讲这两个笑话吧？

用生物学的术语来说，每个笑话的复制品（即使略有不同）也是其物种中"独立的个体"。笑话的总量应该和所有个体的数量是相当的。而记得这些笑话的记忆可能会更多。比如我，现在你也知道了，两个不同版本的第一个笑话：一个是"标准版的"，一个是"又长又棕又黏"版本的。无论多少人知道，一个想法的个体越多，数量就越大，这个想法就越成功。

一个想法是如何扩大数量的呢？和生物圈的生物体差不多同理：使求生与繁衍最大化。在心智圈领域，"求生"意味着一个想法在人们记忆里留存的时间。这毕竟是一个想法的"一生"。人类的记忆是很了不起的，但是也有弱点。一个想法如果想成功，需要克服这些弱点，从而在记忆里留存得更加长久。

不过这只赢了一半。没有哪个人类的头脑一直不朽，所有的想法也都不是永恒的，每个个体需要经过"繁衍"。一个想法的复制通过挖掘我们的潜能，培养"后代"，将自身或差不多的版本，传输到别人的脑海中。这个过程需要我们的参与，所以想法本身需要进化出一些手段使其能抓住这种机会，（让我们）充分利用。

我说的这三个笑话都有各自的办法来将"求生与繁衍"最大化。我深表同情，这个过程可不轻松。它们面临着成千上万个笑话的竞争，我们很可能记不住。就算记住了，可能也很快就忘了。我找了一些很难记的笑话，我听了很多，然后想告诉别人，但我发现自己讲到一半就忘了，剩下的笑话没讲完，我的听众已经走神了，这样我的笑话肯定没法传下去了。

为什么笑话很难被记住呢？我觉得可能与讲故事的难易程度有关。只有当讲故事的人在听众中能引起（愉悦或不适的）反应时，这个笑话才有效果，"你带着听众的节奏"。这意味着这个笑话需要抖包袱，抖包袱这件事需要三点：最佳用词、最佳表达和最佳的时间。太多信息需要记忆，如果不能准确地记住，那么就不会有接下来满堂彩的时刻，我也经常搞不定。

笑话之所以在心智圈很难存活，是由于笑话需要承受很大的压力来适应。这和生物圈的生物适应环境是一样的：自然差异在有选择性的环境中被检验，最合适的留下来形成了接下来的样子。因此自然差异是至关重要的。当想法在不同脑海里传达时，自然差异主要体现在那些表达中出现失误的时刻。在生物圈里，这种复制的失误十分普遍。我们称之为突变。那些比较离谱的笑话根本不会被模仿以及传播，不过也可能有一些特别好笑，以至于成了新的笑话。

不回去看这三个笑话，你能记住吗？我打赌你会比较容易记住第一个笑话，因为它最简短。你可能会记住第二个笑话的大部分，比如它的问答结构啦，大概的内容啦，但如果你试图把这个笑话讲给你旁边的人时，你绝对会出现和我一样的状况。我觉得第三个笑话是最难记也最难讲出来的。我为了讲对这个笑话，都要提前准备一下。我为了让这个笑话存活并传开，这脑子可没少费工夫。

总之在说第二个和第三个笑话时会出现很多自然差异。大部分你说的版本都是"突变的",所以这些都不会存活并传开。就是这么残酷,不过,就像达尔文所想到的,"为生存而奋斗"是创造原力的首要因素。生命这件事可不是闹着玩的。

为生存而奋斗,为传承而奋斗,并随着时间调整适应,这是世上所有的想法在我们以及他人的脑海中所出现的过程。它们像其他独立的事物一样进化,无意地/偶然地/自发地进行了自我设计,在我们有意/潜意识/无意识创造的有选择的环境中一代代地形成了不同的路。

心智圈不是"我们自己的世界",就像我之前认为的那样,它是一个"想法圈":这里充斥着上百万个鲜活的想法和点子。我们现在所说的"人类文化"只是其中的一部分而已。而我认为我在心智圈看到的生命体只是这场各种无休止又混乱的争斗产生的副现象罢了。

不管怎样,这就是关于想法的介绍。

锤头果蝠变化图　　　　　　　　锤头果蝠

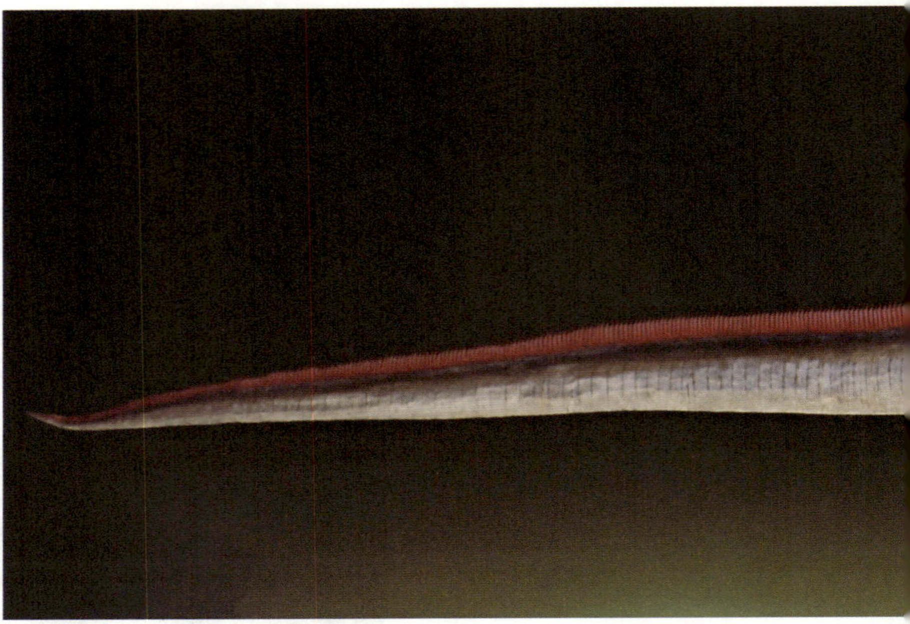

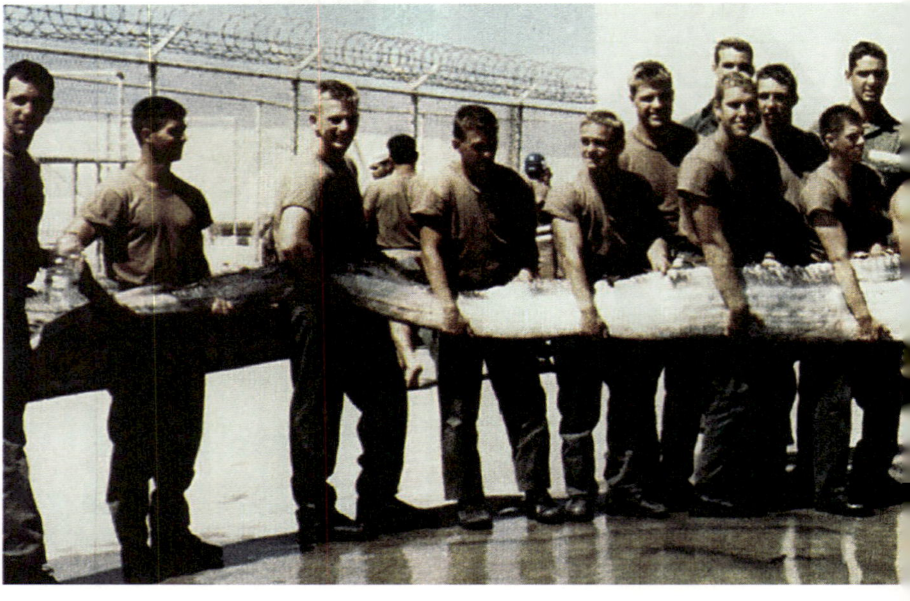

皇带鱼

皇带鱼的体型

20 世纪初皇带鱼素描图

陆地上活着的"巨兽"：大象

裸鼹鼠

紫纹海刺水母

美国肉参

美国谷仓

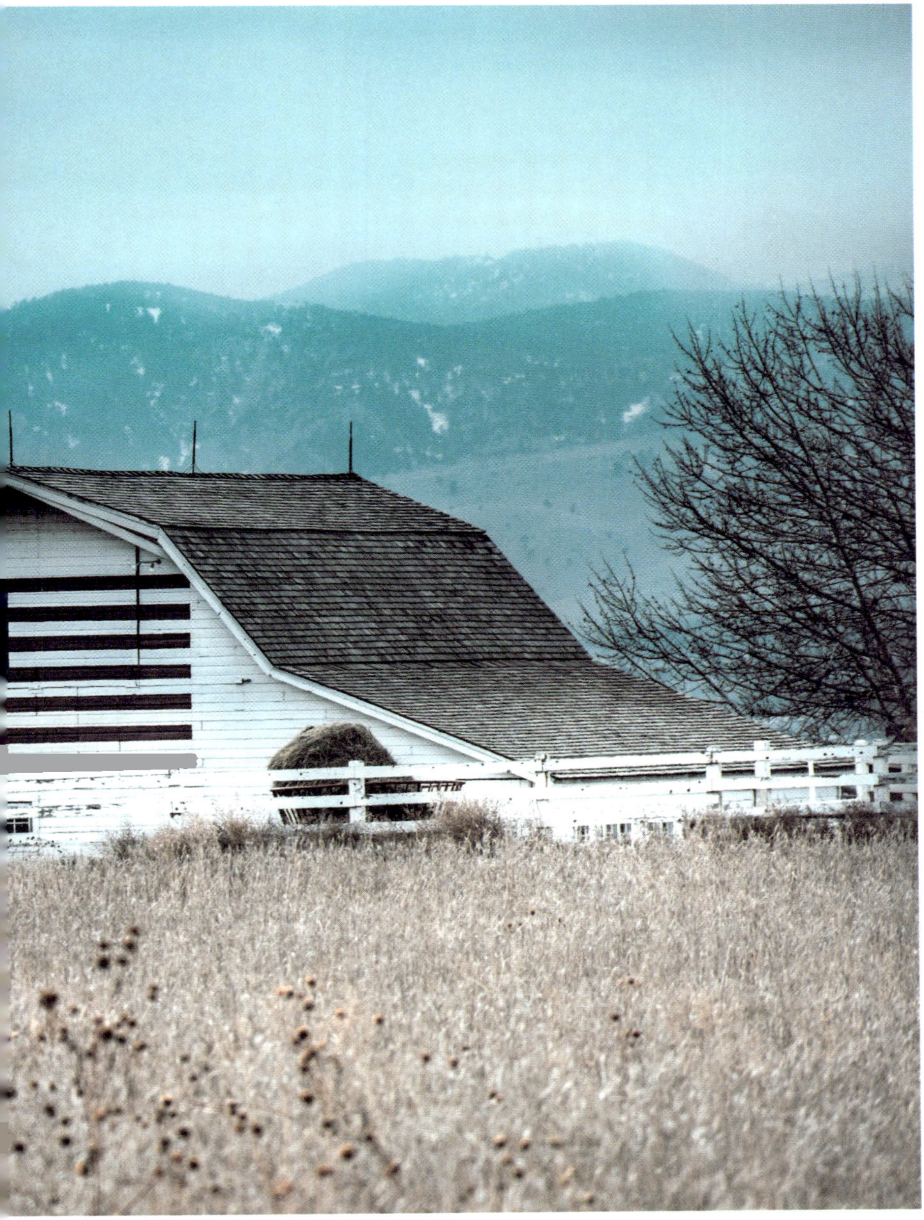

红河谷

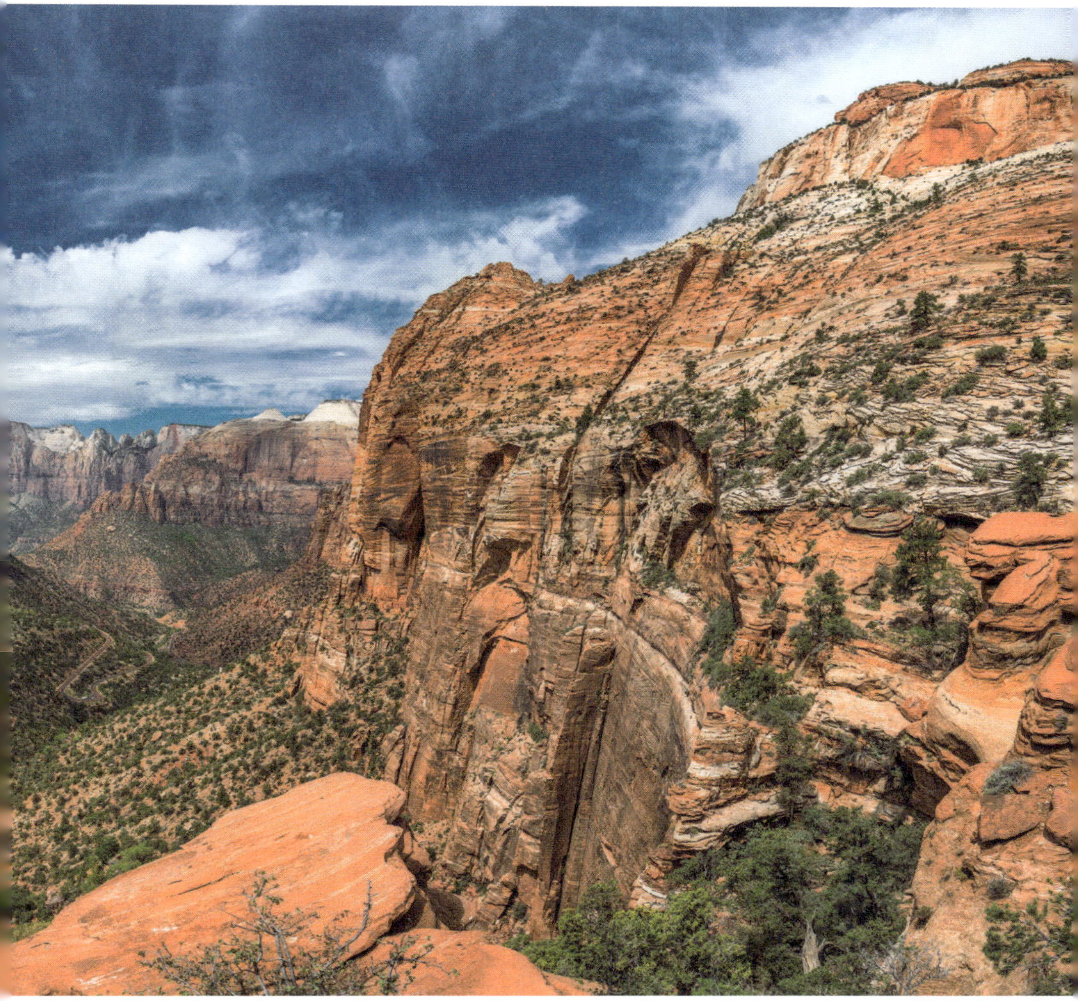

锥形帐篷

叉角羚（美国羚羊）

无声电影演员威廉·哈特戴牛仔帽留影

大角山山区的高山苔原

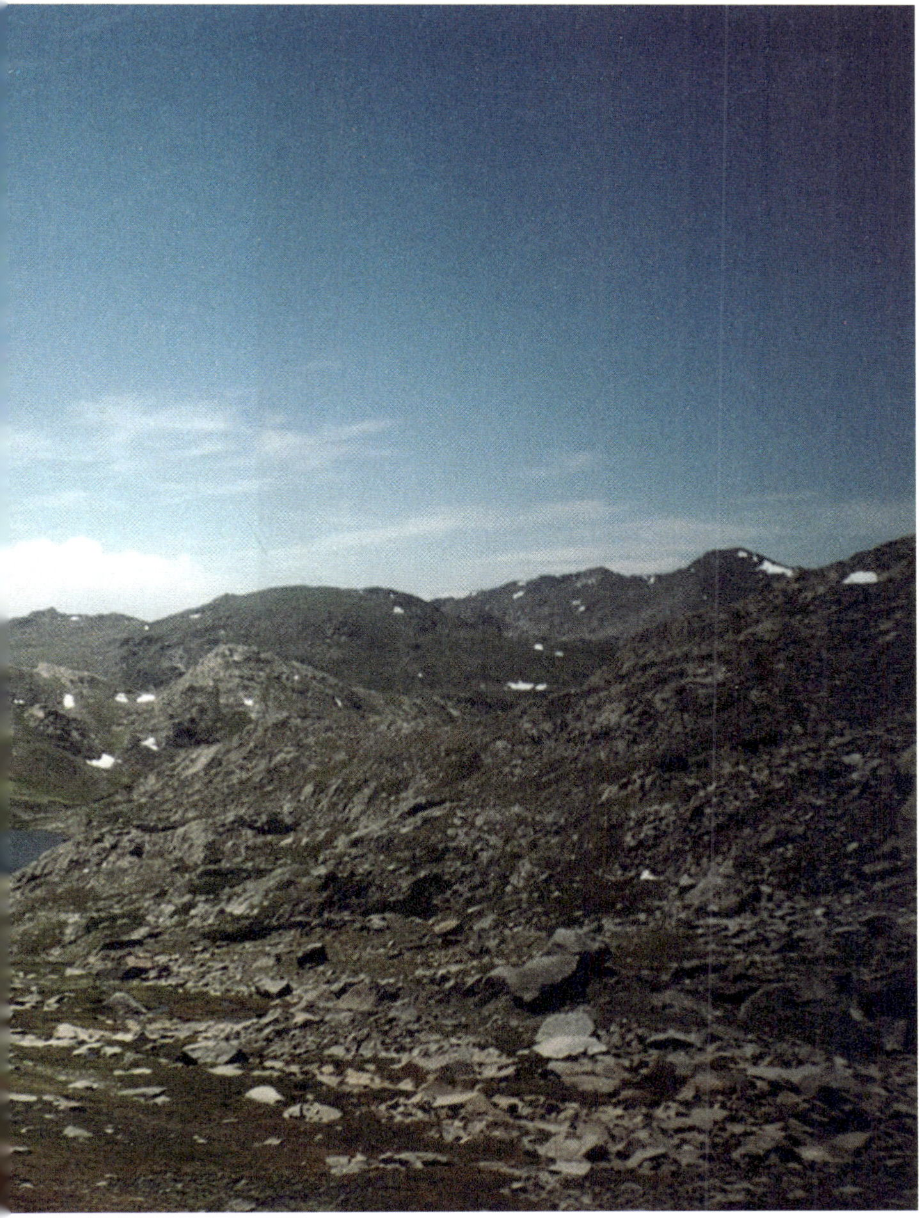

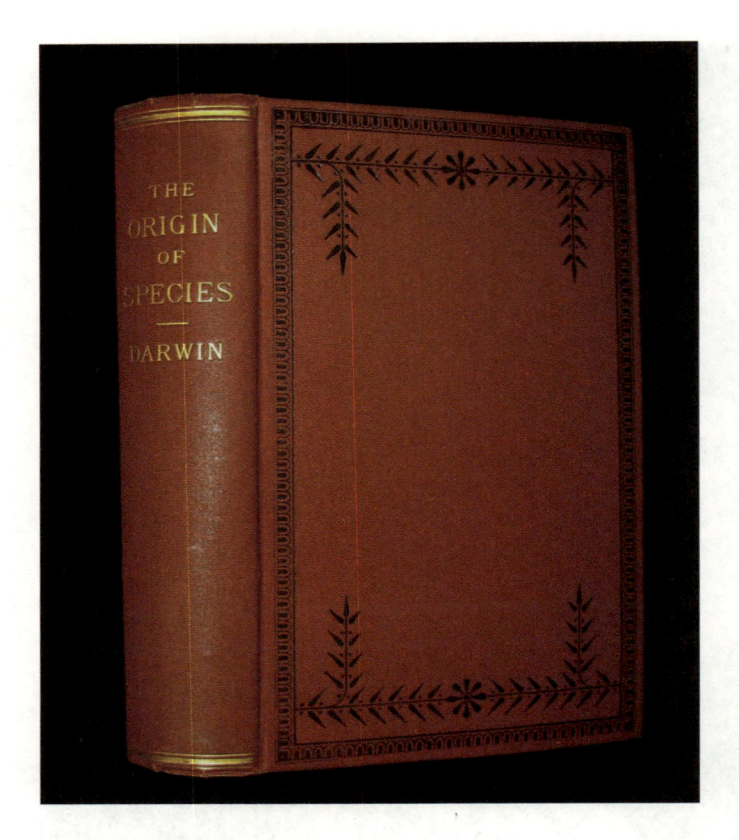

1895版《物种起源》

北美野牛

UNITED STATES NOTE
THE
10
WILL PAY TO
C
AUTHORIZED BY THE LEGAL TENDER ACTS OF 1862 AND 1863.
X
TEN
Washington, D.C.
J.W. Lyons
Register of the Treasury
LEWIS
10
28219991
SERIES OF 1901
FOR TEN DOLLARS
PROVISIONS OF SECTION 3588

10
UNITED STATES NOTE
10
TEN
DOLLARS
10
UNITED STATES NOTE

78.5.172

1901年发行的10美元纸币，上面印有北美野牛

在 1849 年开始的淘金热中,
最快的船只将纽约到旧金山的旅行时间从七个月缩短至四个月

AN FRANCISCO.
HIPS!
the greatest number.
HIP

NIA

IVER.
the builder of the celebrated Clippers
peed! Unusually prompt dispatch

ll Street, Tontine Building.

加拉帕戈斯群岛上的海狮

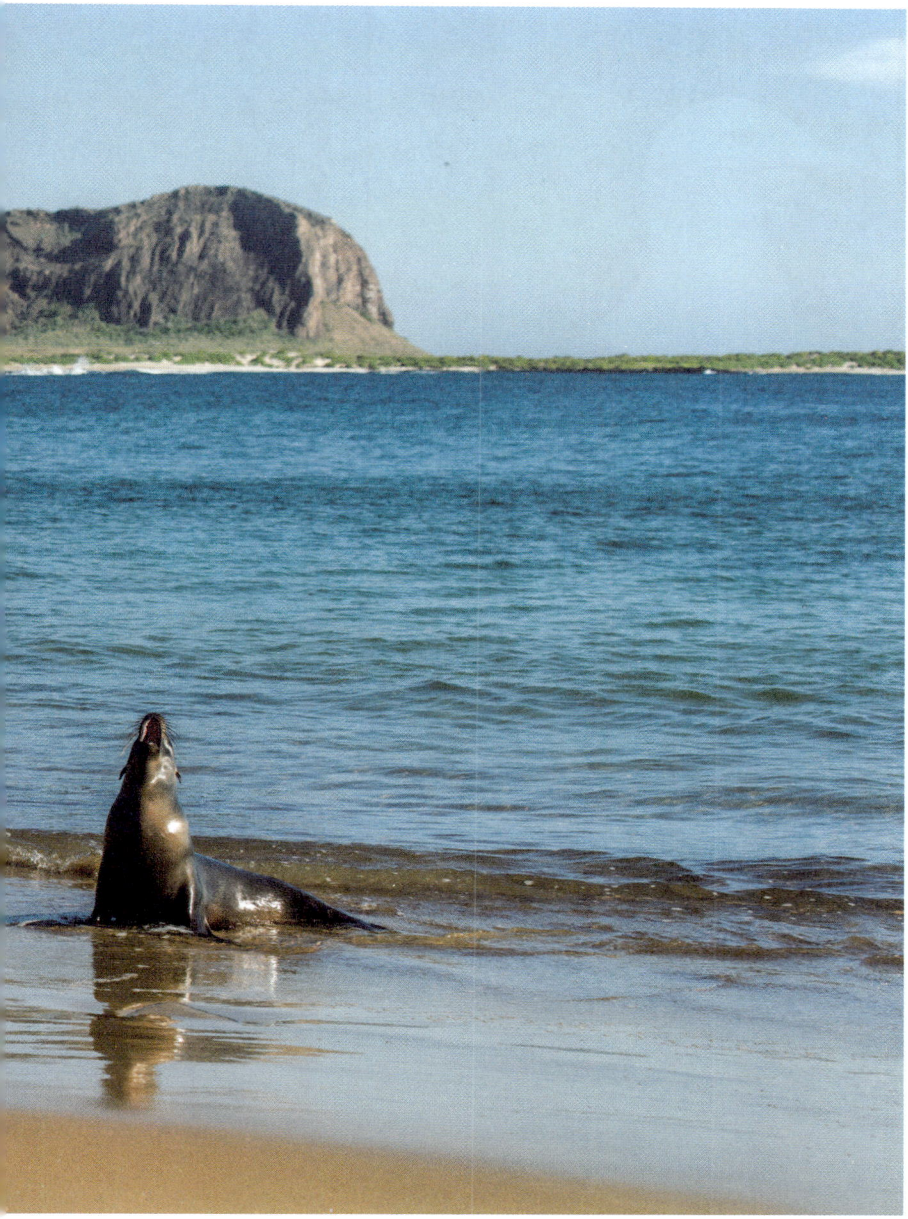

小黑背鸥

起飞的小黑背鸥

织女银鸥

钓到一条切虹鳟

第三部分

少点历史

第 7 章

无意识？

摘下"有色眼镜"

戴着这些"有色眼镜"开始让我头疼了。它们太局促，以至于让人不舒服。是不是应该再"减少点"？"我们所说的'人类文化'只是其中的一部分"，可并不是。"有色眼镜"远不止于此。我得摘下一会儿。

我们现在穿过怀俄明东部开往北部。开了这么久才遇上真正的群山。它们在白天的雾气中若隐若现。我看到了上方绵延的森林和高草地，铁灰色的悬崖在下方闪闪发光。我们穿过平原，来到了落基山脉的前沿：大角山。我被眼前的景色震撼了。我没想到会在这里看到这种山地。在看过一望无际的平地之后，这种景色让人神往。我们很想去一探究竟，涤荡身心，但我们今天还离得远。明天我们会在蒙大拿和一家自营的"全球锥形帐篷之都"进行会面。我们沿着大角山的狭长的山脉向北面开去，我们一直不断地凝望着这片山脉，好像双方在进行着深层次的对话。

埃兹在开车，我可以放松一下，切换到"思考"模式。

我明白作为人类，心智圈里很多想法的变异与我们过去的经历有关，有些时候当我们将想法进行传承时，我们是自发而为的，而当我们做选择的时候，做出这些选择的原因就不再重要了。但同样因为我们是人，我发现很难接受所做的一切都是偶然且自发的，到最后都变得无关紧要。这让我觉得内心很空虚。人类的历史毫无疑问是有意义的啊。

我这种感觉绝非仅有。当1859年《物种起源》出版的时候，很多人也有相同的感受。他们最难接受的是书里最惊人的理论：生命是"自动驾驶的"。有达尔文的自然选择做支撑，没人会去考虑生命接下来会做什么，或做过什么，甚至正在做什么。这不是件需要深思熟虑的事。飞行计划将会由自然选择这个无意识的、不间断的引擎所决定。毕竟根据达尔文的理论，这一切都是在进行的过程中形成的，而这趟飞行没有真正的目的、没有明确的目的地。生命之所以飞行是因为它本身能飞。作为宇宙的前飞行员，上帝下岗了。

如果帽子、谷仓或任何人类手工制品都可以自我设计，如果所有我们视为珍宝的东西都是无意间造出来的，就像自然界的物种一般，那么我们可能也早失业了：文化生活可以不经过我们有意识的参与而高高兴兴地完成进化。只要我们掌握着想法，接着把它们传承给他人，并出于某些原因对这些想法进行了选择——尽管在这个宏大的计划中，原因本身并不重要。原力会在心智圈影响深远，而人类文化将会形成生命的所有特征。如果是这样的话，那么我们就是一些聪明却无可置疑的点子机器，掌握着一种自动进化的文化，而这种文化持续的是一种无意义的、难以觉察的混乱。

你觉得这个想法怎么样？不怎么样？我也觉得。作为人类，我觉得被这种想法冒犯了。解雇上帝是一回事，居然也没我们人类什么事儿了？这可严重了。这是彻底的虚无主义。这使得我们所做的一切事情都没了价值和目的。难道这个新世界观里没有留给人类天才、"大跃进"、疯狂的发明家以及启蒙思想家空间吗？我们就不能有意识、主动、有创造力地来驱动文化进化并且掌握人类自身的命运吗？

埃兹哼着歌，摆弄着方向盘来打发无聊。我们的克莱斯勒车又开始"巡航"了，因为路上实在没什么特色，这车也就"自动驾驶"了一阵子。在我们前面倾斜着的是山前那些幸运的农场。它们都有复折屋顶的谷仓。即使在偏远的西部，在过了这么远的距离，谷仓建造者还是建了相同的谷仓。他们建造这种谷仓的原因是觉得在这儿它还是不二选择吗？他们考虑了所有的选择吗？这儿的农场是小的养牛场，和东部那种大型谷物仓储非常不同。大角山的谷仓建造者是有意识地建造（像我们认为的那样），还是偶然、自发（我们并不这么认为）、不假思索地沿用了祖祖辈辈同样的设计？

我怎么会知道呢？我倒是希望知道想法的进化在从无意识到有意识的图中如何随着时间进行左右切换。

制表

这是有先例的。1802 年，英国的神学家威廉·佩利在他的《自然神学》一书中提出了一个论点，他认为可以终结上帝是否存在这个话题。这其实不是他的论点，而是目的论推理中的经典问题，他用了一个"制表"的比喻来概括这个问题。大概意思是：正如表的复杂程度和设计痕迹证明了其背后精心的制表人的存在，大自然的复杂程度和设计痕迹则证明了这位精心的"自然创造者"——上帝——的存在。

从表面上看，这有点惊世骇俗，而这种论点给当时在剑桥念基督教神学的年轻学生查尔斯·达尔文留下了深刻的印象。达尔文一直是一位热衷自然的历史学者，他将佩利的这本书看作对他的召唤。他决定把时间投入对自然的复杂程度和设计痕迹的研究细节上，从而来证明上帝之表的作品多精妙。他借佩利之名，忙于收集各种生物体、石头块等。他特别关注的是同一物种的个体差异，比如不同藤壶的壳、锹形虫腿的排列。对年轻的达尔文来说，自然世界是无限关联的表，他甚至接受了贝格尔号的邀请周游世界，以便收集更多的标本。

在过了28年以后，在游历了世界之后，达尔文没有想到他的结论证明佩利和佩利的"制表"理论基本是错误的。达尔文比我们任何人都更用力地观察我们称为自然的这表的齿轮和弹簧，他发现这个设计可能并没有一个有意识的制造者介入，活力却无意识的生命是可以创造出最美而又精密的自然的。这一切都依赖于不断重复的机制，那就是自然选择。达尔文随后在他的自传中写道：

> 佩利之前说的关于自然的设计那些理论，在我看来是具有结论性质的，但现在由于自然选择的出现而被推翻了。比如，我们不能再认为双壳类贝壳的开合口是由某个聪明的物种决定的，就好像人设计了门的铰链那样。有机体的多样性和自然选择的过程就像风吹一样毫无设计可言。

当然，他说的话是对的，而我，在150年后，不仅仅觉得双壳类贝壳的开合口，就连门的铰链也是自然选择的无心之举。达尔文的视角认为没有自然界的造物主，我这些视角认为没有人类的制造者。达尔文说生物圈是偶然创造出来的，我认为心智圈也是偶然形成的。达尔文说没有任何意识的参与，我说什么，没有任何思想参与？我怎么知道这些视角是否正确呢？

那达尔文怎么知道他是对的？答案是：他给自己（以及他的视角）制造了一项挑战。他认为他可以击倒威廉·佩利的制表人比喻，只要他追溯他认为是自然之表的设计演变：那就是眼睛。和表类似，从表面上看，眼睛不太可能是偶然得来的。它不仅需要令人惊叹的效用以及精密的设计，并且由很多部分组成，没有哪一项可以单独发挥作用。而眼睛这么复杂的组成怎么能没有意识的介入呢？

> 假设眼睛可以由自然选择形成，我不得不说，这听起来非常荒谬。不过如果在无数的排序中，从完美的复杂的眼睛到不完美的简单构造的眼睛，那些被拥有者认为有用的可以显示并存……虽然可以通过想象实现，但很难认为这种完美复杂的眼睛可以由自然选择决定。

达尔文需要做的是找到无数的渐变序列，其中的每一序列对其拥有者都是有用的。于是他四处寻找。他曾在英国自然历史博物馆翻箱倒柜，想从历史中找答案，一段时间过去，终于从全世界搜罗来的生物体那里找到了他所谓的逐渐演化的眼睛。不仅有那种简单的只有光感的细胞，还有那些比我们的眼睛更复杂的结构，其中几乎每个阶段的眼睛他都有所涉及。就这样，达尔文通过一种渐进、无意的调整实现了他对制表论的驳斥。那我的结论在哪儿呢？

那表本身呢？它不太可能是个文化意义上的手工艺品。我能在其自然发展的历史上找到无数的样式排列吗？当然可以。首先要承认佩利对表是制表人存在的痕迹这件事说得没错。他错在将制表人与表设计者混为一谈。当制表人坐下来工作的时候，其并不是从头发明这块表，而是在完成设计线上的一项工作，按部就班地组装一块经由上千年的智慧凝结而成的设备。而佩利对制表人与上帝所做的对比是完全具有误导性的。制表人并不是有意识的创造者。制表人只是在有意义的设计工作完成之后将这些进化后的、传承的、累积的想法付诸实践。就在现在，亚洲的某个地方，流水线上的机器正在做这件事。它们只是在完成一项设定好的工作，将表的零件一块块组装，就像基因设计的眼睛一样。"making"的意思是完成一种重复的机械工作，而这可不是什么创造性的活动。因此，一块表虽然能证明制表人存在的痕迹，可它本身并不是某种意识的证明。

佩利曾被公认的理论认为设计是一个有意识的过程。而达尔文更加审慎地对待了这个理论。经过时间的证明，他揭示了无知又重复的自然选择可以将设计变为一种无心之举。只要时间足够（上千万年），可以无意识地创造出像眼睛一样复杂的有机生物。那么无意识地发明一块表又需要多少时间呢？

关于计时的设计历史肯定很悠久。人类在至少四千年前就开始记录时间的流逝，各种不同类型的曾被使用过的设备也出现在不同的博物馆的馆藏中。历史本身就是一个穿越时间的关于进化、关于渐进序列、关于变化的故事。只要留意观察，计时设备的历史就会展现在眼前，从第一个日晷，到各种滴漏，"擒纵器"的发明，弹簧驱动装置和钟摆，再到电子、石英手表的使用，还有佩利无法理解的——根本就没有发条装置的表。这种演变过程的每一小步都可能是偶然/自发、无心发生的。那我又是如何确信的呢？

达尔文的尝试和我所面临的情况大相径庭。达尔文面对的是对上帝的贬低。在当时的英国，主要观点认为上帝通过创造形成了世间万物，达尔文所做的是对这种观点的贬低（他只要做这些），就是对创造的贬低。他通过收集时间的证据，比如化石、甲醛瓶子等来证明世界不是一瞬间形成的，而是经过实实在在的自然历史的演变。

我的情况就不同了。我们都知道人类历史是循序渐进的。我们也承认文化是随着时间演变的。我的任务不是否认从有意识到无意识图的右边——有意的那一端，从而得出"那就是最左边的无意识吧"这样的结论。我的任务是研究人类历史在这个图中所处的位置。我的任务是探究不同思想背后各种各样的参与互动程度。

各种无聊的手翻书

你知道那种给孩子看的手翻书吗？在每一页的角上都有一幅画，当你翻开的时候，这些画是一些有趣但没啥技术含量的动画。想象一本手翻书在第一页是你20岁的样子，第二页是你母亲（选母系这一边）20岁的样子，第三页是你姥姥，第四页是你太姥姥，以此类推。换句话说，想象一本手翻书的每一页都是你祖先年轻时的样子。这本书有多少页呢？猜一下：大概两千亿页。这差不多是自从地球上有生命以来你所有的祖辈。

你能想象这本手翻书吗？让我们来试试！

让我们先"跳过"一部分。这本书实在太厚了，我都怀疑你能否从头翻起。这还需要些练习。让我们从差不多一千页的地方翻起。你会看到一个住在洞穴里的女人。她长得和你很像（如果她出现在盖璞店里站在你旁边挑选牛仔裤，你一点也不会觉得奇怪）。要知道，在大约20万年间，也就是在这本手翻书前一万页左右，人类的外貌变化很小。那让我们再跳过九千页。在书的这个位置，会出现一位特别的洞穴女人的画像。她特别的原因是，如果你有每个人的手翻书，在这一页，这个女人会出现在每个人的书中。她的名字叫作线粒体夏娃——她是每个人的母亲，是所有人类的母亲。

从这页开始，我们所有人的手翻书都是一样的了（所以你可能不用看别人的书了）。对我们人类这个物种而言，在过了差不多一万页之后，你翻看的是智人的历史。剩下的那些呢？该是大篇幅跳过的时候了。两万页之后，是个女的，有个很丑的大鼻子和斜的前额，你会觉得她肯定不是个健谈的人。再过十万页，你会说："天啊，姥姥，你怎么长了这么长又突出的大下巴！"双倍加速你的进度，你会看到一只纤瘦的类人猿，长着闪闪发光的漂亮眼睛。再双倍加速，你会看到像猩猩一样的形象。但其实不是猩猩（因为猩猩是有着自己两千亿页手翻书的现代生物），它是我们和猩猩共同的祖先。

翻到……二百五十万页的位置：姥姥是一只没有尾巴的猴子，在四百万页的位置，她是个长着尖鼻子的像松鼠一样的生物，在四千万页，是一只胖胖的老鼠，在五千五百万页，是一只短鼻巨蜥，在七千万页，是一只肺鱼……就这样一直持续，追溯到我们祖先的各种形态：鱼类、虫类及海绵生物。每当你翻到下个一亿页，再看一眼姥姥的样子，会发现你每次看到的动物都完全不同，甚至越来越奇怪，还越来越小。姥姥变小了！很快，在虫子之后，小到几乎看不清了。你赶忙翻出上个圣诞节收到的放大镜礼物，但很快它们变成了一个点。在差不多一百六十亿页，即使眯着眼仔细看，姥姥也从书上消失了。只看了这本书 8% 左右，还有一千八百四十亿页没看，你已经找不到祖先的样子了。祖先变得小到根本看不清了。

很可惜，如果你和我一样，你会想直接跳到最后一页，看看是如何开始或者结束的，但你不能。

这不是重点。现在开始翻画。从哪儿开始并不重要，无论是类人猿、蜥蜴，或者鱼那里，找几百页，竖起大拇指，开始翻开书里的画吧。你看到什么？根本没什么意思。简直是最无聊的手翻书。

这就是"从无意识到有意识"图中最左端的进化。几乎是难以察觉的过程。自然选择似乎是给了我们祖先"自我进化设计"的权利，而同时又施加了最折磨的限制。每个人的祖先只能基于直系的先辈而进行进化，不能从其他人那里继承。这不是天马行空的事，也不是"从零开始"的事。唯一可以做的是调整前人的特点：这一点，那一点。如果他们继承了设计缺陷或过去不同环境的多余设计，很麻烦！如果他们缺少完成理想设计的条件，很不幸！这就是一个修修补补的过程。设计计划这个说法有点蠢。毕竟只是无意识的事情。

如果文化进化也是百分百的无意识达尔文进化，并且定于"从无意识到有意识"图中最左端的位置，你将会发现所有的文化历史都是一种修补——"修整的衰落"。每个想法只会细微地调整，原型复制原型，每个都是结合当下的需求，被自身历史设计的选择所阻碍。如果文化进化是完全无意识的，那么就不会有原创的思想，每个"新的"点子只是之前的修补而已。不得不承认，有些修补可能是革命性的，就像自然界一样，但大多数时间，这个进化过程非常缓慢。就像我和你，每个想法可能就变成了一本非常无聊的手翻书。

如果我们的思想可以有目的/有意识地参与想法进化的过程，这本手翻书可能会更有趣。这是相辅相成的：想法进化的过程越有意识，这本手翻书就越有趣。每页的内容都会大有不同，这源自"创造力"，也就是"从无意识到有意识"图的最右端，那种我在心智圈中称为人为创造的东西。一个想法的进化不需要对未来无知，它可以继承未来计划的特点，而不是简单地对过去的反映。真正的"自然"创造是存在的，没有追溯的全新思想，现有的"横空出世"的想法填补了心智圈的空位。如果人类思想有规律、有意识地参与文化进化，那么想法的进化这件事将会变得激动人心。

在我们开往蒙大拿的路上飞驰而过所看到的谷仓，也是有属于它们的祖谱手翻书的——会和我们的一样无聊吗？是不是用没有创造力的跨越和没有人类心灵手巧来驳斥文化达尔文主义？难道历史上就没有一个谷仓的设计可以打破这个视角吗？19世纪下半叶全美国"突然"出现的复折屋顶呢？难道这不是人类智慧的证明？这不正是图最右端文化创造意识的表现吗？

自动式谷仓

我们在怀俄明的喜来登喝咖啡时，我上网浏览，发现了一件事：复折屋顶出现在谷仓顶之前，它还在住宅的屋顶出现过。美国现存最古老的木架结构建筑是位于马萨诸塞州戴德姆的费尔班克斯，两段复折屋顶的延伸可以追溯到17世纪60年代。这意味着美国乡村的人早在建复折屋顶的谷仓的150年以前就开始在他们的住宅上建造这种设计独特的屋顶了。他们肯定（自发地）建了英式的、荷式的或德式的谷仓，就像他们的祖辈做过的那样。

另外，据说复折屋顶并不是美国的发明，这是英国人和荷兰人在17世纪中期带来的，他们是一个世纪前从东南亚那边学来的。在那里，复折屋顶存在了不知多少个世纪。因此这个复折屋顶的想法并不是"凭空出现的"，而是从"别的地方"学来的。发明的时间可以追溯到石器时代，那时想法可以不断地调整进化，也没有出现过任何跨越式的发展。

所以可能复折屋顶就像我们的手翻书一样无聊，它进化的过程就像口音、牛仔帽或手表一样是无意、偶然且自发的。

坐在克莱斯勒里"巡航",我不禁想,不是所有心智圈的想法都是这样"放任"发展的,就像我们现在坐在克莱斯勒车里这样。可能是因为我放下了新世界的视角,回归到了我原先的假设,那便是我们人类是主导的,也可能是因为我小时候第一次去美国的旅行所留下的记忆。那年我十岁,我的脸紧紧贴着肯尼迪机场航站楼的玻璃窗,凝望着远处曼哈顿的轮廓。我是从英国德文郡来的,从未见过这种摩天大楼的景观。我父亲坐在我旁边的地毯上跟我说:"这就是美国,这些城市、道路、农场,都只用了不到500年的时间就建成了。很神奇吧!如果你一无所有,即使有了这些规划师、建筑家、工人、机器设备、资金,你也想象不到用不到500年的时间就把美国建造了出来。这根本是不可能完成的。"

他说的话没错。如果人是自动的,那怎么来实现这么不可思议的神迹呢?人类的世界不是一直缓慢前进的,而是速度快并且变化明显的。就比如这里所发生的一切并不能简单地归结为自然选择,这里边一定有意识的参与。百分百的无意识是无法被证实的,在美国这里就肯定不是。在新世界的视角下,应该有我们人类天才的一席之地。

在我到达"全球锥形帐篷之都"之前,我给自己(还有这些视角)设立了一个挑战:我能将美国历史简单理解为不断进化的想法之间的混战吗?我能重新审视美国的复杂设计,并大胆宣布没有人建造了这一切——即使这个国家在不到500年的时间形成,也并不曾存在,现在也没有"美国的建造者"吗?

"有色眼镜"又回来了。

第 8 章

西部如何取胜之一：找到边界

牛群声？

这感觉像是失聪一样。我们到了蒙大拿州的东南部，正站在山丘上眺望。四周一望无际，触不可及。可我却好像听不到了，只有风在我眼前低语轻拂。正午的阳光灼热炫目，我望向南方的时候眼泪都快流出来了。空气中都是花粉、干燥的叶绿素以及大片草叶受热后的硅土味道。

150 年前，这个地方还不是如此寂静。这里曾经生活着统治这片草原的动物。北美野牛*曾是美洲最大的陆生生物。一头公北美野牛有 2 米高，3 米长，重达 1100 多公斤。它们是草原上的割草主力。北美野牛的效率很高，早先的捕猎者很快意识到他们的最大阻力不是抵御当地的印第安人，而是为他们的马匹找到够吃的草。

数年来，生活在草原上及周边的北美印第安人的部落派猎人到这片盆地捕猎，现在这片盆地就在我眼前。这里是北美捕猎北美野牛的最佳地点。无论是夏天南移来吃季节性山火烧过后新长的嫩草的牛群，

---

* 我没疯，北美野牛是拉丁美洲野牛属的一种野牛名字。美国平原野牛被称为野牛野牛野牛——野牛属中野牛的亚种野牛。我担心找不到原创的点子！

还是冬天北移来找切努克风吹开冰雪的草皮的牛群，都要经过大角山与黑丘岭之间的这片地带。

狩猎的人会在河谷（我所站位置的下方）搭建他们的锥形帐篷，那里有水源和一些散落的杨木，可以避风遮阳。和植被、北美野牛一样，我们人类也一直离不开这些资源。

猎人们凭经验可以知道北美野牛从哪里来，但他们还是会在狩猎前派一组侦察员来定位牛群确切的位置。侦察员们会在高地观察，同时也会通过风声来听：那咔嗒咔嗒的声音听起来像一台巨大又破旧的机器。在春天，喧闹的牛群互相大声嘶吼着。夏天，当公牛加入牛群当中，牛群有节奏的叫声不分日夜地响着，将这片牛群分为不同的领地。光喊叫还不够，有时还会争斗，打破头，或者向附近的牛群发出一些震慑的叫声。秋天，公牛们离开牛群，三三两两地走散开，母牛们变得平静些，不过空气中充斥着刚出生的小牛想再喝点奶的抱怨声。冬天，受到狼群的威胁，牛群四处逃窜，留下了飞扬的尘土、冷空气中的热浪以及如雷的蹄声。

北美野牛是很难控制的野兽，不过由于平原的广阔，即使有多如上百万只吵闹的北美野牛，也需要侦察情况。当侦察员观察到了牛群，山谷里的村民就要准备行动了。每个部落的人都依赖牛肉度过中部难熬的寒冬。狩猎成功意味着整个部落这个季节都会丰衣足食。狩猎失败意味着饥饿，而人口的减少意味着来年春天捍卫其领地的人变少。如果部落的战力不强，整个部落都会消失。一些人会挨饿，一些人会加入其他亲属的部落，还有一些会屈服于战胜的部落，待遇会比之前更好。这就是文化领域的自然选择无情的一面，其中最能说明人类生态的就是大草原印第安人。

每年春天，不同的部落都会在我下方的山谷中搭建各自的锥形帐篷，不知从哪年开始，一直到历史记载的 1876 年，草原印第安人文化的终结，就是在现在这个位置。

试错

草原印第安人文化在几百年前欧洲文化涉足美国开始就注定了终结。大家公认，一旦欧洲人发现美洲大陆的优点，用美国西部历史学家弗朗西斯·帕克曼（Francis Parkman）的话来说，他们新世界的人占领中部，并使原来的人"赶在英美文化的浪潮席卷之前融合并消失不见"只是时间早晚的问题。正因这个结果是不可避免的，用新美国人的话来说，这一定是命运。而正因这是命运，他们推论这是神圣意志。

在 1845 年 12 月发表的一篇旨在号召美国人开疆扩土的文章中，迎合大众的作家约翰·奥沙利文为这种神圣意志找到了一个朗朗上口的语句，他说："所谓天意，是依照我们天定的命运来拥有整片大陆的，这使得我们可以充分发展自由与自治政府。"美国人注定要征服整片大陆，而他们会得到神的庇佑。

在奥沙利文写这篇文章的时候，美国面积只有现在的三分之二大小。大陆面积从大西洋一直到落基山脉，那年将当时的得克萨斯共和国纳入了其第 28 个州，不过那时的西部边境线还没有海滩。在中间的是未被开发的英国人所称的"俄勒冈村"，或者是墨西哥省份"上加利福尼亚"。为了实现这个年轻国家的天命就意味着：出台大规模非法移入未知领域的政策。

那时，唯一去过未知领域冒险的美国人是那些毛皮猎人。翻山越岭只为了寻找价值连城的海狸毛皮，有 3000 多名"山区居民"这么持续找了 20 年，直到 19 世纪 40 年代早期才停止。而这些毛皮猎人的经验对移民到西部的商人来说简直是再好不过了。毛皮猎人骑着马向西再次进发，他们带着一马车满怀希望的移民者一路来到高平原上，他们所有的人生都装裹在帆布制成的斯图贝克马车里。*但他们很快发现了一个问题：他们曾横扫过山谷间的马尾，找海狸确实有一套，但对实现天命来说却不值一提。他们现在需要一条宽阔且平坦的路来抵达那片"应许之地"，而他们唯一能做的是通过不断地尝试在落基山和大盆地之间走出迷宫一般的地形。不用猜也知道最佳的制高点或者多产的河谷走廊都藏在隐蔽的地方，先锋队需要适应西部的环境，不断地碰运气。

这个过程是很艰苦的。他们发现自己被困在了箱状峡谷里，面对着悬崖，沿河走了很远都无法安全通过。他们折返回来，来回转圈，征服险峰，走得很慢。每个新选的位置都只是对前一个位置的调整，并受限于之前的地形地貌：人们做出的选择，或接受的选择是由环境的特点所决定的。不过你如何能穿过完全不熟悉的环境呢？奇特地貌的旅途总是更多地凭借运气而非技巧。只有到达了目的地才真的熟悉了来时的路。所以不是你在找路，而是路自在脚下。这里有点自我设计的意味。

随着马车队来到平原，河谷的蚂蚁也面临着同样的状况。它们来到这片应许之地的方式似曾相识。蚂蚁的大部队派侦察员不时到周边观察环境。一旦有侦察的蚂蚁发现了"应许之地"，可能是扔出马车外的苹果核，很快就会被吃得差不多，然后按照不同的路线，不管多曲折，回到蚂蚁的大本营。毕竟这是蚂蚁知道的唯一路线。它们其实也并不是"知道"路线，它们根本不记得。它们依靠在一路上散发的信息素气味

---

* 斯图贝克家在制造汽车之前是制造马车的。

标记。蚂蚁侦察员同样的路线会走两遍，一次出去，一次回来，由于它们不停地散发着信息素，当它们回到窝里的时候，到目的地之间的路已经有两处信息素的标记，这足以超过那些无效路线留下的气味。

如果哪只蚂蚁在侦察的时候，偶然碰到了这条双重标记的路线，它会无法抗拒地跟着最强信息素气味的路线。随后，其他的蚂蚁将会从不同的方向找到这颗苹果核。它们会找到正确的路线，咬上一口苹果核，然后通过最强信息素气味的路线回去，并留下越来越多的信息素。聪明的一点是，由于蚂蚁大本营有很多蚂蚁，而不时派出的侦察员会从四面八方来到"应许之地"，假以时日，这条路就会自然地成为"自我优化的"路线。尽管它们并不会思考，但大本营的蚂蚁最终会找到往返于苹果核之间最短的路线。这和一个关键因素有关：信息素的挥发。路线越长，蚂蚁要花费的时间越长，路线上的信息素就越难消除，所以最强信息素气味的路线肯定是用时最短的。只需要记住几行算法编程，不具备思想的蚂蚁阵营也能发现最短的路线。经过反复试错、无意识的沟通、反复侦察，蚂蚁们终将会开辟出通往应许之地的路线。它们的表现行为意味着它们天生如此。

如果你看过美国历史书上的地图，会知道通往俄勒冈州、大盆地和加利福尼亚州就像是通往应许之地的直接路线。不过地图绘制的时间是在这些路线已经存在以后了。当时——在大陆中部，20世纪中期——这些路线的设计使得人们迷失在大山谷中，还有马车被冲到河中等事故，吉姆·布利杰（Jim Bridger）偶然发现了一条新路线，美国的非法移民也试着找到最佳路线来躲避墨西哥的边警。这需要很多特派员到未知的地方探寻。如果那些移民留下了马车轮子的痕迹，他们很容易发现，车辙越深，就越有可能是通往"应许之地"的路线。车辙就像蚂蚁的信息素，会随着时间消逝，不难想象，如果有足够多的试错、足够多无意识的交流、足够多的侦察员的话，我们现在在历史书上看到的路线——最终通往"应许之地"的路，也许就像约翰·奥沙利文所说的那样，是天意注定的。

南部牛群

1871年，理查德·欧文·道奇上校（道奇城就是以他名字命名的）坐着一辆小型马车从道奇堡（以另一个道奇命名）出发，沿着堪萨斯州的阿肯色河开始了他的旅程。刚走了没多远，道奇的车遇到了一群北美野牛。四个小时之后他才从北美野牛群中脱身。在他这段34英里的旅行中，北美野牛占据了其中的25英里。由于北美野牛一直在走动，据说*这片牛群占据的面积大概有65平方千米，这是对北美野牛群密集程度的估算，从而推断出那天有400万只动物从堪萨斯州向南迁徙。

道奇上校遇到的是很有名的"南部牛群"。北美野牛历来是自由地在草原上融合或分开。20世纪40年代修建的俄勒冈铁路将牛群一分为二。每当有马车队经过，就会失去越来越多的北美野牛：先遣人员需要牛肉，猎人需要北美野牛皮，或叫"北美野牛皮袍"。当1849年加利福尼亚地区发现黄金之后，小路慢慢扩成了大道，北美野牛也学着远离这条路。因为这是穿过落基山的最终路径，这条路自然变成了19世纪60年代铁路设计人员在设计穿过大西部的铁路时的自然选择。一家名叫"金色道钉"的公司加入了中太平洋铁路和联合太平洋铁路公司，1869年在美国东西部之间建立了第一条贯穿的铁路，自此美国的北美野牛被永久地分为两个部分：铁轨一边是北部牛群，另一边是南

---

* 一说来自 E.T. 塞顿（1927）。

部牛群。1871年那天道奇上校遇到的是南部牛群。结果证明它们出现在了铁轨的另一边。

从新建的铁路站点小镇一直到南部平原，随着这些城镇的开辟，一个新兴的美国标签诞生了：职业北美野牛猎人。印第安人部落虽然退到了自留地，他们还是会继续猎杀北美野牛。他们会用柯特式左轮手枪在马背上追赶小型的北美野牛群。这很危险，随着牛群的逃窜，草地会变得尘土飞扬，马和北美野牛将会陷入土拨鼠洞，骑手都聚集在一起。在这之后，猎手们将剥下北美野牛皮，拆解北美野牛尸体，将其运到最近的火车站市场。其实他们卖北美野牛皮赚的钱不多，肉就更少了。这些人都刚经历了内战。很多都是前同盟军，试图在这里开始新生活，他们经受过恐怖战争的血腥，善于挑选猎物。在大西部猎杀北美野牛来换钱买威士忌是种很适合他们的生活方式。他们乐此不疲。不到一年的时间他们就把沿铁路附近的北美野牛清走了。两处的牛群从联合太平洋铁路分别向南北两边逃散开。

北美野牛跑得过一条铁路，但却跑不过三条。一年以后，第二条铁路堪萨斯太平洋将一连串城镇与联合太平洋铁路南线相连。新铁路直接穿过南部牛群的中心，这对它们来说是摧毁式的打击。正如道奇上校的马车曾从牛群前方穿过，首批堪萨斯的北美野牛猎人也曾从新建的铁路沿线小镇追击牛群后方。

1871—1874年，北美野牛捕猎变得产业化。以前一季为基础，再从各处招募职业猎人，捕猎北美野牛的人发明了一套新的狩猎技巧：伏击。不同于让牛群逃窜那样冒险，你只需要关注一小群北美野牛，可能是远离牛群，藏在沟壑中，或者正在爬上来。你在低位，像狙击手那样按一定顺序把它们截获。北美野牛群是由年长的雌牛带领的，其是整个牛群的首脑，由其决定牛群什么时候走，朝什么方向走。如果

第 8 章 西部如何取胜之一：找到边界

你开枪打这一只北美野牛，它就会站在那儿，但是死了。所以如果你盯着牛群看一会儿，并留意哪只是北美野牛群的首脑，然后你再开枪。你不想突然开枪，让牛群受到惊吓，因此你不会打在其前肢上，而是距离胸口大约 30 厘米的肺上。枪声会吓到牛群，它们会看到山上的烟雾，但因为见到牛群的首脑还站在那儿，所以它们也站着不动。不一会儿，血从那牛的鼻孔里流出来。又过了几分钟，它会开始站不稳，想保持平衡，却摇摇晃晃地摔倒在地。其他的牛会围着它，慌乱并等待着指令。过了一会儿，另一只年长的雌性北美野牛成了新的牛群首脑，并开始移动。当你注意到哪只是新的首脑，砰的一声，你停下了它的脚步，牛群又陷入了呆滞状态。

这种捕猎方法只能用长距的后装式来复枪。对北美野牛来说，不幸的是，那种枪和用来远距射杀同村人的枪是一样的。所以，就像那些开枪的人一样，贫困导致他们开枪，这种对抗北美野牛的武器也是在当时的内战中诞生的。一家夏普斯来复枪制造商，在战后销量锐减，却通过制造可以从 225 米外射杀雄性北美野牛的大口径步枪而很快找到了新的销路。

一旦结束了对所有牛群首脑的猎杀，剩下的牛群只能束手就擒。对猎手而言唯一的障碍不是他们的精准度，因为几乎百发百中，而是来复枪过热的问题。夏普斯枪里的黑火药使枪体过热，以至于不得不在每发之后短暂间歇。冬天，当牛皮最为厚实又需求最大的时候，可以借助地上的雪使枪体冷却，从而加快猎杀的过程。一名厉害的伏击猎手一小时可以斩获 100 只北美野牛。

随着北美野牛制品更多地运往东部地区，美国城市居民对北美野牛不同部位的需求此消彼长。不知什么时候，城市消费者善变的偏好，再加上猎人们滞后的反应，导致北美野牛部位的交易可以用黄金代替。

这一个月，人们收集牛角，下一个月，舌头更值钱。不过由于人们普遍认为牛群是取之不尽用之不竭的，没人会为有效处理北美野牛的尸体而特意建立加工工厂。单打独斗的伏击猎人只会割下自己需要的北美野牛部位，然后剩下的就留给土狼了。

不过并没有那么多土狼。1873 年秋，威廉·布莱克莫尔也走了那条两年前道奇上校走过的阿肯色河沿岸同样的路线。他没有碰上活着的牛群，而是一群亡灵："到处都是腐烂的北美野牛尸体，空气里有一股非常恶心的腐烂气味。猎手们沿河驻扎，不分昼夜地猎杀到河边饮水的北美野牛群。"

不安的天性

与此同时，由于修建铁路，同样面临着毁灭的，就是投资银行家。1861—1865 年，美国的天定使命被搁置，伴随着内战的结束，全美的普遍情绪就是要将其继续实现。在西部荒野修建铁路似乎是最好的做法，也吸引了战后的投资。从战时至 1873 年，朝太平洋方向共修建了 3.5 万英里铁路，花费了百万美元，直到有人要求返还他们的投资。答案可不怎么好。这引起了经济恐慌，从而带来了疯狂的混乱。投资全面崩溃。纽约股票交易所关停十天来控制这个局面，但还是太迟了。四分之一的铁路运营商破产了。当时最大的银行之一——杰库克银行，随后也做出回应，并寄希望于北方太平洋铁路（捕杀北美野牛的三家公司之一）的持续运营，不过随后也停止了继续修建。

如果这没发生的话，可能南部的牛群就得救了。来年北方太平洋铁路修到了蒙大拿州，对牛群的猎杀转移到了 1874 年仍很庞大的北部牛群，从而降低了南部所剩不多的北美野牛的压力。恐慌发生后，被生态学者称为"争夺竞争"的悲剧降临到南方北美野牛群身上。这种争夺竞争经常发生在自然界中，当越来越多的消费者对有限资源具有同等的机会时。最终结果经常是大量死尸的堆积——无意的悲剧是因为自然本就是无意的。我们也是如此。我们陷入掘金热，经营银行，我们砍伐热带雨林，过度捕鱼，我们捕猎南部北美野牛群，直到它们灭绝。具有高度智商的文明人类，在自然准则面前，就像没有首脑的北美野牛群一样。

直到 1873 年冬天，猎人们还认为南方的北美野牛不会被猎杀完。忽然之间，灭绝的状况出现在眼前。不过这并没使猎人们收手。北美野牛的稀少意味着新的牛皮或舌头都会比之前更值钱。由于北方太平洋铁路并没有实现找到北方牛群的目标，而牛群的分散导致北美野牛的价格更高了。

自然选择最后还是发挥了作用，南方北美野牛群只剩下了那些最小心谨慎的。当年长的雌性北美野牛倒下，剩下的北美野牛处在一种充满危机的不安感中，即使这时有新的首脑接替。于是它们开始自我主导，先是小跑，然后随着枪声增加而飞奔。在这个小团体中，有一些不是直接朝树丛或者山上跑去的。伏击猎人放下来复枪，上马，穿过草地追赶它们。他们一路追北美野牛到得克萨斯州的高平原上。他们围在水坑和盐沼地附近。他们不放过见到的任何一只北美野牛，最后幸存的几只南方北美野牛是为数不多的未被发现的。

1880 年，随着经济恐慌的结束，北方太平洋铁路储备了足够的资金，使运营线路一直延伸到蒙大拿州，这样猎人们又去争夺北方的牛群资源了。

北部牛群

历史上，北方的北美野牛群规模要比南方的更大，也更分散。这边正是冬天。北方的冬天很冷，猎人们经受不住，于是每年这几个月的猎杀行动大幅减少。但这微弱的收获被一个事实抵消了，那就是捕杀北美野牛现在已经完全产业化。猎人们现在知道如何最好地射杀北美野牛，他们学了很多。这次他们还能借助北方草原印第安人的帮助，这些人注定生活在这片不毛之地，也清楚地知道他们失去传统的猎物是必然的，于是趁着机会赚钱，并加入了白人猎杀北美野牛的活动中。他们在一起猎杀北部牛群共三年的时间，也正是这几年的时间，剩下的美国草原北美野牛都灭绝了。

1886年，华盛顿国家博物馆的威廉·霍纳代称发现了该物种的幸存者。他冒险来到蒙大拿州的草原上，询问那些捕猎者、先遣者以及当地的印第安人是否看到过活的北美野牛。过了这么多年，北美野牛的尸骨仍遍布草原之上，霍纳代见到了前猎人可怜辛劳的工作，没有什么可以捕猎的，只靠收集一些尸体的骨头为生。除了骨头车哗啦哗啦的声音，草原上一片寂静。

在连着几个月都被告知蒙大拿没有北美野牛以后，霍纳代在黄石和密苏里河相交的荒地上找到了一群。它们身上几乎都有子弹。他估计大概有40头。他杀了其中的25头。他是出于博物馆陈列的目的，现在这些北美野牛实在太珍贵了。以下是他关于遇到那头体型最大的公牛的描述：

> 当它看到我的时候，它站了起来，跑了一小段，但很容易被追赶上。它陷入了困境，我停在离它30码（27米）的距离，我很

珍惜这个机会，研究眼前这只在其栖息地体型最大的雄性北美野牛。我甚至还在笔记本上画了一个它的草图。在充分研究了它的样子与轮廓后，我一枪打在它的肺上，结束了它的生命。

在北美野牛经历了大混乱之后，霍纳代对北美野牛物种的数量进行了最终的统计。南部牛群在得克萨斯州有25只，科罗拉多州的山上有20只，南怀俄明州有26只。北部牛群在蒙大拿州有10只（其中有5只以上来自霍纳代发现的那群，当牛仔知道以后就把它们射杀了），还有4只在达科他州。在加拿大艾伯塔省北部，他听说有550只，但事实上都只是木北美野牛，它们是草原上另一种经历了人类相同对待的北美野牛的表亲。总共有256只被囚禁，其中200只被保护在黄石国家公园。霍纳代估计在19世纪末，只剩下1000多只的美国草原北美野牛。

北美野牛的故事告诉我们：人类也可能是无意识的，虽然我们很聪明，我们能（偶然间）想出很多关于打猎，使用来复枪，制造运送猎物的火车之类的聪明点子。但我们的智力只是浮于表面。在那些炯炯有神的目光背后可能是完全无意识的。霍纳代总结说："可能在世界历史上从来没过，直到文明的人类开始和北美野牛打交道，整个军队拿出了真军事化的一套，有指挥官、旗子、牧师、战争规则，并向动物宣战。难怪北美野牛都灭绝了。"

第 9 章

西部如何取胜之二：1876 年 6 月 25 日

文化幸存

1876 年 6 月，在两场针对北美野牛的战役中，出动了一支军队，也都是真刀真枪，有指挥官、旗子、牧师、战争规则那一套，而陆军中校乔治·阿姆斯特朗·卡斯特对另一件事物进行了宣战：那就是草原印第安文化。草原印第安人的生活方式已经消失殆尽。当然与北美野牛的锐减关系密切，但即使北美野牛群成功地存活，草原印第安文化也不会继续保留。部落的人被禁止继续游牧的生活，并生活在自留区里。他们得到分发的食物和定额的衣物，用帆布布料来搭建锥形帐篷。由于北美野牛皮很快就要没有了，他们又被禁止狩猎，便开始在草原上耕种。他们原来的文化像纽约的经济市场一样崩塌了。

虽然很多草原印第安人都不情愿地遵守来自华盛顿的这一套新规矩，但有些人并不服从，他们数十年来在这片大草原上与美国骑兵处处作对。美国白人对这种冒犯他们所谓天命的行为一点都不心慈手软，到 1876 年，草原上仅有一支未被驯化的部落，以拉科塔苏族人的圣人"坐着的公牛"为首。自 1868 年创建了大苏族保留区，"坐着的公牛"就拒绝和部落其他人安居于此。他和他的同伴们仍旧猎杀北部牛群，还会攻击每一辆开往西部的马车队，劫掠要塞，用北方太平洋铁路做掩护，这使他们的抗争多了些政治色彩。"坐着的公牛"向他的民众揭示了国家的命运。他的抵抗活动到1876年变成了比较棘手的问题。

在经历了1873年的恐慌之后，美国陷入了危机，失业率飞涨。乔治·阿姆斯特朗·卡斯特在他去黑丘岭的探险途中发现了黄金就藏在大苏族保留区。在他回到亚伯拉罕·林肯堡之前，东部的报纸已经在宣传卡斯特挽救了国家破产的命运。不顾苏族人的反对，成千上万的白人淘金者开始非法进入保留区，来到神圣的黑丘岭。尤利西斯·格兰特总统派军来阻止非法入侵，但在1875年秋，黄金被重新发现了，这次是在枯木峡谷。每个人都知道一到春天，黑丘岭会挤满淘金者，他们都是来争夺黄金的。

他们甚至想从苏族人那里买下黑丘岭，但苏族首领拒绝了。迫于结束经济危机的形势压力，格兰特同意从保留地撤军，相当于给淘金热开了绿灯。与此同时，为了保持秩序，格兰特总统规定所有的苏族人回到他们自留区的领地，并远离黑丘岭。1876年2月，他宣布任何抗拒回到居住地的苏族人都被认为是"敌人"。这无疑将军队射杀"坐着的公牛"合法化了。

那年春天，"坐着的公牛"所率领的村民将锥形帐篷建在了蒙大拿州东南部的小比格霍恩河，恰好在北美野牛迁徙之路的中央（就在我所站位置的下方，体验着耳聋的感觉）。妇女和姑娘们用北美野牛皮制作锥形帐篷和衣服，熬制北美野牛的骨头做糨糊，还制作干肉饼。男孩们练习射箭，看守多余的马匹。成年男性跑到草原上，追逐北美野牛群。这是最后一次印第安草原文化活生生地存在于自然当中。

随着时间的推移，村子里的帐篷越来越多。"坐着的公牛"率领的800名拉科塔苏族人又有同盟加入，共同对抗格兰特总统的指令：

他们是达科他州的苏族人以及夏延人和阿拉巴霍人。在过去，苏族人和他们都有冲突，"坐着的公牛"知道他们现在是对抗统一敌人的联盟：他们被迫面对新世界，在这里人们在他们的圣土上挖土掘金，在这里他们的男性都停止了打猎而和妇女们一起耕地，在这里他们历来的住处——由北美野牛皮制成的帐篷，都破败且永久地消失了。1876年春天，这些人加入了"坐着的公牛"的队伍一起猎杀北美野牛做夏天的遮阳帐篷，就像他们一直以来做的那样。他们宁愿死在旧世界，也不愿生活在新的世界里。到1876年6月24日，村子里共有1000顶锥形帐篷。

第二天日出的时候，卡斯特在狼山上一处有利位置斜目远眺（在我东面的如斑点一般分布的低矮山丘）。他的克劳族侦察员说发现了敌方的村庄，卡斯特如果仔细看的话会发现村庄在15英里以外的地方。他们说那是他们见过的最大的帐篷村落。卡斯特盯着草原上的村子，但他的视力不是很好。克劳人告诉他注意看杨树上方山丘上像虫子似的移动小点，那是成百上千的马匹。卡斯特看不见。他以为"坐着的公牛"的部落只有800人。他率领的第七骑兵有600多人，他自认为可以以一抵十。于是他决定次日早上袭击部落。如果按照计划进行的话，他会和6月26日到达山谷的泰利将军和吉本上校共同作战，结果会截然不同，但是突发状况改变了这一切。那天早上的晚些时候，一组（其实是带着新打猎到的北美野牛皮回自留地的）苏族人看到了卡斯特的兵士，卡斯特的军队也看到了苏族这群人。卡斯特觉得，由于他的位置暴露了，"坐着的公牛"将会逃离小比格霍恩山谷，然后他们会散布在草原，而后逃到大角山上，这样军队就得用整个夏天的时间将他们抓获。卡斯特知道一个帐篷部落分散并移动的速度有多快，因此他改变了他的计划。他决定当天下午就袭击"坐着的公牛"。

接电话

就在此时，远在1700英里的西部正要上演全国性的灾难，而费城的3.5万名美国人正在世界博览会的园区游览。世界博览会成为欧洲的惯例，一个盛大的博览会，我们现在称为世博，意在展示全球当下科学与艺术上最了不起的成就。1876年，是世博会第一次在欧洲以外的地方举行，美国借此机会向欧洲人展示他们从《独立宣言》之后在百年时间里取得了哪些成绩。他们称其为年度博览会，并确保其成功。整个博览会占地面积达300英亩*。主展示厅是当时全球最大的建筑：21英亩之大的室内存放着约1.37万种不同设计的家具、衣服和家庭用品。第二大建筑是旁边的机器展览厅，里边布置着各种活塞、涡轮和引擎。园艺厅是间高耸的玻璃厅，里边有个室内丛林，到晚上会被灯点亮。还有两处观景台：一处有蒸汽动力的升降机；一处是煤动力的单轨列车，它将山涧与公园相连，可以将参观的人运送到一家高级餐厅用餐。还展示了自由女神像的右手与火炬，并筹集资金来完善这件法国送的礼物。在费尔蒙特公园总共有200座建筑。在开园的6个月时间里，共有超过1000万人来到这里参观（戴着大礼帽、德比帽和软帽，而不是牛仔帽），差不多来了五分之一的美国人。

那天早上站在机器展览厅的一端，29岁的斯科特穿着一身闷热的正装，在不断聚集的已经没有耐心的观众面前匆忙安装着他的展示品。他本来预计在5月博览会开幕的时候就来的，不过那时他的作品还没有做好向公众展示的准备。现在，他希望一切就绪。

亚历山大·格格厄·贝尔忙活了整整一年。1875年6月，他正在

---

*　1英亩约合4047平方米。——编者注

发明谐波电报，这种电报机可以用一根电线传输多重信息，当他的共同发明者托马斯·沃特森（偶然间）拨动了样机发射端其中之一的簧片时，电报机意想不到地转动了。站在信号接收者的旁边，贝尔听到了簧片的各种声响。他听到的声音很快让他意识到单个簧片不只可以用来传输摩斯密码电报，而且还能传达所有复杂的人类语言。

这听上去是个"巨大的飞跃"，也是人类智慧的最好证明，但贝尔的故事与这个发明有着很深的渊源，他特别适合这个"新"发明。贝尔在苏格兰长大，12岁的时候，他的妈妈听力出现了问题。她的变化让小贝尔开始适应新的交流模式。首先，他学着用清晰、调整过的音量说话，这样他妈妈就能更好地理解他。其次，他会直接对着她的额头说话，这样她就能感受到他说话声音的振动。当她完全听不到的时候，他学会了手语，这样他就能坐在她身边，敲打着比画出周围人的对话。

这只是他对沟通原理兴趣的开始。贝尔的爸爸、两个叔叔，还有祖父，都是辩论术与言语治疗的专家。他父亲尤其擅长教聋人说话。这在元音辅音的发声中需要了解喉、咽、舌头以及嘴唇的相对位置。贝尔的父亲在他青少年的时候就教给了他这些知识，当他18岁的时候，贝尔已经可以教聋人说话了。

贝尔对声学的尝试开始于他的青少年时期，他和他的兄弟合作建造了一个带能动的嘴的头部模型，可以摆造型，喉部后侧的弹簧可以发声。了解到所有言语的发音都是源于喉部的声带振动，他继续用音叉做实验，发现如果通电的话，他可以控制共振，让它们发出元音的声音。他认为，如果对电的原理了解足够多的话，他能制造出各种想象出的声音。

1870年，他家搬到了美国，贝尔开始用他父亲的技艺在波士顿帮聋人学生进行言语恢复。每晚下班以后直至清晨，他都继续他的电声实验。他设计了各种小配件和小装置来传送声音。他在过去的摩斯电报上增加了电磁体。他造了架钢琴，通过电流，传送音乐到远处。他还造了个带鼓的装置，鼓是用牛肠做成的，当间歇的电流通过时，牛肠会发生振动。当贝尔在 1875 年听到沃特森偶然间弄响的单簧片时，对于人类而言的一大步，对于贝尔来说只是很小的一步。

当贝尔完成这一步时，他在为两位富有的赞助人工作，他们是加德纳·哈伯德（Gardiner Hubbard）和托马斯·桑德斯（Thomas Sanders）。当他告诉他们他的实验内容是传输声音，而不是传输摩斯密码的电报时，他们刚开始并不是很感兴趣。要知道谐音电报在 1875 年可是了不得的发明。当时电报系统被誉为"国家神经中枢"，将如此之多的电报化为一根电线的这份工作的物质奖励是很丰厚的。有几位主要发明者，包括托马斯·爱迪生，还有埃利沙·格雷，都忙于此，甚至成了竞赛。所以贝尔很快发明了谐音电报，在他还没有发明他的"电磁式受话机"之前还递交了谐音电报的专利。

最后，他为他的谐音电报申请了专利，还加上了可以传输"人声"的说明。换句话说，他在做出电话模型之前就已经为电话申请了专利。他是在 1876 年的情人节这天申请的，同一天，他的竞争对手，埃利沙·格雷也为同样的东西申请了专利。这个结果现在成了专利界的传说，但可以说明的是，在 1876 年 3 月 7 日那天，贝尔的专利被许可了。现在他要做的是把他的机器的传输机和接收器做好。

次日，他在实验室笔记本上画下了"新"点子——一个"水传送器"。它的样子很像埃利沙·格雷在他的专利申请里提到的。借用这个（经过传承的）水传送器，贝尔三天后拨通了世界上第一通电话，并在电话里说："沃特森先生，过来一下，我要见你。"

不过在卡斯特攻打"坐着的公牛"那时候，水传送器就不复存在了。在中间的几个月里，贝尔又回到了他的电磁发射机的设计上。他要做的是用一系列的模型来调整机器的阻力，从而使电池的电压不再阻挡声音的传送。但是贝尔并不知道自己做了这些。他只知道最近的这些实验要比之前的几次好。他建了很多模型，选了效果最好的，并对它们做出调整，从而为下一步设计所用。假以时日，这些模型逐渐演变成了电话。他"驯化"电话的过程就像英国的狗饲养员驯养可卡犬一样。

当贝尔满手是汗地出现在博览会上时，展示的是他"最优化的"作品。看上去有点像是个漏斗接在了电池上，电池又接在了电报机上。当设备最终连接好后，贝尔请求工作人员去机器接收端，在机器展览厅 800 米左右的另一端，去听电话。伴随着围观的人的窃笑声，尽职的工作人员穿过了这座当时世上第二大建筑，在挤满了裙摆和手杖的屋内找到了一条出路，然后就消失在人群中了。

贝尔伸长了脖子想要找到工作人员，但他发现找不到了。大厅里都是参观的人。他们不间断的说话声使这个空间嗡嗡作响。这嘈杂声被来自喷气机洒下的水声以及大厅里一处水力发电形成的瀑布声所淹没。而这种刺耳声又与另一种声音混为一体，这声音来自大厅中央一台 680 吨重的喷气的蒸汽机所操纵的上百台机器，它们同步发出的叮当声无情地敲打着窗户。喷洒的水声、响铃声以及活塞的燃烧声，每一种声音可以逐渐组成另一本关于想法的手翻书，给 19 世纪末期的设计发明世界增添了无法抑制的喧闹。这个厅可真不是一个实验电话的好地方。

贝尔难为情地朝等待他的观众微笑着，并望向大厅另一侧的某一处。虽然没有接到信号，他决定还是冲着传输端讲话。他重复了几次，然后就无事可做了，放下传输机，和观众一起等着。大家都注意到这里的喧闹，并等着见到那位工作人员。

实际上，他还有几百米远，从戴软帽的女士中间穿行，向每个引起他注意的绅士脱帽致意,一边朝贝尔跑,一边抑制不住地笑着。他穿过 14 英亩的展厅,里边有布雷顿牌石油发动机,内燃机的起源;狮狼牌氨压缩机,冰箱的前身;雷明顿牌排字印刷机,第一台标准键盘打字机;华莱士-农民牌电磁发电机,电灯的前身。这些陈列不是厅里最吸引人的——就像贝尔的电话机一样,它们看上去都有点笨拙,奇形怪状——但现在看来,它们是这间厅内最重要的"创造物"。每个都是未来世界未被发现的先驱发明,一个拥有私人机械化交通、国产机器、大众媒体和管道能源的世界。包括电话在内的全球交流系统,都是"想法"这个生命体在未来得以发展的核心。它们都会出现在未来那本追溯先驱的手翻书的某一页中。它们都是"线粒体夏娃"。它们必定会早于我们现在所有的发现,因为想法不会凭空蹦出来。想法和物种一样:它们是会进化的。

设计空间

这些奇奇怪怪的发明之所以重要的原因是:它们开拓了"设计空间"这片宏大而又多产的新领域。设计空间是研究发展领域多年来使用的词汇。设计空间是指所有可能存在的设计所处的一片想象中的、不可估量的巨大空间,无论这些设计是否为现存,是否被实现出来。虽然很难想象,不过由于生物都是简单的设计,设计空间将包括所有这一切,涵盖每本有追溯历史的手翻书的每一页。你祖祖辈辈的所有独特的设计,每个都各有不同,35 亿年前的设计和其他独特的设计同时出现在这里。这些已实现的设计并不是不断涌现、毫无秩序可言的,而是有一个标准:那就是设计的复杂性。在设计空间中,你攀升得越高,设计就会变得越复杂。

就动植物而言，我们将设计空间里在高处的物种称为"更高级的"，但这也经常意味着"更好的""更进步的"。事实上，它们和其他生物都一样。每个活着的生命从生命体形成的那一刻便成功地延续着生命。"更高级的"物种就更复杂。它们变得更复杂不是因为它们注定如此，而是因为当生命变得艰难时不得不如此。

自然选择不是一成不变的。一些有机体由于环境影响要比其他承受更大的压力。位于巴哈马群岛的埃克苏马群岛，一处地表几米之下的沙石暗礁就像灌木植物园一样。这是世界上唯一开放海域的叠层岩，由蓝藻细菌形成的岩石栖息地。蓝藻细菌是简单生物。它们是可以生成光合作用的细菌。与巴哈马群岛相类似的蓝藻细菌的化石可以追溯到28亿年前。在大约30亿年的时间里它们几乎没有任何变化。那是因为蓝藻具有很好的构造：它是一种单细胞有机体，可以生长并快速繁殖，通过自身的太阳能板存储能量。在将近20亿年的时间里，蓝藻细菌都生长得很自在。叠层岩布满了浅滩，全球的水域都是暖和的。它们不需要改变。差不多在10亿年以前，蓝藻细菌的数量急剧下滑。专家们一致认为：有机体需要足够复杂才能吃掉蓝藻细菌。这种生物可能来自一支没那么简单的谱系，或者来自生活在不那么引人注目的地方的少量不那么吸引人的生物的有机体。它们的祖先曾面临过逆境，很艰苦的生存环境，它们用唯一的方式克服了这种逆境——适应。这里设计发挥了作用，随着变化，这支谱系偶然增加了复杂性：口器、消化酶以及体腔等。它们艰难的生存环境让它们不得不多些改变的勇气。

现在，曾经遍布浅滩的叠层岩只存在于少数几个地方，那里可以维持这种简单的生态形式。世界的其他部分变得更加复杂，生命体也变得复杂了。过去最混乱的物种变成了最复杂的物种。

试想在一条从一端到另一端的弯路中，偶然累积的设计多到在设计空间里会处在一个特别特别高的位置。

电话的发明也有相似的历史。作为进化出高级智能的人类，一直大力促进长距离的个人间交流，而这一想法却经历了艰难的过程。过去上千年的时间里，我们发射过烟雾信号，照亮过灯塔，用镜子反射过阳光，摇晃过旗子，点过煤气灯——试过任何我们可以用来传送信息的方式。我们强烈想要交流的意愿与对现实科技的持续不满意的状态意味着我们对新的发明工具的渴望。当迈克尔·法拉第在1831年发现了电磁感应时：第一，打开了新的设计空间；第二，了解到这项发明的人想到了自然选择；第三，这些人把所有相关的点子都用于实践并加以调整；第四，这些点子一点点修改调整，又进入了新的设计空间；第五，在不到一年的时间里，接通了第一份电磁电报。这份电报解锁了新的设计空间，整个过程再次启动。电话势必会被发明出来的，因为它就在那儿，在可触及的范围内，就在这个相邻的未被发明的设计空间里。不管以何种形式，在哪个时点，以何种历史的何种事件，通过何人以何种方式，我们都注定会发明出电话来。

在1876年6月25日的机器展厅内部，展览会的工作人员激动地边走边喊。他听见贝尔的声音了。贝尔身边围观的人都对他致以敬意的掌声。女士们低声笑着，几位男士叫好说"太棒了"，不过他们的声音很快被另一种声音淹没了，那声音来自过分激动的设计空间，发出了像我们周围的有机体那般的喧嚣。

天才的空间

不同于博览会的欢乐，在1876年6月25日的平静的英国肯特郡，查尔斯·达尔文在他家庭院里一个人散步。这是个星期天，自从他 1849 年不去教堂之后，当他的妻子和剩下的全村人聆听布道，唱圣歌时，他的惯例是一个人独自"沙地徒步"。达尔文每天都会进行沙地徒步，走好几圈。这个锻炼很好，他现在已经 67 岁了，不过他真实的目的是找到一处可以思考的空间。他把这条路命名为"思想小路"。不被打扰的思考时间对于他来说如此重要，他会把一堆石头放在路旁，每次路过都会把其中一块踢到草丛里，这样他就不会数自己到底走了几圈，从而影响他集中注意力。

6 月的这一天，达尔文有很多事情需要思考。他人生的前半段，满脑子都是如何发展他的点子。后半段，他受到诅咒一般捍卫他的精神成果。他的思想消耗了他。自从 1842 年搬到了肯特郡之后，他就过着隐士一般的生活。他的健康每况愈下。他喜欢一个人待着，即使想到了什么点子，他也拒绝公布于众。他为他的思想付出了高昂的代价。

同一时刻，远在半个地球之外的卡斯特做好了战争的准备，而达尔文回到他的书房继续他这个夏天的目标：起草一份"我的思想发展的记录"。他的目标是书面记录下他是怎么想到自然选择的进化论的。但真的提起笔来，他不禁要想他怎么会想要做这件事。究竟这些想法是从哪来的呢？

自然选择的进化理论无疑源于达尔文的教育及年轻时代的其他更久远的理论，比如拉马克和达尔文祖父的理论。但如果达尔文试图从他人的思想中找到他的理论的最直接的来源，他不太可能找得到。他的思想最直接的来源并不在他老师或同事的脑子里，而完全是在他自己的脑海中，在那个我称之为达尔文国的私人领域里。

在这方面，达尔文进化论的思想与电话机或牛仔帽或复折屋顶的进化大相径庭。这些思想呈现为很多独立思想的集合，同时存在于很多人的脑海中，像大多数物种那样一起调整着未来的方向。而达尔文的思想，是有宿主种群的，这种情况通常对于任何思想都是灾难性的。更糟的是，这个思想的宿主并不会把这些想法和任何人说，这个人这么多年来只会一个人散步，踢石头，在笔记本上胡乱写些晦涩难懂的话。不过这个思想还算幸运，它出现于达尔文的脑子里，而达尔文是很特别的。他一个人完成了这些工作，而对于其他思想来说，需要很多头脑来解决。在那些徒步的过程中，他独自一人完成了整个物种的进化论证。

如果如之前所说，思想就和物种一样，那在徒步的时候是这样的情况：达尔文所做的是"思想的饲养"。他人工培育思想，促进其发生、混杂以及变异，在他脑海里构建了有关这个思想的全部，每个略不同于上一个。接下来他让这些变异的思想在达尔文国度里完成它们的使命，也就是在他脑海里的生存环境，在每一个调整的阶段形成新的一代。最能适应这种变化的，存活得更长久，在达尔文持续关注下，产生了下一代的思想。而其他的都失败了。这是个残酷的过程，生活本就艰难，而生活在达尔文国的艰辛促成了这种适应，使这种思想继续发展下去。多年来一直如此：这个思想在达尔文国不断调整，而思想的宿主在一圈圈的散步中一点点地不断调整其思想需要。最终，作为这项设计工作的结果，这个思想适应了达尔文的思考环境，到达了"应许之地"，达尔文"饲养"出的独一无二的进化理论准备好出现在这个广袤无垠的世界上了。

坐在书桌前，即使此时蒙大拿州正在发生暴力事件，达尔文也丝毫想不起任何细节。他只会记得他脑子里的想法和如何集中精神这种事。他可能会记得一些"顿悟"的时刻，这种惊喜意外的调整或者有用的突然变异并不多。这种时候往往是思想的发展偶然发现了"新的路"或"渡口"并不断成形。这时他会抓起一支笔，在他的笔记本上潦草地记录下来。他写的东西对我们没太大的意义，可能对于 1876 年那个坐在书桌前不断改写思想历史的达尔文也没有太大意义，但对于那个每天走在思想小路上的达尔文而言，这些东西是思想的不同种类在不同阶段的所有形式，是一种"过程中的降级演绎"，而这已经是他所能记下的最好的样子了。

这本书是最接近自然选择进化论这本手翻书的。翻到最后，把拇指放在书页一角，开始翻动，你会看到不同阶段思想的变化，这些思想都是这些年存在于达尔文的头脑里的。达尔文在他前半段人生中所面临的特殊任务是：他独自一人创建这本手翻书的大部分，并形成了新的设计空间领域。

我们对这些执行任务的人有个称谓——天才。这些人看似会"不知从何处"生发出一些精妙绝伦的、颠覆性的想法，但如果我没理解错的话，没有什么想法是"不知从何处"来的。大家只是觉得天才都是特殊的人，他们有特殊的思想，可以应对这个思想的所有，并在精心搭建的头脑环境中进行验证。假以时日，思想从头脑环境中进入更宽广的心智圈中，会发现这本手翻书有成千上万页，天才自己通常也感到震惊，他会第一个告诉你，他知道自己只是在这个"创造"过程中思想的一个"宿主"而已：

> 当我感觉良好、幽默风趣的时候，或者正在开车，饭后散步的时候，或者深夜无法入睡的时候，思想如愿地占据了我的头脑。这些思想是从何而来，又是如何产生的呢？我不知道，也无计可施。那些让我愉悦的想法，我把它们留在脑子里，并哼唱出来，别人说我是这么做的。

> 沃尔夫冈·阿玛迪斯·莫扎特[1]

第 9 章　西部如何取胜之二：1876 年 6 月 25 日

贝尔向公众展示电话被发明的那一天，卡斯特将军死在了蒙大拿州东南部的一座小山丘上，而达尔文坐在他的书桌前，并不知道他的"想法"从何而来，如何产生。一个半月之后的那天，比尔·西科克头后部中枪，达尔文完成了他的自传，里边有一段极其谦虚的描述，就像所有成为思想进化的宿主的人那样：

> 因此我的成功是一个科学人的成功，不管这将归功于谁，在我看来，这是由复杂且多变的精神层面条件所决定的。在这其中，最重要的是对科学的热爱，在面对任何研究对象时无限的耐心，勤于观测并收集数据，发明创造与常识之间的共享。由于我天资一般，能在一些重要观点上很大程度影响到科学人的观念还是很令人出乎意料的。

并不是达尔文拥有一个了不起的思想，而是这个思想拥有一个了不起的达尔文。这种新的世界观中人类的天才是占据空间的。透过这种新的世界观，我们可以看到人类天才是指：一个思想的进化空间，很大程度是被一个人的头脑所占据的这样一种独特的情境。

第 10 章

西部如何取胜之三：美国的建造

美国较量

　　我现在站在蒙大拿州东南部的这座名叫"背水一战"的小山上。这里静得只听到风声，不只埋葬着北美野牛群的尸体，而且还有卡斯特和他的部下。在我面前的是一片栅栏圈起的地方，里边随处散落着小而破旧的墓碑，其中一个涂着黑色的写着"G. A. 卡斯特"的名字，在午后明亮阳光的照射下格外显眼。130 多年前的一个下午，卡斯特也站在这个地方想该怎么办。他现在知道了"坐着的公牛"村子有多大。帐篷沿河谷而建，总共约一英里长，就位于现存河两岸的深绿色杨树林的另一边。这些帐篷里住着 2000 名苏族、夏延族及阿拉巴霍族的战士，还有 5000 名其他人。卡斯特的同僚梅杰·里诺（Major Reno）在到达南部的时候已经发现了村子的规模。里诺赶忙跨河撤退，留下卡斯特和他的 248 名被困骑兵。由首领"疯马"率领的印第安人，将美国军队分开，小范围各个击破。被困在这个小山上，卡斯特和 41 名士兵杀掉他们的马并围成圈来挡子弹和弓箭。杀马是骑兵最后的挣扎。他们知道自己无法从这个地方逃走了。当时是 6 月底，草很茂盛，印第安人又善于从看不见的地方悄悄接近。卡斯特和他的部下坚持了不到半个小时，他们的"背水一战"很快瓦解，20多人最终扔下了武器，跑到山下的峡谷里。那些印第安战士骑着彩绘的马，一路追赶，用长矛刺杀，"冲锋陷阵"。这之后，那些在小比格霍恩河战役中战斗的印第安人将这最后一仗比作猎杀北美野牛一样的杀戮。

一位年迈的国家公园骑警站在我们面前讲述着这个故事。他热情高涨，表情很生动。我们都静静地聆听着，当战争的场面就在你面前，当你离亡魂近在咫尺，当一位老人在诉说历史，整个事件一下子像3D热气球一样鲜活起来。骑警说："卡斯特是个了不起的美国人，'坐着的公牛'也是，他们都为各自坚信的美利坚而奋斗。"

"坐着的公牛"在小比格霍恩河取得的成功挫伤了格兰特总统的元气，但这位民族英雄知道他的荣耀不会长久。他知道这种大胜的战果不可能持续。在这座小山上发生的一切标志着草原印第安人的生活的终结。次年，"疯马"被杀，只有一些"坐着的公牛"的部下移到了充斥着掘金者的自留区。"坐着的公牛"逃到了加拿大，但由于牛肉短缺，过了四年，他们陷于饥饿，决定投降。

他住在南达科他州的立岩自留区，却拒绝以种田为生。他加入了北美野牛·比尔的荒野西部秀——由一些上年纪的北美野牛猎人和印第安部落酋长组成——为全美国的观众不时上演卡斯特之死这出戏。1890年，"坐着的公牛"还在惹麻烦，被苏族警察所逮捕。在引发争斗后，他被一枪击中了头部。在他死的那一刻，他的灰马站在远处，抬起了前蹄，转了个圈，舞了起来。很多在场的人以为这匹马发疯了，可能是与"坐着的公牛"的精神分离造成的。不过它只是一匹马戏团的老马，做的也是被训练的动作：听到枪声然后跳起来而已。历史上很少有什么神奇的瞬间。

我们这位老骑警说道："文化发生了冲突，我不知道原因，但是这种冲突一直存在，直至今日。"

我知道原因……

约 1500 万年前，地壳的太平洋板块与加勒比板块相撞，并开始向下滑动，造成的大量摩擦形成了浅海的水下火山，将北美洲与南美洲分开。火山活动形成了海上的小岛，小岛周围的浅滩沉积了泥沙。300 万年前，岛屿和泥沙沉积物相连，在南北美中间形成了一段绵延的路桥——巴拿马地峡。这样每个大陆上的大型动物史无前例地自由通行。貘、熊、鹿、猪、骆驼、水獭、浣熊、狼和大型猫科动物去了南方，而地懒、雕齿兽、恐鸟、有袋的食肉动物去了北方。生物学家称之为南北美洲生物大迁徙，听上去很好，像是一场公平的交换。但其实并不是。南美的物种要比北美的经历更悲惨。北方物种没有因为大迁徙而直接导致灭绝，而南方的上百种物种随着巴拿马地峡的形成在上万年时间里消失不见。南方的动物无法适应。一些试图在北方立足的物种，主要是犰狳、负鼠和箭猪，它们这么做的原因是独特的生存形态导致它们没有天敌，它们并没有试图替代北方的动物种群，而是加入其中。在南美洲，情况就不同了。在南方完全是入侵，是一种打击。所有大型的南方动物都被迫切扩张的北方物种所替代。上百种南方物种消失了。为什么这种迁徙如此一边倒？因为这两个大洲的历史相去甚远。

在很长一段时间，北美洲通过白令陆桥与世界相连，这是一座连接阿拉斯加与西伯利亚的大陆桥。历史上由于冰川多次融化，白令陆桥变成了今天的白令海，阻挡了大型动物的迁徙，而过去 3000 万年，物种可以自由穿行于北美和旧世界之间。南美洲在过去相同的时间里是独自漂泊的。因此北美衍生出一大批动物物种，数量差不多有南美洲的六倍之多。

在进化中，空间与时间一样重要。在旧世界与北美之间广阔的栖息地生长着大量的生物物种。这些物种由于无法从其生存的次大陆逃离，需要与它们共同生活的物种相竞争。在同时期北美物种要比南美物种生存更艰难，这使得它们不得不在设计空间中越爬越高。它们变得更复杂，新陈代谢更快，头脑结构更大，行动效率更高。它们是地球上最新最高等的设计，也是生物圈最具竞争力的环境中的产物。

当克里斯托弗·哥伦布在 15 世纪末期偶然发现了美洲大陆时，他和巴拿马群岛的作用是相同的。他将新旧世界相连，这样他搭建了一条人类特殊的"交换"通道。这个交换同样也是不均衡的，这种单向的移动体现为三种形式的侵入：一是旧世界的基因；二是旧世界的细菌；三是旧世界的思想。在这三者之中，第三点是对美国人口带来最深远影响的。没错，梅蒂人诞生了，天花席卷了曼丹族部落。但当你看到现在的草原印第安人，看他们穿着牛仔裤戴着牛仔帽，已经不会说本土的方言以及如何搭建锥形帐篷时，你会意识到旧世界的思想入侵才是影响最深远的。当你把思想想成物种时，你就会明白原因。来自旧世界的思想种类在设计空间中要比美国本土的处在更高的位置。它们在西方文明这个心智圈中最具竞争力的环境里进化。它们经历艰辛，与很多思想竞争，从一大片思想栖息地中脱颖而出。自然选择的规律认为更复杂的物种注定会取代原本的物种，而由于不平衡的程度，这个过程会以惊人的速度进行。

在这股入侵的思潮中，一些本土的思想保留了下来，比如巫师、饰头巾、干肉饼，之所以会流传是因为它们的独特形式并没有遇到对手。它们并没有取代旧世界的物种，而是加入其中。当新旧世界的思想直面交锋时，包括语言、宗教、帐篷等，它们便无法应对了。这并不是哪种思想"更先进""更好"，或者"更高级"的问题，而是它们在设计空间里哪个更高的问题。

当两种不同的文化共处于心智圈的同一区域时，会出现两种不同思想的集合在为同一思想空间争抢地盘。这会是一场适者生存的斗争，当两种思想争夺同一领地时，在设计空间里位置更高的将会胜出。这注定会发生，因为思想就像物种一样。我们在思想的较量中小心谨慎，相互斗争直至我们背水一战，必须要杀掉自己的战马，因为我们是它们的宿主。

创造美国

那么美国呢？我当年从肯尼迪机场的窗户看到的那片无尽的景象是否充分发展了呢？通过美国的一部分历史来看，包括捕杀北美野牛，银行金融危机，淘金热，旧世界的侵入，等等，美国的历史看上去是很随机的。可单凭这样能促进发展吗？

为了回答这个问题，我们需要把眼光放得更长远点，而不局限于枯木镇。1875—1880年对苏族人而言，在枯木镇峡谷所发生的大事，是整个美国1492年至1979年（这一年我才十岁）这段时间的缩影。我们如果来划分时间的话，枯木镇的一年代表美国的一个世纪，每个月相当于不到十年的时间。

1875年的夏天，枯木镇峡谷还很空荡，而到年底，白人陆续来掘金。开始只有一些，但接下来的几个月，人们开始疯狂涌入。新来的人争夺镇上的资源，从而使环境彻底改变了。而这种充满汗渍污渍的生存条件以及高人口密集度很快催生了第二种入侵：到1876年8月中旬，天花在小镇肆虐。苏族人缺少天然的保护。天花这种病起源于几千年前中东的某个最早城市之一。苏族人对这种病没有免疫力。

天花并不是入侵故事的终结。在冬天结束前，又出现了第三种入侵：来自旧世界思想的入侵。在1876年结束之前，城镇中出现了文明：酒吧、旅店、卖各种玩意的商店、公共马车服务、煤气照明以及电报等。贝尔在费城的博览会上首次展示了他的发明两年之后，枯木镇上也有了电话。之后还有了铁路和电力照明。苏族人亲眼见证城镇上出现越来越多的新事物，可能会觉得白人的发明永无止境，可这并不是一时突然出现的，每个新事物的背后都有其各自的设计发明史。枯木镇的人只是将东部已经存在的大量新事物在这边运作而已。换句话说，新事物为西部带来了新的机遇：新的宿主、新的环境、新的生态。新事物的生命蓬勃发展起来。

这就是美国的历史：一次不经意的发现、一次自发的人类介入、一次无意的资源争夺，还有一系列在思想领域注定的更迭交替。这其中并没有什么光荣的。旧世界的人到达并在这片大陆上通行，为了满足他们自身的发展需要，旧世界的思想从它们的宿主到后来的侵入以及发展一路畅通无阻，就像一切无意识的生物体一样。美国"崛起"的速度如此之快是因为新旧世界的思想在设计空间领域存在的高度不同。当殖民地形成时，大西洋上架起了"思想之桥"，旧世界的思想必然会征服这片新的领土，就像300万年前的大型猫科动物穿过巴拿马群岛来捕食亚马孙丛林中的猎物。

可以说美国历史的很大一部分是无意的"修正"，也是心智圈偶然展开的新生态带来的思想活动。约翰·奥沙利文是对的，他说文化方式决定西方注定会"赢"。但这不意味着美国的一切都是由图最左端的"无意识"造就的。

现在明显看出，这些视角对于人类的天才并非视而不见。正是透过这些视角，可以看出人类天才是个人的头脑承载私人精神世界的能力，是一处具有适应性的场所、一个微心智圈，在这里，无论是有意识地（像达尔文那样）或无意识地（像莫扎特那样）进行思想进化，都独自为手翻书带来了新的内容。这种观点与达尔文的进化论一致。主要的内容依旧是一种不断修正的谱系，而这本手翻书依旧无聊，只不过这种无聊没那么明显了，因为天才"在背地里"打造了这本手翻书。

这使我打消了之前在枯木镇喝醉时对拉马克学说的担忧。每个思想进入头脑中，经过几代的变化改变了特征，从而更好地适应脑中的环境，而后以不同于进入头脑的形式展现出来。这意味着在一个人脑中的适应转变与不同头脑间思想的适应转变是相同的。通过调整我关注的焦点以及对脑海中思想的观察，成功将拉马克思想驱除了。这根本不是什么可习得的传承，而是适者生存，就是传统典型的达尔文主义。

到底人类天才是如何运用这种魔法的呢？我现在才发现这个显而易见的答案。我之前一直执着于我们人类所处的位置，认为我们是最终的思想交换者，而忘了我们还是了不起的问题解决者，我们可以在头脑中构建精细的模型。这些模型的目的是什么呢？它们是我们在实现想法前用来测验想法的。这听上去就像是种内部的自然选择，所以依我看来，天才通过训练解决问题的能力来掌握方向，并指引人类思想进入设计空间的新领域。

这给了我们希望。证明我们不只是思想的承载者，而且也是思想从一个人传递给另一个的传递带。我们每一个人都可以有所作为。这种天才的能力存在于我们所有人当中：这并不是只属于少数人，如果你仔细寻找，找到你自己的手翻书，听从苏格拉底的建议，将你的思想与其他人或在一群人中进行交流。天才是可以（也会）以集体的形式出现的。

搭俄亥俄州旅行团的车来到这片荒山，旅行团的人都戴着棒球帽，穿着白T恤、高筒白色的法兰绒袜子，现在他们去大峡谷看（从恐慌中逃走的）他们的同胞被另一个人屠杀的地方。我这么形容也没觉得好到哪里去。我想说的是，我们都可能拥有参与文化进化的能力，不过并没有太多历史能证明这其中的规律或技巧。我们所处的角色太被动了。我们宁可学习结论而不是想出新的答案，我们太习惯于接受现有的文化，而很少质疑它。这种封存的历史向我们展示了我们多么安于现状。就好比虽然我们好像有飞行员的执照，我们还是选择让飞机处于自动驾驶的模式，而不管这一路旅途有多颠簸。创造美国的人太少了，人类文明制造者也太少了。很多时候，我们的文化进化"大多数是无意识"的状态。

"坐着的公牛"的帐篷的奥秘

埃兹和我转到了山的北边。俯瞰小比格霍恩河蜿蜒地与比格霍恩河交汇，最终流入40英里外的黄石河，这里是印第安人纪念场所，这比纪念卡斯特及其部下的要更现代一点。粉刷的石墙上列着所有那天死去的印第安人，还有当时参战的人画的战役的场面。写着"致勇敢""致崇高"等字眼，为了纪念那天不顾一切捍卫草原印第安"传统"的人。

如果我能问"坐着的公牛"这种传统究竟有多古老，我猜他的答案会很突兀。他可能会说"苏族人从一开始就住在锥形帐篷里了"。如果这是他的答案，应该是以一个圣人的口吻回答的。"坐着的公牛"本人其实知道苏族人到大草原的时间也没多久。在山上与卡斯特的那场战役是为了捍卫"传统"，而这种"传统"对于他的族民来说也算是比较新的。几代之前，苏族人一直住在明尼苏达州的丛林中，后来斯堪的纳维亚人砍伐的正是这片丛林。他们的"传统"应该和草原这里的大不相同。

他们在斯堪的纳维亚人之前被迫放弃了自己原来的故乡，从而引发了多米诺骨牌效应，在欧洲人登陆东海岸时，本土印第安人的部落向西移到了周边的领地。靠海的部落到了山上，山上的部落到了峡谷，峡谷的部落到了丛林，而丛林的部落到了草原，成了大草原印第安人。

在这个多米诺骨牌效应中，对苏族冲击最大的是齐佩瓦族（或欧及布威族印第安人）部落。他们是苏族人的天敌，常年因苏必利尔湖附近的森林你争我夺。当法国猎人开始和齐佩瓦族人交易时，齐佩瓦族人称他们的对手为"纳杜苏人"，意思是毒蛇，这个接近于我们现在沿用的一种法语的诅咒（以缩略的方式）。为了帮齐佩瓦族人在战争中获胜，法国人给了他们枪炮，而苏族人在丛林中的日子也宣告结束了。远离他们木架土屋的村庄、园林、带穹顶的深色棚屋，"坐着的公牛"的先祖发现他身处完全陌生的地方：高草草原。他们只能形成一种新的文化，一个完全新的思想社群。他们所能做的只是祈求、求助甚至窃取印第安人的做法，这些人已经知道如何在没有树木的地方生存。他们需要形成一套新的"传统"。

所以这顶苏族人的锥形帐篷，也是我目前唯一见过的相对比较近期的、旧做法的现代形式。那么苏族人从哪儿得到这个点子的呢？他们学的谁呢？

我看到了一堆花哨的名字：黑云，长角的熊，猫头鹰追逐，喧闹地行走。几乎三分之一都是夏延族的战士。然后我想起拉皮德城博物馆的麦尔文跟我说过：夏延族的帐篷和苏族的差不多。这能证明夏延族和苏族有共同的祖先。

这两个部落的历史很复杂。夏延族和苏族都在 1876 年 6 月 25 日灭亡，但美国本土部落百科上写着这两个部落并非传统的盟友。由于齐佩瓦族部落像多米诺骨牌一样冲击了苏族部落，苏族部落一路向西，冲击了夏延族部落。19 世纪初，这两个部落经常发生小冲突，它们都想争夺一片捕猎北美野牛的区域。黑丘岭是一片主要的战略要地，这里的木材可以用来取暖、制造工具、做帐篷的支架等。1800 年，黑丘岭还是夏延族的领地，苏族人得益于他们在东部闲适的生活，人数上占有很大优势，不久就从夏延族那里取得了黑丘岭，而夏延族被迫到了更西的怀俄明州。

在小比格霍恩河一战前，这两个宿敌之间已经没有太大的差异了，但他们还不是同盟。不过他们的帐篷已经变得差不多了。是什么原因呢？当本土印第安人的部落起冲突时，胜者一方通常会把幸存的妇女和孩子当作俘虏。至少在其中一场冲突中，苏族人捉了一些夏延族人的女性作为奴隶。在草原印第安人的文化中，是女性想出了锥形帐篷的点子，是女性制造并支起了锥形帐篷，所以捉住夏延族女性意味着苏族人不知不觉地获得了夏延族人搭建锥形帐篷的方法。对于苏族人来说，为了适应新的生活，学会搭帐篷这件事就变得顺其自然了。

那为什么苏族人没有保留夏延族人搭帐篷的方法呢？为什么他们进行了改变，从而使得我们现在一眼就能看出差别？夏延族的帐篷有"更细长的排烟帘，在底部边缘有延长"。相反，苏族的帐篷的排烟帘更宽，底部边缘没有延长。在这不到五十年的时间里发生了什么导致这种区别呢？

在这一点上，我一直关注的问题是文化物种是否也像生物物种那样通过不断的自我设计来适应独特的环境。进化生物学家将这个过程称为微进化，因为它包括了在那本连续的谱系手翻书中很多细小的变化。

这是种日常的进化，达尔文研究的就是这个过程，自然选择也很好地解释了这个过程。我现在可以自信地说心智圈与生物圈微进化的方式是相同的，无论我们是否有意介入。不过这又有了一个问题。达尔文知道伴随着自然选择的方式，会带来另外一个更高层次的后果。十分巧合的是，在不经意地使物种适应环境的过程中，在自然的环境下，自然选择也会不经意地带来新物种的形成。这种"物种形成"或"大进化"，即生命之树的分支构成了生物多样性。正是这个过程赐予了我们这个生物形态如此不同的世界，直到如今我们都不知道到底有多少种。*

那大进化在心智圈是如何运作的呢？那些思想、方法是否也像生物圈那样形成物种，形成分支，最终长成"大树"呢？这是否意味着在文化生命的树干根部存在着一个最原始的思想？

是时候开始我的文化陈列了。我还需要更多的帐篷！我伸长脖子向印第安人纪念馆幽暗的墙望出去，找到了一些。1876 年 6 月 25 日，在"背水一战"山的东南部坐落着许许多多美洲印第安人的村落。现在在其西北方向，在小比格霍恩河边的杨木林中坐落着一大片锥形帐篷。但这些既不是苏族的也不是夏延族的，即使离得很远我也能看出来。苏族人的帐篷是又平又宽的，这些是又高又扁的，还有一堆长长的撑杆。从这个距离看过去，它们就像沙漏一样。它们是克劳人的帐篷。这是克劳人一年一度的市集，由蒙大拿州"全球锥形帐篷之都"举办。我希望他们别太"有敌意"，因为我们要过去了。

---

* 不是我们没试着找，一个最出名的尝试是在巴拿马雨林中的一棵树上喷洒杀虫剂，然后那些昆虫的尸体像下雨一样掉落在卡车附近覆盖的塑料布上。研究者在那棵树上总共发现了 682 种不同的甲虫，根据其他研究，他们估计其中有 140 种只存活在一种树的树冠上。由于全世界共有 5 万种不同的热带雨林，他们从这个样本估测，在全世界热带雨林的树里存活着 700 万种不同的甲虫。由于甲虫数量差不多是所有已知生命形式的四分之一，生物化学家 J.B.S. 霍尔丹可能会说，造物主"一定对甲虫很偏爱"，这就意味着所有未知生命的总数可能达到上千万，远比生物学家目前所命名的 140 万种要多得多。

第四部分

谁在驾驶？

第 11 章

锥形帐篷分类的初级指南

ON THE ORIGIN OF TEPEES
The Evolution of Ideas

为⋯⋯车回到9⋯⋯这里是克⋯⋯车上都是美⋯⋯有几家人步行⋯⋯利店为了控制⋯⋯我看到了很多印⋯⋯色的眼睛。这里的⋯⋯世界"的精细。墙⋯⋯流浪狗。年轻人趾高⋯⋯人,不过考虑到西部是⋯⋯

我们的车穿城而过⋯⋯城镇另一边出来,到了河⋯⋯边看过去,附近就有几百个⋯⋯点看,庞大的帐篷在油绿树⋯⋯

与⋯⋯白得反光的帐篷那里,我们需要开⋯⋯到出口。我们从克劳城下了高速,⋯⋯速下来,我们赶上了交通拥堵,⋯⋯孩儿、年轻人。大家都忙活着。⋯⋯的队都排到了便利店附近。便⋯⋯车流中几乎无法挪动,因此⋯⋯子、高颧骨、深色皮肤、深⋯⋯山谷里那种白人的"草原⋯⋯有很多垃圾。到处可见⋯⋯直盯着我们。是有点吓⋯⋯就完全可以理解了。⋯⋯之前,我们已经从⋯⋯在这里。我们从路⋯⋯一辆车。再离近⋯⋯下,连帆布都带着一种明亮奶油色的光泽。呈典型对称的锥形状，慵懒地沐浴在阳光下，不过它们比我之前在旅途博物馆里看到的要更笔直，也更高。帐篷是用帆布做的，帆布要比古老的北美野牛皮更轻便也更廉价，所以这些帐篷要比博物馆的更大，不过除去这个原因，这种帐篷要更高一些。长长的支杆直入云霄，使其高度更加突出，所以我从山上看像沙漏的形状。这种长杆无疑是自信的象征。每个帐篷主人都会打磨各自的长杆，使它们变得像骨头一样闪闪发光，有的上方有红色飘带，有的是保留完整的松木枯叶，这些东西晃动着以便吸引眼球。这些杆堆放得很松散，每个都争相冲出天际。看上去原始又凌乱。我以为，克劳人不只喜欢把杆弄得长而复杂，还应该有幽默感；不过放眼望去，在我们找地方支帐篷时，却一点也看不出来：我们还是觉得自己并不受欢迎。

不过后来证明，我们完全错了。在半小时围着帐篷找空地时（中间我们还被城镇的警察弄得神经紧张，他骂我们在这里起头开错了路），我最终鼓起勇气站出来，走到一个帐篷里，询问两个克劳人是否介意让我们把帐篷支在他们旁边。这一对老夫妇坐在帐篷后院的折叠椅上，用手拿着放在木桩上的盆里煮的鸡肉吃。

"嗨，我叫乔尼，这是埃兹，我兄弟，我们从英格兰来。"

"哪儿？"老人问，伸着脖子望向我，眼睛看不清，眯成一条缝。

"不列颠的英格兰。"我有点结巴。一时间他拿着鸡肉定在那儿，鸡肉流下的烧烤酱掉到了落叶上。

"你们大老远从英格兰来就为了参加这个庆典？"他问道，咳嗽了声，觉得不可思议。

"是啊，我们正在找能支帐篷的地儿呢，我想能不能……"

"行啊，这是我们的荣幸。"他妻子点头同意，"就在我们车的另一边吧。"

整理

在我的生物老师 P. 威尔先生在黑板上写下生命的 7 种特征的几周后，他又列了第二个单子。生物学家们曾经用第一个单子将生命体从非生命体中区分出来，而列第二个单子的目的在于将这些生命体进行分类，用专业术语说，就是用生物分类学进行分类。

他的长胡子动了动，说了一句总结的话，"King Philip came over from Greece smiling"（菲利普国王微笑着从希腊来了）。这句话是用来帮助记忆的，为了让我们记住瑞典启蒙运动的卡尔·林奈发明的分类体系中的不同等级。林奈的想法是将不同种的生命体根据相似的自然属性分组，进而从属于更大的组别。为了显示从大到小的顺序（括号里的是这个范围中的例子），林奈的分层依次为：界（kingdom）（动物），门（phylum）（带脊髓的动物），纲（class）（带脊髓和乳腺的动物），目（order）（带脊髓、乳腺及对生拇指的动物），科（family）（带脊髓、乳腺、对生拇指，没有尾巴，以及 2/2、1/1、2/2、3/3 这种 32 颗齿列的动物），属（genus）（带脊髓、乳腺、对生拇指，没有尾巴，2/2、1/1、2/2、3/3 这种 32 颗齿列，且超过 600cm^3 的颅容量），最后一个是种（species）（带脊髓、乳腺、对生拇指，没有尾巴，2/2、1/1、2/2、3/3 这种 32 颗齿列，且超过 600cm^3 的颅容量……还有就是，长得像我们）。

林奈的理论出现于进化论思想还未影响欧洲社会之前。承认进化论是对其理论的证明，证明他的分类体系从未如此有效。林奈通过相似的特性进行分类是因为这是最便利的方法。在后达尔文时期，他的分类又有了新的作用：作为生命之树的新手指南。这样每组里的生命都能与其他相同的分支形成共同的起源，而每组间的不同谱系形成了区分，就像树枝上的分叉。比如，之前提到的括号里那些动物类（界）、脊索类动物（门）、哺乳类动物（纲）、灵长类动物（目）、人科（科）、人属（属）以及现代人（种）的分类。从这种分类可以看出，由于哺乳类动物（纲）要比灵长类动物（目）体型更大，也更多样，哺乳类动物要比灵长类动物进化更早。相反，每个灵长类动物都能哺乳。如果不是这样，林奈的逻辑体现为，或者我们分组分错了，或者灵长类动物在两种情况下独立进化。

如果你算得对的话，林奈的体系中将会产生 350 万年的生命体。问题是剥开这个洋葱的方法实在太多，由于是以等级分类，"分组"就必然是一件很主观的事。因此那些接受这项挑战的生物学家——又叫分类学家，对这个分组的界限不停地争论。

威尔先生一边在黑板上写下"分类学"这个词，并用粉笔画了三下进行强调："唯一客观的分组或'分类'是最底下的这个：种。"

早在 20 世纪 40 年代，两位生物学家——德国的恩斯特·迈尔（Ernst Mayr）和乌克兰的狄奥多西·杜布赞斯基（Theodosius Dobzhansky），试图将林奈分类下无法归类的生命体用一种标准的"生物物种概念"来定义。他们所定义的物种是"一组能够相互繁殖并繁育后代的生物"。用一句话来说，他们对分类学给出了客观的定义。如果一个成年雄性和成年雌性可以生育，他们的后代又继续繁衍后代，那么这个雄性和雌性就属于同一物种。如果不能，那就不是。简单明了。*

这个生物物种概念不仅对分类学家来说非常需要，也是打开达尔文称作"玄之又玄"的物种起源的钥匙。除了达尔文的书名，他从来没有解释过新物种是如何起源的。他当然解释了物种是如何随着时间变

---

* 　当然，我们是从广义上来说的。不孕不育是所有物种都面临的生理问题。不能只因为你的朋友鲍勃和希尔达没法怀上孩子，就说他们不是人类的成员。

化的，如何适应环境，通过这些他指出了（所有）物种的同种起源。然后，至于新物种如何起源的细节，物种分类的过程中发生了什么，仅限于他对在加拉帕戈斯群岛上发现的雀类在迁徙过后进化的猜想。

迈尔和杜布赞斯基在研究了孟德尔关于遗传学的发现后，继续了达尔文未竟的事业。他们的生物物种概念可以用来解释物种形成。如果一个物种是一组可以杂交的生物，那么该物种就是一组可以交换基因的生物，因此这个物种就有相等的机会进入"基因库"。由于他们自身所下的定义，物种的界限就划在基因库附近。所以可以这么来想物种的概念，它是一组可复制的、基因独立存在的生物：这些个体困于自身的基因库中，无法从其基因库中出去，或进到别的基因库中。

> 现在就很容易画出新物种的形成过程了：
> 1. 一个物种在其自己的基因库里活动。
> 2. 出现了屏障，把基因库分为两个，阻碍了"基因的流动"。
> 3. 自然的力量顺其自然地发展为：不经意地改变，而由于基因库的两部分相互独立，并没有所谓的"平均"，因此这两部分会以不同的方式进行分化。
> 4. 过了一段时间，中间的屏障消失了，这两部分都无法再共同进行后代的繁衍。
> 5. 这样基因库的两部分会一直处在分离的状态，无法弥补之间的差异，而又出现了两个生殖隔离的"姊妹种"。

别慌。唯一要弄清楚的是，在第二步里是什么把基因库一分为二？也就是阻碍基因流动的到底是什么？

这个问题现在尚无定论。我们能完全肯定我们知道其中之一的阻碍会是什么，但对于其他选项仍有争论。我们能肯定的阻碍大概能阻隔至少 90% 以上的物种，有人说是 100%。这通过达尔文的那一大批雀类能很好地说明。那些鸟类曾被风带到海面，并到了一座荒芜的孤岛上。将暗色草雀的基因库分开的第一道屏障就是远跨 600 英里汹涌的太平洋，这道"地理上的阻隔"，也是阻碍基因流动最显而易见的方式。如果两部分不能杂交，显然会出现物种形成。不过达尔文鸟类研究的基因库分类并未止步于此。在加拉帕戈斯群岛存活后，在一段不算长的时间里，它们的基因库经历了至少 13 次阻隔。那么到底发生了什么？

如果你记得的话，加拉帕戈斯群岛是一座双群岛，一连串的海洋岛屿上有一连串的栖息地岛屿。像雀类那样的又小又灵巧的鸟是有可能被困在这些小岛上的，所以可能是地理上的阻隔导致这种鸟类的物种之树出现了分叉。不过还有另外两个可能：

> 生态障碍。在任何一个生命体社群中，任何一种栖息地环境下，都存在"生态位"的过剩，一个物种可以接受并适应这些生态位。还记得之前那个尖嘴地雀吗？它的喙可以用来啄种子、捉虫子、戳海鸟，然后吸血。透过双目望远镜，你可能会看到不同种类的尖嘴地雀，可能是食谷类、食虫类，或是寄生类。这些完全不同的生存状态需要不同的行为模式。比如说，可能食虫类的尖嘴地雀需要在昆虫出现的清晨和黄昏活跃，而吸血地雀需要在海鸟休息的正午活跃。所以，如果这两种尖嘴地雀在同一座岛的同一地点出现，而从未接触过，那么这种天然的作息时间差就会成为杂交的障碍。*

---

* 我的一个朋友的丈夫上夜班，我朋友承认这种对时间的妥协带来的交合真的是有问题的。

求偶障碍。2007年，研究者发现加拉帕戈斯群岛中的圣克鲁兹岛上的中型地雀的喙要么很大要么很小，而很少有中等大小的，这其中肯定有生态成因，这两种地雀肯定是由于吃不同类的种子而有所区分的，不过这道阻碍基因流动的障碍似乎来自一个具体的行为事件。[1] 这两种喙似乎改变了这种鸟的叫声，由于雄性鸟类的叫声就是它的名片，这两种叫声分别吸引了两类不同的雌性。如果这种情况持续的话，基因库就会分开，另一种新的雀类就会（逐渐地）出现在这个世界上。

迈尔和杜布赞斯基说，物种就是这样形成的。物种是"生殖隔离的"，所以它们必须借助某种"生殖隔离"的方式形成。基因库的分离，给基因流动造成了屏障，是生命之树上的每个分叉的终极原因。就是这样，基因库不断地分离，才使得生命如此多元。一次次的分隔是这棵生命之树枝繁叶茂的最好解释。

转换的语言

一支好帐篷，我们就拿了点必备品，把上衣外套围在腰上——要知道在英国，围在腰上要比搭在肩上的人多得多；不过在欧洲大陆和美国并不是，我注意到这一下就让我们看起来不一样了——我们向旁边的临时帐篷区走去，这一片在克劳城现在已经成规模了。

通过无数个松散绑着的扩音器，环绕在整个活动现场的是一个急促而强势地说克劳语的男性声音。从高音和有点疲惫的状态可以听出是个上了年纪的人，但却精力丰沛，不停地叫喊着最新动态，有时又趁机夹杂"他自己的"一些想法。

我其实听不太清他说的话，但我能感受他句子的节奏。他的句子抑扬顿挫，高音洪亮，低音深沉，强调的音节接连不断。这和我之前听过的任何语言都不一样，那种异域的口音把我们都逗乐了，好像到了印度似的。

如果我想给文化做个分类，还是得从语言开始。在过去的几个世纪，一群学者、历史语言学家实际上已经做了这些研究。他们用了和自然分类相同的方法，长期大量投入才将世界上6000多种语言按相关度等级进行了分类。他们在各种语言之间寻找相似性，然后按照共同的语系分组。他们认为不同语系都来自语言进化之树，这其中的意思是语言在人类历史上只进化一次，所有派生的语言都来自最初的"母语"，而这种母语随时间进行了分离。除了一些例外，比如拉丁文和梵文。历史语言学家对现存语言的研究成果感到欣慰，他们并没有太多语言化石需要研究。而他们最擅长研究的是推断那些所谓原始母语或世代语言的形式，通过现代相关的语言中的相似性来重建这种古老的语言。当他们这么做的时候有什么发现呢？语言和生物物种一样，用同样的方式并以同样的原因进行了分化。

语言对单词而言，是个独立的库。当这些库中出现了屏障，阻碍了两部分之间的"单词流动性"，分化的过程就一不小心或自然而然地产生了。这是个逐渐发生的过程，缓慢到没有哪个使用这种语言的人会注意到这一点。

最先发生变化的是语言的声音，也就是音韵，因为这是最容易改变的形式。元音发音最重是因为元音是开口音，只需要口型和喉咙发音，因此要比辅音更容易受自然变异的影响，辅音字母的发音需要对空气瞬时流向外界时的压力进行适度的控制。这里有一个元音分化的例子。如果你问一个路过的英国人如何念"bath"，他们对"a"的发音会有三种不同的方式。来自英格兰中部和北部的人会念"bath"，"a"的发音很清楚，不过别人听起来有点刺耳。来自东南部的人会读"bahth"，开口音，听起来很洋气。来自西南部和东英格兰的人会读"baath"，"a"音拉长，听起来有点土，像一位澳大利亚人说的"感觉像个海盗"。作为一种语言不同的发音变化，不同代与代之间的传承和不经意的选择，形成了我们所说的"口音"，当来自一个国家不同地区的人聚到一起时，我们一下就能分辨出。口音是语言变化的第一步，到了现代，由于我们之间的交流更加容易了，也由于我们的语言得到了读写习惯的有效保护，口音变化就不是那么重要了。很快英格兰的口音就不会分成三种了。不过如果这种交流的屏障仍然存在，进化的语言还是会进一步分化，直到变成方言。

方言的区分不仅在声音，也体现在词汇、语法以及含义上。美式英语和英式英语是两大伞形结构的语系（其中包括很多其他方言）。我曾和一位给伦敦公司写信的美国朋友聊过。他写的是"我写给你这封信是希望……"（I write you in the hopes that...）不行，不行，要想打动英国口音的人这么写可不行。看上去全都不对，像是一个五岁小孩写的。如果给英国人写信应该这么开头："我现在给你写这封信是希望……"（I am writing to you in the hope that...）我这么跟他说了，而我俩都不觉得另一种写法有什么大问题。当然，并没有什么对错之分，即使这种语言叫作"英语"，由于语言是会进化的，而往往进化和进步并不是同一件事。

随着时间的推移，以及沟通交流屏障的持续存在，方言会改变到一定程度，变得相互难以理解。这时，历史语言学家会说原来的一部分变为了新的语言，而他们会随之调整他们所构建的分类之树。

如同生物体一样，当信息流被某种屏障阻隔后，文化体出现了分支。由于我戴了有色眼镜，这让我异常兴奋，可我不能不听语言学家的，他们很谨慎地得出结论——语言进化与生物进化并不是同一件事。研究克里奥尔语的语言学家约翰·麦克沃特（John McWhorter）认为，"与动植物的进化所做的对比是显而易见的，结果并不相符"。[2]

克里奥尔语是两种或更多原始语言的产物，是鲜活的仍被使用的第一语言。在民族语网站上共有 82 种。[3] 由于它们更多地来自融合而不是分裂，因此也不是按分类学分类的，我们能做的是按照语言中占主导地位的那一方来罗列它们。于是以"英语为基础的"有 31 种，以"葡萄牙语为基础的"有 13 种，以"法语为基础的"有 11 种，诸如此类。仔细看这份列表，你会想不明白一件事：克里奥尔语一般出现于岛屿或丛林中，并且表现为当地语言与欧洲语言的结合。这并不稀奇：克里奥尔语主要来自混杂语言。混杂语言是指"交流上的快速适应"，是词汇和语法的拼凑，从现成的语言中借鉴，使得两种或更多本来无法理解的人可以互相沟通。这并没什么，混杂语言只是作为一座文化的桥梁，使得各方可以表达相互理解的内容。在近代，混杂语言主要表现为欧洲人到了异域国度之后，要么进行贸易往来，要么和来自不同背景的种植园工人和奴隶进行交谈。这些话说起来很方便，很容易学也很容易忘，不过在一定情形下，它们会维持很长的时间，直到成为当地的主流。这样的话，这种语言就需要更丰富，更华丽。这样人们就能更准确地表达更多的意思。说话的人不经意地/自然而然地/一致地用了新的语法形式及构词法对情态与时态做了更好的表达。混杂语言经历了从方言到语言的转变，最后变成新出生的婴儿在没有外界影响的情况下，将这种混杂语言当作自己的母语。从那时起，这种混杂语言就成了"克里奥尔语"。

因此克里奥尔语的起源和物种的形成刚好相反。不像生物物种是一个基因库一分为二，变为两个新的形式，这里的情况是两个或更多的库混合，将信息合成，从而形成新的形式。

难怪麦克沃特先生要质疑语言进化与生物进化之间的对比。由于克里奥尔语的进化方式经历了数万年，这棵语言家族的树并不能变成一棵枝繁叶茂的树。它更像是丛林里的蘑菇的根部那样，像真菌的"菌丝"，一种错综复杂、相互交织的网。麦克沃特先生又一次出现，他说就像云朵一样，一会儿被风吹到一起，一会儿又分开。

这些观点的确反映了这一点，不过并不是时候。我正要指出不管是树、蘑菇真菌还是云朵般，这些对语言的形容在某种意义上对我都是有用的。语言是文化历史的产物，其特点标志着个人在心智圈中的经历，而对草原印第安语的深入了解将会对我描绘我心中的文化加拉帕戈斯群岛大有裨益。

黑暗中的鼓手

很快日落了，天气转凉。埃兹和我将上衣从腰间解下，重新穿上，朝鼓声传来的方向走过去。乌鸦盛典是当季最大的，这是在不同的自留区每年举办的仪式，通过敲鼓、跳舞、唱歌来庆祝美国印第安文化。我知道这些，但我实在不知道加入其中绕着帐篷和卡车嬉戏的目的。对于英国人来说，鼓点声就像是 20 世纪的东西。一开始你只听到了轰隆隆声及加快的节奏，但离得近时，你会听出鼓声之外还有人声：有点像尖叫声，高而悲伤。我听到的时候喉咙都觉得不舒服。这种声音像塞壬女妖一样吸引着我们，不过在我们"撞上岩石"之前，我们反应过来，发现黑暗中被一堆乱停放、生锈的卡车挡住了路。一个路过的男孩看到了我们所处的困境，跟我们说"这边来"，他一边喊，然后就以我们赶不上的速度跑开了。为什么孩子都喜欢到处跑？

他从暗处走过来找到我们，在防撞带和快餐车形成的圈投下的阴影中向我们挥手。空气中满是油腻的小水珠，我们脚下的土里满是冰融化的水。男孩让我们继续走，在他的鼓舞下，我们穿过了刚才一直围绕着我们的一股油腻的鸡肉炒面的味道，路过了堆满塑料椅子的一排小饭馆，才走到了主街道上。

自然光不见了。在这儿，我们和上千名美国印第安人被快餐车红、黄、粉的霓虹灯所笼罩。乌鸦盛典人声鼎沸。上岁数的人和朋友一起摇着头，笑着。年轻的夫妻到处向众人展示他们的新生儿，所有的青少年对这一切都无比开心，成群地跳着走过，他们的脚几乎都没沾过泥地。

在中心，背对着围成一圈的人群，是一片巨大的阴影：一个带屋顶的中央舞台。鼓声就从这儿来。我们朝这边慢慢地移动，看不清在什么地方，又或者我们是不是应该过去。随着又有一些人进来，我们瞄了一眼聚光灯下的舞台中央。灯光下颜色冲突很强烈。我们看到很多动作，却看不清任何一个。我们从人群中挤着穿过，在昏暗中大家都互不认识，一场跳舞角逐就此展开：上百名印第安人穿着设计的服装来烘托庆典的气氛；这衣服上散落着铃铛、流苏、飘带、羽毛、颜料；这些颜色并非他们的传统染色，比如极其浓艳的粉色、绿色、黄色，以及荧光笔的颜色，这些颜色是他们祖祖辈辈肯定想拥有的颜色。在这场舞蹈对决中，部落酋长的目的是要被注意到。

舞者动作的简洁是最引人注目的。他们围着一根杆跳着曳步舞，我注意到这不是根图腾柱，而是一根带光和麦克风的杆，像修士一样在圣处绕着转圈来朝拜以示对音乐的崇敬。以一种不断重复的小跳往前，他们的重心不时从一只脚换到另一只脚。这些男舞者跳得很狂野，往前冲，又趴伏，又跳上。女舞者展开披巾翱翔着，从一边滑到另一边，她们的鹿皮鞋每次单足跳跃都很少离开地面。对我们这种只会通过情节和旋律来评判舞蹈比赛的人来说，整个表演都很精彩。这个表演里的情节是服装，旋律来自这些人中的一些东西，而这个声音和鼓点并不合拍。

我们眼睛刚刚适应，就发现挡了后边的人，所以我们去到围着舞台的座位上。当我们坐下来，发现坐在我们前边的，是十个不同身形的克劳族年轻人，他们喝着汽水，围着一个大鼓坐在一圈小凳子上。他们聊着笑着。无聊了就不时地用棍子敲一下鼓。他们并不想看跳舞，我猜他们只是在做年轻人常做的事：找个能躲开父母的地儿打发时间。鼓声告一段落，而舞者还在跳。接着，埃兹和我收获了此行最大的惊喜：这十个年轻人突然一起举起了棍，开始有节奏地随着鼓点唱起来。他们用力敲击，我们随着每声敲击摇晃着头。在十多个拍子后，其中一个大点的男孩低下了头，脸皱成一团，发出了令人难以置信的恸哭声，他喊了一串话，听起来像风在山谷间的鸣叫声。其他人也发出了同样的叫声，这是首变化复杂的曲子，高音处还分成了双声部，而后十个人都变成了低声吟唱。我闭上双眼，瞬间好像回到了二百年前。

当我睁开双眼，发现我们身边站着个录音师，举着长柄麦克风对着大鼓。这一下让我明白这个晚上所有的鼓点都不是提前录好的，而是现场演奏的，由散落在中央舞台附近的和这种相类似的一群鼓手所演奏。

岛屿模式

文化的加拉帕戈斯群岛在哥伦布发现新大陆时被来自旧世界的文

化飓风所摧毁，不过熟悉这个曾经的地理环境，对我理解在这儿出现的思想的进化过程十分重要。所以再一次说一下这个基本情况：在欧洲人永久地改变草原印第安人的世界前，这个地方的心智圈是一片广袤、不规则的思想群岛，在某种程度上，思想交换的社群在文化上都相互独立。草原上每一个有帐篷的村子都是独立的岛，每个思想都足够分散，从而维持其独特的思想适应性。不过没有一个是完全独立的。每个村子都与其他有文化关联——他们碰面，交易，甚至偷盗，互相告发——所以他们以组的形式聚集在一起，以不同密度的形式呈现，就像南太平洋上真实的岛屿一样，只不过不是由物理距离，而是文化上的接近：共同的可理解程度、共同的信任和频繁接触。在这些群聚岛屿之间是不同区域的文化"海洋"。在心智圈中，海洋意味着阻隔思想流动的重要屏障，这片海洋可能是无人的、真正意义上的"无意识的"空间。部落虽然在物理空间上很近，但文化上出于互不理解、互不信任，以及缺乏接触等原因，却可能很疏远。思想所处的这种密集的岛屿以及大片的海洋中的这趟欢乐之旅给即使是最伟大的思想也带来了挑战。

为了画下在欧洲人彻底改变这片草原之前的文化地图，我需要做三件事：第一，找到哪些部落是相邻的；第二，哪些部落是同盟的，哪些是敌对的；第三，他们说什么语言。在这三点中，分辨母语可能是最重要的。我猜在那些日子里，语言是草原的文化地理上最具有决定性的因素。通过语言思想得以传播，语言承载着文化。所以那些说一样方言的村子可能会形成紧密的集群，那些说相似方言的会离得远一些，那些不怎么交流的部落，即使物理空间上是相邻的，也是井水不犯河水。这些都从根本上影响了部落间锥形帐篷思想的历史传播进程。所以我的第一步是找到谁先告诉谁的。

相互理解只是故事的一部分。语言上的相关性也很重要。在近代，即使是部落间相似的语言可能也无法沟通，毕竟作为一个英国人，我也不会说和英语最为接近的弗里希语，不过在没那么近的古代，相似的语言绝对是一个标志。语言相似度高的部落都有共同的文化遗产，而其思想，包括对锥形帐篷的想法，应该会反映出来。如果不是这样，我会解释是为什么！

是时候画个地图了……

1. 物理空间上的邻居

早在 19 世纪，当第一批欧洲人到大草原的时候，有 30 个美国原住民部落在用锥形帐篷。这些部落中的大多数是半游牧式的，大部分时间住在草原的边缘地带——林地、河谷、山上，只有在北美野牛捕猎季才会用到帐篷。只有 12 个草原印第安部落是完全游牧式的，这些人一直住在草原上，不间断无休止地捕猎北美野牛。我先假设是这 12 个其中之一率先使用锥形帐篷，原因很简单，如果没有锥形帐篷的话，其生活方式根本无法存在。不过也可能我是错的，但你总得开始这个推测。那这 12 个部落分布在哪儿呢？

为了生存，这 12 个部落都占领了一部分北美野牛活动的区域，这是一片从加拿大到墨西哥的落基山脉前方宽 200~300 英里的宝贵的矮草草原。这种南北向的分布很重要。任何南北分布的栖息地都是穿越气候带的。大草原的北美野牛栖居地，在最北端接近冻土，到了最南端变成了接近荒漠。文化也与具体的气候带相关：比如一年中什么时间要为过冬做准备，为了什么事要用什么样的木材，哪种植物有治疗的功效，哪里有水源等这些想法都与气候带相关。所以不难发现，当第一批欧洲人率先到达大草原时，他们发现矮草草原被保护心强的部落按纬度分成了不同的部分。这些部落从北到南分别是：萨西（现在的艾伯塔北部）、普兰克里、布莱克福、克劳斯凡特、阿希尼博（现在的蒙大拿州东北部）、克劳、"提顿"苏族（最西部的苏族人，在黑丘岭附近）、北方夏延族、阿拉巴霍、南方夏延族（现在的科罗拉多中部）、基奥瓦以及科曼奇（接近现在的墨西哥边境）。

2. 同盟和敌人

从我的百科全书上，我发现与欧洲人打交道的草原部落共结成了五个同盟。北部平原的大部分被有权势的布莱克福联盟所统治——其中包括布莱克福、克劳斯凡特和萨西族，他们在战时会共同出现，抵御外敌。他们的东南部是第二个联盟，他们之间是贸易伙伴关系，有普兰克里、阿希尼博，还有没那么紧密的、我的新朋友——克劳族。他们与奈夫河附属的希多特萨、曼丹以及阿里卡拉三个半游牧部落进行贸易往来。这三个部落的人是依河而居的，总是频繁地从东部带些稀有的东西，由于他们离草原定居的人最近，他们繁荣了更多的草原人的市场。提顿苏族公认是最被轻视的，因为他们是新加入的，所以急于融入其中，不过他们肯定是与东部林地的联系更为紧密。第四大部分是怀俄明州南部和科罗拉多州的矮草草原，由北方夏延族、南方夏延族以及阿拉巴霍族（苏族人在小比格霍恩战役前最终与其联合）结成同盟。最后一个同盟是最南部草原的科曼奇族与基奥瓦族。当法国人和西班牙人在18世纪早期最早到达得克萨斯和新墨西哥时，他们发现这些部落之间正处于互相争斗的状态，也和他们半游牧的荒漠中的邻居——阿帕切族作战。而在19世纪初，他们都结成了同盟，北部的那些部落后来也是如此，可能是为了共同对抗其新敌人——欧洲人。

3. 语系

随着更多古老、未被记载的文化历史的展现，草原上的语系也更多地体现出来。夏延族、阿拉巴霍族、布莱克福族和克劳斯凡特族都是"草原阿尔吉克语系"的成员，因此在过去的某一阶段他们都说同样的语言。阿拉巴霍和克劳斯凡特尤其有很多相似点，虽然他们的部落在 1800 年远隔 500 英里，但在以前，他们同属于一个部落。可以猜到这群人是从哪里起源的，因为他们和说"中部阿尔吉克语"的普兰克里人关系更远。这些普兰克里人在艾伯塔北部以及加拿大的萨斯喀彻温省。

普兰克里语是一个很了不起的语言现象，叫作方言连续体。这是一组在空间上贯穿的可以互通的方言（这里是从东到西横穿加拿大南部），却又十分不同。如果你让两边说话的人对话（在这里，西边的是普兰克里，东边的是拉布拉多海岸的伊努族），他们会听不懂，他们说的不是一种语言！方言连续体所说的语言变化不是时间上的，而是空间上的。而随着时间，如果任何一种方言打破了相邻之间的联系，新的语言就不可避免地（偶然/自发）产生。这就是生命体的运作方式。所以说方言连续体是一种固执拒绝分离的信息库。

由于中部阿尔吉克语连续体横跨整个阿尔吉克语语系的中心地带，寒冷的林地以及加拿大东南部的沼泽，因此很有可能夏延族、阿拉巴霍族、布莱克福族以及克劳斯凡特族都是从这儿起源的。

科曼奇族、基奥瓦族以及萨西族的语言是比较孤立的。科曼奇语与肖松尼语联系紧密，还和再远点的尤特语有关，说这两种语言的人在中央的落基山脉以及大盆地地区。所以科曼奇人肯定在历史上某一阶段从这个地方一路沿着落基山的前方到了这块他们 19 世纪就取得并成功捍卫的领地，后被称为卡曼契利亚，这包含了现在的得克萨斯州、俄克拉何马州以及堪萨斯州。作为他们北方的邻居，基奥瓦族语自成一脉，并没有特别归属于任何语系的大家族。而萨西族语刚好相反，它从属于一个庞大的语系家族——纳得内语系，这种语系从萨西族所在的最北部的平原一直穿越美国的西北部，穿过北方的森林和冻土，直到阿拉斯加的顶端。因此，尽管近代以来和布莱克福结了盟，萨西族很有可能起源于一种完全不同的文化，这种文化与其北部的冻土环境相关。

作为苏族人的首领，"坐着的公牛"深知苏族的古老文化来源于东部的林地与河谷，而由于阿希尼博也说这种"中部苏族"语，推测他们起源于同一古老文化。

那么我和埃兹现在身处的克劳族部落说什么语言呢？如今，即使克劳语环境中时常充斥着英语这种传播度高的语言，克劳语自称源于4000多种语言。苏族人曾称它为"古语"，某种程度上他们是对的。历史语言学家告诉我们克劳语是苏族语的一种，但并不与"坐着的公牛"部落所说的苏族语直接相关。它更接近于希多特萨语，是在密苏里高处建木架土屋的三大部落之一。希多特萨语并不是一种古老的语言（它很现代，如果有关于它的手翻书，大概和克劳语一样厚），不过这两种语言的语法规则、词汇形式以及发音方式都很相似。它们的变化不大，意味着不久前为同一种语言。语言变化的程度，部落自身口述的历史，亲身经历的欧洲人的记录，英法的猎人们，这些都说明他们在过去的300～800年是说着同种语言的同一部落。我是这么理解这个事情的：最初的希多特萨人成功地在密苏里北部定居下来，并不断壮大。随着人口的增长，村庄大到现有资源无法承载，这种大部落不得不让其他村庄向更远的上游迁移。可能是环境不好适应，这些村庄的居民比生活在下游的居民更艰难些。也可能他们比其他人更依赖于对北美野牛的捕猎以及干肉饼。也可能他们要比其他人在草原上生活得更久些。不管出于什么原因，他们越来越依赖于北美野牛，直到即使在寒冬，他们也选择留在草原上生活了。这时他们变成了完全游牧式的部落，留下来的人是希多特萨族，而这些在草原上的人就成了克劳族。

他们建造什么样的锥形帐篷来遮风挡雨呢？

不一样的撑杆

埃兹和我在清晨的阳光下眯起了眼睛，看着这一整排帐篷。它们高而白，还有很有看头的帐篷顶部，但究竟克劳族的帐篷有什么特点呢？当我们站在那儿盯着那些帐篷时，一位圆脸的人走过来和我们打招呼。他叫肯尼，来自尤特部落，犹他州因此得名，且这个部落也是围绕平原的半游牧部落之一。

"从排烟有盖杆就能看出是克劳族的帐篷。你看它们是这样穿过的：它们由小的棍子拴着，来固定这个支点，这样的就是克劳族的帐篷。"

他是对的。苏族的帐篷（可能夏延族的也是）在排烟盖的一角有口袋来装那些排烟杆，而所有的这些帐篷都有孔。这样，排烟杆就越长越好，因为这样它们可以与克劳族的帐篷在高度上一决高低。

肯尼说："克劳族的帐篷是四根杆的。"

"什么意思？"我反问道，因为我知道眼前的这些帐篷可不止四根杆。

肯尼解释说："当你建一个帐篷时，你先从三根或者四根杆开始搭建，然后选一个作为基础，其他的杆都依其搭建，当完成的时候，再在顶部覆盖。而克劳族是从四根杆开始的。"

在建帐篷这件事上，这个基本的问题倒是出乎意料，而无论哪种情形，都将这棵分类之树一分为二。

我又问："那尤特的帐篷呢？用什么？"

"我们用三根杆的。大多数帐篷都是。"

我突然记起在拉皮德城苏族的帐篷是呈三角状的。那看来苏族人是用三根杆的。

我询问道："为什么啊？"

"这样更简单啊。我们觉得应该是这样的。我自己也可以建一个三杆帐篷。但你一个人不行，得需要你俩。"肯尼回答。

我看了眼埃兹，然后笑了。他用眼角的余光看了看我，好像在告诉我，我对这件事可能过于兴奋了。

"只有克劳族用四根杆吗？"我问，然后感觉这能解释至少20个问题。

"我猜还有布莱克福和萨西吧。"

我以几乎不让人喘息的语速接着又问："那如果四根杆更难的话，他们为什么还用呢？"

"我觉得他们一直就是这么做的。以他们的方式来看可能很简单吧。"

"那哪个最先有的呢？"我问，不过意识到我好像问得有点过了，肯尼不解地看着我。我又解释了下："这两种帐篷在这儿有多久了？"

他盯着看了会儿，然后扭过头去，说"自古就有了"。他觉得我问的是废话。

第 12 章

想象力的约束

颠倒的世界

我自问:"那哪种更高级呢,三杆的还是四杆的?"而埃兹正握着方向盘,又开着克莱斯勒往南,这样我们又回到了怀俄明,然后在兰彻斯特的高速路上转向,一路开到几天前让我们魂牵梦绕的大角山上。

如果肯尼是对的,三杆的帐篷一个人就能支起来,而四杆的需要两个人,那就会有人觉得四杆帐篷出现得更早。你可以想见搭四杆帐篷的人采用了三杆的锥形帐篷,而不是相反。而我如果不知道这些的话,会觉得三脚架造型的三杆帐篷在设计上比四杆的更向外、向上。

不过考虑到这一点,我发现还有别的事困扰我。作为四杆帐篷的一种,克劳族帐篷从其上方排烟盖的杆穿过的孔可以判断出来。这让排烟孔成了第二个作为区分的特点。苏族帐篷是没有排烟孔的三杆帐篷。这又证明了三杆或四杆是对帐篷进行分类的基本区分。在我们攀登面前的这片松树林时,我又想,如果我发现另外两个部落的帐篷:帐篷一,一个带排烟孔的三杆帐篷;帐篷二,不带排烟孔的四杆帐篷。如果带有这两个特点的四种不同形式同时存在,那我该如何解释呢?在这种情形下，它们的先后顺序又是如何的呢？

如果我陷入了林奈的分类逻辑，我有两种选择：我会说三脚结构是在排烟孔之前进化的，这意味着排烟孔的进化出现在不止一种情形下。或者，我会说排烟孔的进化是在三脚结构之前，而这意味着三脚结构在不止一种情形下出现。无论哪一种，结论是相同的特征进化了不止一次：一个很了不起的巧合，一种再创造。会是这样吗？

是有可能的。生态圈到处都是大自然的巧合。进化生物学家将其称为"趋同进化"，即来自不同背景的生物体由于需要适应相似的环境而共享相似的特征。比如塔斯马尼亚的袋狼和我们知道并喜爱的小狼头骨有着近乎一致的结构。再比如马达加斯加丛林中的带刺植物几乎原样照搬了美国的仙人掌。还有章鱼头上的眼睛和我的眼睛结构同样复杂。确实有很多巧合发生，但问题是趋同进化并不是解释文化物种的最直接的答案，是吗？这件事最直接的答案是草原印第安人的帐篷在不同的情形下既是三脚结构又有排烟孔，无论是偶然/自发还是有目的/有意识地将这两点结合，并在同一顶锥形帐篷体现出来。如果是这样的话，那么帐篷并不像物种，而是像语言那样，像云那样分开又融合。这里根本没章鱼什么事。

或者还有另一种可能，仍然有点乱。如果说排烟孔和三脚支架都不是什么特征，而是各自独立的鲜活的思想呢？我将帐篷作为一种思想物种，每个印第安人头脑中对帐篷的记忆作为文化"生命体"的单独的成员，可如果我的计划超出范围怎么办？如果帐篷不只是一个生命体，而是一整个生命体的集合呢？包括三脚结构、排烟孔、里衬、门口等，这些共生体共同成为"超级生命体"，造成心智圈单独出现了新事物这一错觉。如果是这样的话，我就没法画出适应辐射图了。帐篷的进化变成了文化的偶发现象，是由一大群不断变化的更细化的思想形成的一个想象中的渊源。所以我又遇到了另一个问题。我还没找到第四顶帐篷（或到达山顶），而我已经开始怀疑自己对心智圈语境下生命体和/或物种概念的解释了。我已经开始怀疑我的类比的基础以及我的理解的基础。我的有色眼镜再一次蒙上了雾气。

埃兹察觉到了我的沮丧，于是将车调到自动驾驶模式，并挂在了二挡。克莱斯勒在攀爬比格霍恩山的东部悬崖上坡的蜿蜒小路时发出轰鸣声，像在低声抱怨。这一路并不舒服，而当我们看见"前方风景"的时候，我们庆幸离开了这条路，可以暂时休息会儿。在舒展腿脚的工夫，我们看到了古老地质灾害留下的痕迹：沉积岩像股票经纪人穿的条纹衬衫，呈紫色、白色、橘色，由无法想象的力量扭曲成各种弯曲的形状。信息牌上说比格霍恩山是在 7000 万年前拉腊米造山运动中形成的，并成了落基山的主要山脉。这是"很深刻的变形"，不仅是表面的岩石，就像我们面前看到的雕塑黏土般的岩石，在我们脚下还有 5 亿至 4.5 亿年前寒武纪时期深层的、最古老的岩石。而在怀俄明的这部分，它是在我们之上的。拉腊米运动将怀俄明的这部分像煎饼一样翻转了：现在，历史新的石头在底下，历史初期的在上头。开到一半的时候，我们已经穿越回过去的 3 亿年了，那是恐龙之前的时代，我们要赶在到山上的平原地带之前继续开着克莱斯勒颠簸，我们已经开到 2500 米高的地方，这里的生命体和岩石一样古老。

看到世界变得如此颠倒这给了我一些启发。我觉得我找到了困境的出口。虽然对于我将两个帐篷做对比这件事而言，这种回应显得仓促而草率，但我想不到别的办法。我要使你们对生物圈的信念破灭来重建我在心智圈的信念。我之前编的那两个锥形帐篷对我造成困扰的原因在于我让你们对"有机体"以及"物种"的概念过于理想化了，抱歉了，我不能让你们这么做。是时候把你们的世界颠倒过来了。让我们从"有机体"这个词开始……

在这片 3 亿年的印迹里，地质层中埋葬的有机体有鲨鱼、爬行动物、昆虫、两栖动物以及史前的树，这些有机体都是分散的、成一定规模的、独立的生命体，存活、繁衍以及传递着它们的特质。在它们皮肤之下是维系它们生命的一些专门的器官系统，在一起像机器一样运转着。而这些器官系统又是由一系列产生大量肢体行为的器官组成的。每个器官都是基于选出的一些组织处理眼前的工作，而每个组织事实上又是一堆细胞的集合，这些细胞又为共同的目标而努力。

它们是十分复杂且构建精细的生物有机体，恰好落在威尔先生第三重要的排序里：6 月的一天，他在黑板上横向写下了"有机体的等级"，而同时全然不顾开着的窗户、开花的柳树以及一班学生的讥笑，这个顺序是：

基因—细胞—组织—器官—有机体—人口—社群—生态

他说："左边的存在于右边之中，并参与其运动。"

而只开了 300 米，经过了 2 亿年，埃兹和我就发现了威尔先生这套有机体排序之外的东西。水母和藻类，从始至终没怎么变化过，仍然还是一堆鲜活的组织。它们漂浮在海洋里，或者紧紧依附于岩石上，就像是一堆没有器官或器官系统的细胞类型的集合。

在它们之上又过了 300 米，快看到山顶了，我们开到了这片坚硬的寒武纪世界里最年轻的那几层。元古代的，大约有 20 亿年，在这里生命体又变得更小、更简单、更柔软了。对于这些岩石而言，"有机体"意味着比组织还要小：从困于几十亿年的泥土中的形态特征可以看出，它们是海绵状物和一些不易变成化石的已经灭绝的古怪生物。这些有机体是松散的相互作用的细胞，除此之外别无其他，这是在多细胞生命体过程中史无前例的实验。

当我们最终在悬崖顶上到达这片失落世界时，我们已经没有见证生命历程的时间了。来自早于多细胞生命体的太古代的风在草原上吹起，随即沙尘包裹了我们的车。在大约 25 亿年前的太古代，所有的生命有机体都只有一个细胞那么大。有一些结成群聚集在一起，比如我之前提到的蓝藻细菌，不过它们是聚集体而不是生命有机体，它们在一起只是为了互利，但如果有必要的话也可以单独生存。

经过了这些岁月，堆积成了山脉，生命在其设计空间里不断涌现了各种形态和复杂程度的有机体。取决于你所处的时期，某个有机体可能就像你或者像我，又或者像你或我的一部分。反言之，你或我都可以被看成有机体或有机体的聚合物。

医药之轮

当我们准备翻到大角山的另一边，回到现代时，我们稍事休息，顺着路找到山上一座小屋，以及长距落地式的厕所。站在世界之巅感觉格外凉爽，因此我们在到了美国之后头一次裹上了外套，然后独自顺着小路走进山里。我们很快就越过了林木线，松树林开始看上去像顶级的长毛绒地毯。当我们走在石子路上发出咔嗒咔嗒声时，土拨鼠和鼠兔吓得四处奔逃。西侧的山逐渐消失，我们发现自己站在山脊之上，整个大角山盆地向西边延展开，在我们下方的几百米，明黄色背景下衬着山脉间大片的绿色。

我走得有点累了。在我们接近 3000 米的时候，空气变得稀薄。我们继续往前，爬上最后一个斜坡就到了山顶上的草地。头开始疼起来，不过当我们看见之前预期会看到的景象时变得好多了：俯瞰地面上不规则呈现的最古老的土地、直径为 25 米的巨大石轮、许多石头轮辐以及中心粗糙的堆石界标。它叫医药之轮，这是一处美洲印第安人的神奇地标，几个世纪以来各部落的人来这里祷告以及求赎罪。很多迹象表明现在还是这样：这里用简易的护栏将来往的路人隔离开，这条隔离的绳子上挂满了羽毛、鲜花、飘带、旗帜，甚至还有贝壳、动物皮做成的鼓。在中间有一个巨大的北美野牛头骨。

我觉得，我能感受到那股所谓的"灵气"。虽然我不迷信，这并不意味着我对这种几百年来人们投入情感的空间场所完全无感。而这个地方也无伤大雅：在这儿你能看到世间万物，当你觉得寒冷孤独的时候，当你被冰雨狠狠拍打时，当你感受到山顶上的风，你会觉得被洗涤、被震撼。而埃兹出现在轮子的另一边，我觉得这个特别的景象带给了他更多的震撼。他想在这儿多待一会儿，就静静地待着。当一群欢快的得克萨斯人过来时，我耐心地等他们完成绕圈，之后离开，然后这个地方又只属于我们了。当我抬头看时，埃兹不见了。我猜他是去附近找什么精神慰藉了，所以我抑制住了找他的冲动，坐在一块大石头上等他。我盯着这个轮子，它那独特的献祭的旗布在空中拍打着，就在那时，"不知从哪儿"，我找到了我的灵感。

我眼前的这座巨大石碑被称作"轮"，是因为它长得就像一个轮子，但是其实它跟那种维持车辆运行以及机器运转的圆形会动的轮子没什么关系。我知道这个轮子的出现早在哥伦布到来之前，在这之前，新世界里没有其他任何像这个轮子一样的概念。对那种带轮子的车，草原印第安人叫它"旧雪橇"，它由一种简易的杆组成，呈三角状，可以在地上拖着滑行，在巨大压力下带着帐篷和其他东西沉重地在矮草草原穿行。它们在草地上留下的痕迹，至今还很明显。所以这个医药之"轮"是在心智圈中趋同进化的一个例子，一方面具有相似性，另一方面却导致完全不同的理念分支。

可悲的是，医药之轮背后的理念现在已经没有了。现在活着的人，甚至是近现代的部落长者，也没人记得了。很多人尝试"重建"机器之轮的概念。他们宣称这像轮子一样的圆代表太阳、月亮或地球，或是人从出生到死亡的一生，或是家：也就是搭建帐篷形成的圆形。他们说轮子是一个钟表，28 条轮轴反映了人每月的周期，或是月运周期，或是指向四季轮回中开启和结束的不同的日出和日落。但坐在这儿，我意识到我们永远不知道这些强加的概念究竟是否正确。我们永远不知道这个轮子的真正含义，或者在北美各处草原的其他许多医药之轮。现如今，那些知道这些的人已化为亡灵，我们这些后来者能做的就是感知人与自然之间的联结。借由这种石碑将我们自身的愿望赋予其意义。想到了这儿，我明白了……

我们所熟悉的轮子的点子只出现过一次[*]，可能是在美索不达米亚或北高加索或欧洲中部，大约是在公元前 4000 年中期。很难知道确切时间，因为凭借一个爱探险的朵拉的那股热情，轮子在旧世界所有相通的文化中以光速源源不断地出现。5000 年来人们没用过推车照料农场这并不意外。而当轮子一出现，每个人都很快接受了。

而再一次，我不得不问这个问题：为什么一开始我们用了这么久的时间才想到这个发明？再一次，我不得不给出的答案是：因为思想发明的进化就像生命体一样是偶发 / 自然的，这需要很长的时间。轮子的手翻书就像心智圈的其他所有物种一样无聊。你如果随便翻一页可能会看到以下几种（从远及近）：

1. 一件重物搭在一堆树干的"滚轴"上。随着滚轴不断地从

---

[*] 没人重新发明了轮子，你可以放心（不过一个澳大利亚人在 2001 年进行了专利注册）。

后面移到前边,从而挪动重物。

2. 在重物与滚轴之间加了一块平滑的厚板,减少了运动中的阻力。

3. 这回厚板底下加了叶片,这样看起来就像滚轴上有一个雪橇一样。叶片将重物与滚轴之间的表面区域最小化,从而进一步减少了摩擦。

4. 在树干上有放叶片的凹槽。(第3个由于反复使用形成了凹槽,为了更好地稳定重物,最终手动添加了凹槽。)

5. 凹槽之间的树干变成了空心,这样不同大小的"雪橇"都可以放在上边。(就这样车轴和车轮就形成了。)

6. 在叶片底部加了栓,就在车轴的前部和后部,这样车轴就能固定在重物下方,也就不再需要不停地在前边放滚轴了。(这一天简直意义非凡!)

7. 这台装备的性能由于车轴和车轮的分离而得到了改进,这样车轴就可以穿过去,后来的雪橇叶片都成了现在这样。

8. 最后现在的雪橇叶片就是这样的!

这个过程经历了上千年以及人类世代的努力。这其中肯定有一些了不起的天才发挥他们的聪明才智,将这本手翻书提前了好几百页,但总体来说,轮子的发明是一个传统意义上的"循序渐进"的过程。

但是为什么,为什么,为什么啊?为什么我们如此聪慧的人类在思想进化上会只有一点点的进展呢?坐在石头上,盯着医药之轮,我意识到,我已经知道了问题的答案:这是因为思想进化的整个过程被我们贫乏的想象力所束缚。

想象建造

想象力这个词是一个很空洞的"俗语",心理学家很少用到,但如果要说的话,他们都会承认我们脑子里有一处机能可以使我们人为地把记忆整合,从而"描绘"出一些根本不存在的东西。事实上,我们应当拥有想象力,因为如果没有的话,我们就无法获得波普尔智慧。波普尔智慧是关于解决问题的,而问题的解决需要我们描绘出还不存在的事情。这是个很实用的工具,研究建议我们花大量时间和脑力来想那些还未存在的事物。一些研究者认为,我们在未来想象的能力是决定我们物种的关键特征。[1] 不幸的是,虽然使用想象力是很有意思的事,但我们的想象力是受到严重限制的。我来解释下这一点。

想象一只蓝色的羊。这很容易。你之前见过羊,也知道蓝色是什么颜色,所以你对这两样东西都有概念,正因如此,很容易就将两者结合,即使你从来没在现实中见过一只蓝色的羊。* 这就是你的想象力在发挥作用。在想象蓝羊之后,你可能会出去,把一只羊涂成蓝色,结果就和你想的差不多一个样了。

现在再想象一个罂粟色的獴。** 更难了。还是一种带颜色的动物,但只有少部分人对这种动物和这种颜色有概念。如果你是个法国冒险家,那你可能猜得到。coquelicot 是法国的一种罂粟花的非正式名称,这种颜色就是罂粟色:亮红,带一点橙色。獴(fosa)是马达加斯加岛上最大的食肉哺乳动物(这个岛曾是法属殖民地,说法语,所以是法国冒险家会去的地方)。这种动物有点像精瘦的中型的丛林猫,不过这只

---

* 我其实见过紫色的羊。在坎布里亚郡,出于某种原因,当他们在市场上展示他们的羊时会把赫德维克种羊染成紫色,所以我很快能想出这种带颜色的羊,你可能也是……
** 我知道这是一个很好的例子,因为这两个词(coquelicot、fosa)在 Ms Word 中都用红色下划线。

是错觉，实际上这是一种生长过度的獴，在满是狐猴的岛上生存，形成了趋同进化的模式。

现在你已经可以自行想象出这两种东西，你只需要通过你的想象力将它们拼凑在一起。这要比想象一只蓝羊难多了，因为除非你是个法国冒险家，你永远也见不到这两样东西，所以想象一只罂粟色的獴，需要你将这两种东西的记忆再进行整合，在你脑海里罂粟色的獴是抽象的，它和你记忆中亲眼见过的东西是有差异的。

那如果我现在让你想象一个茜草色的麝香猫呢？然后我告诉你茜草色是一种紫罂粟色，麝香猫是一种比獴更小、更多毛、条纹更多的动物呢？现在有点麻烦了，是不是？即使有这些有用的提示，想象又多了一步，还是太难了。你想不出来的原因是离你真正见过的记忆差得太远了。茜草色麝香猫的形象是抽象中的抽象——离你的感知记忆差了两步，离你可以想象出的自身经验相距甚远。

这和带给我们轮子这个灵感的人的道理是一样的。他们只能依靠自身存在的第一手的记忆。他们也只能靠想象接下来很小的一个步骤，其他的都太抽象了。而这限制了思想的进化。如果不发生什么事件的话，思想适应唯一的办法就是依靠我们的想象力，不幸的是，我们的想象力被严重限制了。

我坐在这儿，试图还原轮子背后的理念，不过也因此失败了。轮子背后的理念离我的经验太远了，它是超出了范围的抽象。同理，另一种车轮的概念，我们都知道的那种，对于草原印第安人来说，在欧洲人驾着马车出现以前，也是完全陌生的。就像著名的维多利亚时期的生物学家托马斯·亨利·赫胥黎在听到达尔文自然选择理论时那样，当草原印第安人第一次看到法国猎人坐在带轮子的马车上时，会想说："怎么这么笨，早没想到呢！"但如果他真这么想的话，那对他的要求实在是太高了：在他文化的记忆库中，这个轮子的点子离他的生活太远，是不可能有足够的天才可以想出来的。这其中还有太多需要向前实现的一小步。他们的文化里还都没有关于车轮的这本手翻书呢。

生命的齿轮

埃兹一个人散步回来了，我们循着车辙，回到了车里，继续翻到这片酷寒又满是植被的高原的另一边。过了几英里，山下一片广阔的盆地映入眼帘。我下意识地减了速，因为我们好像到了过山车的最高点。当我们到了前寒武纪岩的边缘，克莱斯勒慢慢地向前倾斜，我们在座位上坐直，山顶的位置给了我们一个加速度，我们开始突然下跌了。很多卡车从山下往上开，但几乎没有挪动。而我不得不一直踩着刹车，要不就一路冲下山了。

在过去的 35 亿年间，生命体也在不断造势，就像我和埃兹现在这样。那些随我们飞落的石头就是证据。在我们下方，除了嗡嗡作响的轮胎，就是那些葬于坟墓的单细胞生命，但当我们来到西部悬崖边时，复杂生命在其设计空间的进化程度就像我们下降的速度一样快得让人恶心。在经历了一段漫长、落后的开始之后，生命自身快得失控了，随着时间和设计空间的探索变得越来越快，越来越快……命运不时通过降落小行星，使大陆相撞，用有害烟尘毒害地球，遮天蔽日，但完全没用。生命势不可当。

到底是什么在驱动这个狂热的过程呢？是什么有这种能量可以加速穿过设计空间，以不断增长的复杂生命形式激励着生命体呢？这并不是什么不可思议的神迹，这里不需要神。这是个机械的提升装置，像个吊车，或更形象点儿，是一个"齿轮"。齿轮是只能朝一个方向运动的。汽车的千斤顶就是借助齿轮运作的。通过杠杆来实现拉升。"制转杆"绕着齿轮朝上的锯齿的圆的一边，退回到锯齿的顶部，由于它的形状而不会掉得更远。于是，每拉一下杆，制转杆爬上齿条。不用担心会掉到地面，只要齿轮是在地面上很稳定的位置。

进化就像这样。自然选择促成了适应性创新的积累，每一次创新都像是齿轮上的锯齿。一旦被发明出来，这个创新是不可逆的。制转杆是固定的，创新者的后来人都可以享受这个发明成果，这是不会归零的。因此，在生命体的一生中，新出现的生命体有越来越多的零部件。看看我们。我们就像是从工厂出来的一样标准化：嘧啶核苷酸、单尾鞭、多细胞、两侧对称、肠腔动物、脊索、脊柱、下颌、四肢、乳腺、胎生以及胎盘。每个都是适时出现的，只有在最新的上面可以找到。现在它们都过时了，只是我们生命设计的先决条件。正是这种设计的累积使得生命不断进化。每一次创新都使得制转杆在设计空间中更高些，将齿轮提升，使得生命达到更高的程度。

我的观点是，如果现在你瞄一眼（眼睛也是设计齿轮上很精妙的一枚锯齿）生命体的齿轮，会发现有一组锯齿十分古怪，和其他的都不同。它们称不上是"创新"，而更像是反常的行为。而正是它们将生命体在设计空间中推动得更高更远。检查这些锯齿是我的兴趣所在，因为这会破坏"有机体"这个词的标准概念。

打造一个超-超-超有机体

超有机体

这些锯齿可以从20亿年前开始，也可以从我和埃兹担心刹车会不会失灵的下降途中算起。生命体在这一时刻，生物圈几乎被一种叫原核生物的东西所独占了。这种单细胞的有机体的细胞原始到几乎没有任何内部组织。它只是被油膜所包裹的悬浮在水滴中的 DNA。它都不算生命体，而是一种生存状态。它还有个大家都熟悉的名字叫细菌。它们这一组的范围很广，也很多元。有用光合作用收集能量的有机体，比如蓝藻细菌，有在极端环境中，只靠化学原料生存的有机体，有在地表 3000 米之下的缝隙里生存的有机体，也有那种在你肚子里吃麸皮的有机体。

原核生物在世界上有各种形态的生命体，直到出现了一种新的单细胞有机体，在其体内也有油膜包裹。这种有机体可以用其内部的油泡来贮存并组织：特别的蛋白质、特别的脂肪、大块的碳水化合物、重要的矿物质，以及最重要的——DNA。它们是具有内部组织的单细胞有机体，叫真核细胞。

其中一组真核细胞在前寒武纪时期变得尤为突出。它是食细菌的：它通过滴状斑点围绕那些原核细胞，将其吞没，再在其中将其分裂。这种内部特殊的油泡被称为线粒体。每个细胞都有一些线粒体，它们的作用是将剩下的那些吃掉体内化学能的细菌细胞分散。在这个过程中，线粒体胜出了。它们远比其他任何生命体创造出来在养料中储存能量的机体更好。带有线粒体的真核细胞比没有的可以从养料中获取的能量多出 19 倍。

所有有用的线粒体都随时可以提供氧气。最初，地球上的氧气稀少，而生命体的齿轮上早期的锯齿改变了这一切。蓝藻细菌的光合作用释放氧气，因此在 24 亿年前，地球开始被植被覆盖，大气中充满了氧气，在这种条件下，出现了线粒体。

有个摆在眼前的问题：真核细胞是如何创造出这么了不起的给生命带来细微变化的机器呢？事实上并没有。线粒体一开始是作为自由的原核生物出现的，它是一种细菌，一种自己提供养料和氧气，排出化学能的有机体。我们知道这些是因为线粒体有其自身的 DNA。它们的油膜在结构上是典型的原核生物，它们内部有一些只在原核生物内部存在的碎片，它们甚至在真核细胞内部独立完成分化和复制，就像封闭的细菌一样。

那一个原核生物是怎么变到真核生物里边的呢？最有可能的是要么被真核生物吃了而没有消化，要么原核生物是个寄生菌，探到更大的真核生物里，为了寄居其中，从而顺便获取一些养料和氧气。然而当原核生物一进到真核生物中，线粒体就永远地留在了那儿。这并不坏。它们被供给了所有它们需要的养料和氧气。它们由于有了真核细胞的庇护而远离了外界的污浊。只要它们能释放足够的能量，它们肯定也能这么做，这个系统就能够运转并且支持每个后续的提拉齿轮的过程。

由于线粒体是生物中的生物，生物学家将它们称为内共生体，也就是内部共生的意思。但我想转移焦点到承载它们的真核细胞上。我们应该怎么叫它们，一个有机体里寄生着别的有机体的有机体？它们不仅仅是有机体。我想称其为超有机体。

随着这一组超级又能自身获取能量的生命体的出现，进入设计空间的进程加快了。当我在大角山西面陡峭的斜坡上刚准备踩刹车的时候，差不多路过的是 16 亿年前的岩石，这一组超级生命的分支通过不断重复这种内共生体的手段变得更超级了。它吸收却并不消化蓝藻细菌。蓝藻细菌是一种非凡的光合作用的生物，之前曾经给世界带来大量氧气。蓝藻细菌进行光合作用这么神奇的反应是通过和线粒体完全相反的过程来实现的：它们获取太阳的能量，然后释放养料和氧气。所以现在生命体中有两块有机体，它们曾经都是自由的，后来成为寄居其中的有机体。这两个内共生体，一个是线粒体，一个是"叶绿体"，就像是跳舞的弗雷德与琴吉一样亲密无间。一个获取太阳能，存放于养料中。另一个当需要时分解养料来获取能量。一个需要氧气，另一个制造氧气，作为废气排出。它们简直是天作之合，这意味着这些新的超级有机体（在齿轮上有两枚锯齿）只要在阳光充足，有水源和氧气的地方就能维系它们自然生长。

超-超有机体

接下来的锯齿出现在悬崖边上。这个从单细胞到多细胞的过程叫作多细胞性。多细胞性需要单细胞有机体以从未有过的协作来将它们之间的生命体分开。这意味着所有协作的细胞中只有一些承载着传递基因的责任。所有协作细胞之前都是独立的，大多数都将它们的影响传给了下一代，这对任何生物而言都是一项大工程。

这是怎么发生的呢？有很多不同的答案，而由于多细胞性可能进化不止一次，关于次数的任何答案都可能是对的。有可能细胞分裂时发生了失误，结果"子细胞"发生了联合。如果这种错误不断发生，那就会出现相同 DNA 的具有共同利益的一个多细胞肿瘤状的生物。如果错误导致一个细胞里生成了许多细胞核呢？蘑菇和霉菌的细胞就是如此。可能是这些细胞联结起来共同对抗出现的问题，我们能看到一个个变形虫当面对困难时聚在一起形成一片可移动的、蛞蝓形的菌落——黏菌。

无论发生了什么，多细胞性具有十分重要的意义：它是在有机体的有机体内生成的有机体。超-超有机体开启了设计空间新的广阔的领域，并自此占据了大部分生命不断探索的过程。

超-超-超有机体

还有其他的情况。一些生物将独立有机体之间协作的行为习惯扩大得更远，从而创造出另一个齿轮出来。这些是超-超-超有机体，也就是生命体之中有生命体（多细胞）中有生命体（真核细胞）中有生命体（线粒体）。比如珊瑚，是一种介于水藻和水母之间的紧密联结，比如地衣是水藻和菌类的非寄生合作体，还有我之前介绍裸鼹鼠不可思议的地方时提到的真社会性。

真社会性动物是群居在大社群中的小型动物，它们的分工为防御、觅食，最重要的还有繁殖，这样它们就像大型动物一样。虽然没有器官和组织，这个"大动物"有的是一群热切奔忙的个体。小型动物由于角色不同，形态大小各异，就像组成大动物的细胞一样。而正因如此，它们中的大多数都是完全不育的，因为它们的职责中没有"繁殖"这一项。这就像是重新介绍了一遍多细胞动物：一些个体牺牲了自己，这样其他的可以到达"应许之地"。然后，这种情况下不是单细胞个体，而是多细胞个体，每个都有自身的组织和器官，作为整体运作着。蚂蚁、蜜蜂、黄蜂、白蚁以及裸鼹鼠都用这种方法，而这种策略也确实有效。裸鼹鼠虽然稀少而且听起来很荒谬，群居昆虫却是哪里都有，也是地球上生存的生命体的基础。光蚂蚁在地球上就占所有动物重量的四分之一。因此说真社会性是个很重要的锯齿。在齿轮上的其他锯齿也是。每次有机体都是偶然进行协作的，它们共同维持生命，从而使生命体变得更超级，开启了设计空间中新的大片区域。得益于这些锯齿的生物不只是在生物圈的边缘，而且无处不在，甚至就在中心。每个比细菌大的生命体都是超有机体，是带有线粒体的真核细胞。我们就是真核细胞。*所有肉眼可

---

* 这是我们的胸口不会停止起伏的原因所在；早在 10 亿年前，我们的祖先和一类可以在养料中贮存能量的原核生物定下了关于氧气的约定，从此我们就离不开氧气了。

见的生命体都是超-超有机体，也就是多细胞的真核细胞。我们就是多细胞的真核细胞，这种古怪的细胞联合也被认作是独立有机体。这些日子中，超级 N 次方的有机体都是标准形态的。我们所生活的世界是由生命体组成的，而生命体内部又有其他生命体。

所以其实真正的"有机体"是非常少的。生物圈的大多数都像是个体，但实际上是"组织"——生命体的构成、联合以及聚结都使生命以和谐的状态存在。重要的是自然选择并不在意。对于自然选择而言，地球上呈现的有机体的复杂性与不分明感都是完全不相关的。无论它们是如何组织的，自然选择都会找到办法来检测组织的构成。如果通过了测试，它们的主要特质将会被传递到下一代。如果没有的话，就不会。

因此我可以在不破坏规则的前提下将锥形帐篷也叫作有机体。还有可能锥形帐篷是个超有机体，它的组成部分来自别处某个地方。我肯定我在其他文化有机体中见过这个三脚架结构。也许这个锥形帐篷是一种"文化地衣"，也就是松散联结的物种，在合适的状态下，使其比部分加起来的总和还要多。这里要说的是，当你了解到什么是大杂烩似的生物有机体时，我将思想与生物有机体做的对比就不会有什么问题了。文化有机体也是一样。心智圈中必然遍布着超级 N 次方的有机体。这种文化有机体可能有四个，或五个，甚至六个超级那么多。自然选择完全不关心这一点。它总会找到办法检测这个超级 N 次方有机体的构成是否合适。

烦人的海鸥

由于"有机体"这个词被我研究得差不多了，接下来我要说一下

"物种"这个词。还记得迈尔和杜布赞斯基生物物种的概念提到,物种是"一组能够互相繁殖并繁育后代的生物"。生物学家没告诉我们的是并不是那么简单。让我以我童年的例子讲起。

我长大的地方叫托基,是英格兰西部德文郡的一个海边城镇。在这里挥霍青春是件很美好的事。这里的阳光总比英国别的地方要多些。我可以划船,可以跳到河里去游泳,可以随时去岩石边跳水。只有一个缺点:那就是银鸥。每一年,银鸥都会在我卧室的屋顶上筑巢。它们可没少找麻烦,真的,它们会突袭垃圾,除此之外,最大的问题是它们会一大早就发出很大的叫声,而后持续一整天。刚开始只是一些低沉的颤动使喉头热热身,那声音像山羊一样咩咩地叫。(这时候,我会在半睡半醒间抱怨着,知道将要发生什么。)然后,当时机成熟(只有它们知道是什么时候),它们突然开始一阵持续的尖叫,当你的耳朵离它们的肺只有一米远的时候,这叫声像颤动的电钻一样直击灵魂。(我其实还挺喜欢的,一种像宠物兔大小的动物可以发出穿越海湾的叫声,还是挺神奇的。)

在屋顶的另一边,听它们叫声的,还有"小黑背鸥"——一种安静一点的鸟,它们发出的不是尖叫而是咯咯的叫声,它们在白天的时候,会和银鸥争抢我掉的食物碎屑。它们很容易分辨。银鸥背上披着灰色的羽毛,粉色的腿。小黑背鸥是黑色的背,黄色的腿。这两种鸟彼此不太喜欢对方,所以有时它们同时出现在我的屋顶时,会表现得互不相让。

1758 年,林奈在他的目录里给小黑背鸥命了名。而丹麦主教埃里克·彭托皮丹(Erik Pontoppidan)作为林奈的忠实粉丝,几年之后,也给银鸥命了名。彭托皮丹说这是一种非常相似的鸟,因此他用到了同样的词。而他也通过观察它们争抢食物碎屑的方式判断它们不会相互繁殖，因此是两个不同的物种。彭托皮丹不知道，而我也不知道，显然这两种鸟自己也不知道的是，虽然它们长得不一样，叫声不同，还互相憎恶，严格意义上来说，它们是同一种鸟。

我们没人知道的原因是需要用一种更宽泛的角度来认清这个事实。这一类的鸟生存在北极圈周围，栖息在欧洲、亚洲及北美地区长长的悬崖上。它们的特点是喜欢在直立的岩层表面筑巢，到海面捕鱼，欺负小鸟，从而捕获它们的猎物，以及制造很大的声响。每天早上吵醒我的银鸥就是其中一种。在北极圈附近，吵醒美国和加拿大小孩的，是美国银鸥。这种鸟和我说的那种相似，但并不完全相同。美国银鸥的背更黑些，冬天的时候头上有棕色的斑点，羽毛上有不同的斑纹。然而，当我所说的银鸥和来自冰岛、格陵兰岛或是纽芬兰岛的银鸥在某个悬崖边相遇时，它们会开心地交配繁殖，然后产下完好的后代。所以这两种鸟，虽然叫法不同，但根据迈尔和杜布赞斯基的理论，它们属于同一个物种。

在美国银鸥的范围中，最西边的是一种叫织女银鸥的俄罗斯海鸥，它们的任务是叫醒那些住在西伯利亚地区的懒孩子。它们长得又不同了。背还是黑的，叫声没那么夸张，但这些差异都不能阻挡这两个相邻物种之间的结合。与以前一样，美国银鸥和织女银鸥可以繁殖生出吵闹的小海鸥，所以它们并没有太大的差异。

在织女银鸥的西边，叫醒俄罗斯西部孩子的是一种叫灰林银鸥的海鸥。它们的背是黑的，叫声是咯咯的声音。它们的脚有时候是粉色的，大多数是黄色的。它们和东边的织女银鸥，或者如果可以的话，和西边的海鸥交配。而这种西边的海鸥叫什么呢？叫小黑背鸥。这样海鸥整体的布局就完整了：在托基，我还是孩子时的那个屋檐上，两种海鸥各不相让。它们受不了彼此，还总争着吃孩子掉落的食物碎屑。它们用不同的声音嘲笑对方不同的脚和后背。它们从不交配，因为它们太不一样了，因此，从定义上讲，它们是不同的物种。由于东边和西边的海鸥都不是很挑剔，它们的基因理论上是可以在极圈周围传播的，一只只地变成了驻扎在我家屋顶上的那些。也就是说，它们是属于同一个扩大的极地基因库中的不同的两个极端。

这有没有让你想起别的？还记得克劳语所从属的"方言连续体"吗？每个相邻的方言互相之间可以交流，不过随着时间的积累，由于分布得极端，语言变得越来越不同，以至于相互无法理解。这和海鸥的道理是一样的。它就是"方言连续体"的生物版本。我们这里看到的是以空间而非时间呈现的渐进性变化。但这样呈现的时候，不太可能区分物种之间的界限，因为对于基因流动而言是不存在任何界限的。

我们也可以设计一本这样的手翻书。这种新的手翻书可能是空间上的、横向的、兄弟般的，而不是时间上的、纵向的、祖辈式的。现在，在手翻书的第一页是站在我家屋顶的银鸥。在最后一页的是在我家屋顶另一端的小黑背鸥。在中间的成百上千页，是这两种之间可能出现基因传递的所有海鸥。如果要找到在西边更早的物种，翻的时候就不是像以前那样按时间顺序，而是全球范围的空间顺序。

翻翻看。会看到后背的颜色从浅灰到深灰。脚的颜色从粉到黄。还有羽毛的闪现。虽然手翻书不能发出鸟叫声，但如果能的话，你会发现这段持续婉转的歌声从女妖般的嚎叫变成了巫师般的咯咯声。我提到的五种"物种"都出现了，不过翻来翻去，你会发现很难明确区分。这是由于鸟类特性的变化是循序渐进的。

事实上，这跟祖辈系的手翻书看上去差不多。如果你不知道这些鸟属于同一时期的话，你会做出判断，认为这本书只是描绘了一种普通的进化过程，因为变化是缓慢的，随着时间和空间的推移，最终导致基本相同的东西。我们可以以此出发。如果我们在空间上不能对物种的界限做出区分，我们也就不能从时间上对物种的界限，或者说任何一本普通的、祖辈谱系的手翻书中的物种界限进行区分。拿你自己的祖谱手翻书来说。翻回到几十亿页的位置，你就不会知道在什么时候物种发生了变化。把性别的因素放在一边，你的每个祖先都可能和前页的，或者后页的生物发生交配。虽然想起来并不怎么美好，但理论上是这样没错。

当你回溯过去的时候，你会发现物种界限的起始和结束就像是怀俄明州的运煤列车一样难以辨认。因为并不存在这样的时间点。没有一个明确的节点说一代不能和之前的一代结合。在看到随着时间生命体所发生的变化时，迈尔和杜布赞斯基的定义并不奏效。你能做的是在事后说："看，发生了吧！"正如海鸥给我们展现的，这种物种的界限在空间上也无法实现。虽然出现在我童年屋顶的两种海鸥不会繁殖，依据生物学物种概念，它们是两种不同的物种，但其实它们不是。相反的情况也成立。我和埃兹正要去黄石一探究竟。

黄石布鲁斯

黄石国家公园东侧入口的戴帽子的男士和我说："今天是免费日，先生。"他肯定认为我没听懂他的意思，因为他一直在说"今天免费，你直接开进去就行"。的确，我没反应过来，我手里还攥着那25美元。

"免费日？不过……为什么啊？"

"我们偶尔会这么做。"

一瞬间，我被突如其来的好运击中了。不过很快听到埃兹的感叹声，我又回过了神，踩了脚油门。

埃兹坐在副驾上激动得几乎快要上蹿下跳。我们穿过一个壮观的峡谷，覆盖着挺拔的杉树和装饰着灰色悬崖的飞檐。开到山顶，在晚些时候，看到了你能想象的最美丽的画面：在阳光明媚的天空映衬下，这片烟灰蓝的黄石湖上方布满了一朵朵积雨云，形成的水汽将整个湖区营造出一种水雾的效果。我们顺势开下山，环顾湖区四周。散发的硫黄臭味让我们不得不关上车窗。湖岸在雨中空荡一片，只有一头公北美野牛在那儿。我们发现露营地在冷飕飕的森林里，还注意到有通知写着今天下午有灰熊从这儿经过，还掀翻了帐篷。我递给埃兹一瓶啤酒，他总算消停点了。

我能理解他的激动。黄石公园不愧是北美最令人激动的自然胜地。不仅仅是因为地下令人畏惧的超级火山，从而获得地热主题公园的赞誉（各种间歇泉、温泉、气孔以及泥浆池，几乎没有重复），也不仅仅是因为黄石河在选择河道时成功远离了上升的碗状地形（瀑布翻滚、咆哮，再一点点塑造出巨大的峡谷），还因为落基山脉平原的隐形落差以及这座全世界最古老的国家公园的有效管理，培育出最接近于北美地区的一个完整的区域生态系统。

第二天早上，由于被季节性的"生物堵塞"所困，我们一点点地溜去观赏这个生态系统的最佳地点——海登山谷。过了一个小时后，清一色的越野房车让我们最终放弃了前进的念头，这里简直变成了汽车公园。我关掉了引擎。跟埃兹说："你知道为啥是免费日了吧？"我还试图缓解一下眼前的气氛。他没听我说话，只是盯着我们眼前能看到的一小块风景。我们身处黑松林中，这种树是草原印第安人用来做帐篷支杆的。这种树的质地很坚实，也很挺拔，低的枝杈不多，也很轻。由于他们只用雪橇拉东西，轻量木材的好处显而易见：杆越轻，能拉的越多，造的小屋就可能越大。我们离草原还很远，我突然意识到当年夏延族、阿拉巴霍族、克劳族以及科曼奇族分别到山上找支帐篷用的木材，这画面仿佛朝圣一般。在没有关于轮子的其他想法时，他们的黑松木杆寿命很短，需要经常更换。

埃兹突然说："怪不得我们会堵在这儿。"我回头看，就在车后边看到了一头公北美野牛，从它湿冷的鼻孔里喷出了汗雾。它显然和我们一样对车流十分恼火，由于没有别的地方可去，我们的车首尾相接，车距太近以至于北美野牛无法通过。它看我的方式，显然觉得是我的错。它用几声鼻息表达了它的不满，在我们的引擎前盖和前边车的后备厢之间推来推去。我们听到了金属的声音，前边车里的一家也被弄得上下弹跳，就像在拖车挂钩那里捆了一头巨兽。这一幕就像是侏罗纪公园里的场景。

当北美野牛走开后，车队再次动了起来。森林消失了，我们看到了远处上坡的地方有一大片草地。在广阔的山谷间看到的像五彩纸屑一样撒落的是一大群北美野牛。它们形态和大小各异。公北美野牛相互发出低沉的声音，成群结队地穿过草原。它们在太阳下拖着身躯气鼓鼓地叫着，继续前进时扬起一大片灰尘。母北美野牛群在小溪边集聚，吵着聊谁都有啥。年轻一点的像孩子在操场上一样跳来跳去。在远处我们看到了一群麋鹿。在森林里有灰熊和黑熊。驼鹿在湿草坪上游荡。北部山顶上有一群狼，以捕食黑尾鹿和叉角羚为生。在黄石公园山上有大角羊、四种兔子、九种松鼠、七种地鼠、九种蝙蝠、九种鼬鼠、十种老鼠、一种海狸、一种囊鼠、一种箭猪、一种浣熊，还有一种鼠兔。这只是哺乳动物。如果你算上植物、无脊椎动物、鸟类、两栖动物以及爬行动物，"黄石生态系统"的多样性在北部温带地区是无与伦比的。

不过这里的鱼有点糟糕。

当黄石里的大片绿地不断地出现，公园的水域却见证了一场生物上的灾难。1872年开园的时候，园区的水域里最无可争议的霸主是切喉鳟。这种鱼长相好看，闪闪的，有深色斑点、金色的外皮，肉质嫩而鲜美。最开始飞钓者偏爱这种高水位的鱼。他们将这种鱼从广阔的瀑布带到偏远的湖中，这样它们便无法再称霸了。不过随后，还是出自这些飞钓者之手，他们又带来了四种外来的鳟鱼品种：东边的布鲁克鳟和棕鳟，北边的湖鳟以及西边的虹鳟。黄石的切喉鳟和这些都不能竞争。布鲁克鳟在冬天更耐活。棕鳟更大，更会捕食昆虫卵。湖鳟直接捕食小切喉鳟。不过虹鳟鱼可能是在捕食过程中最狡猾的：当其他鳟鱼偷偷侵占黄石切喉鳟的领地时，虹鳟鱼偷了更宝贵的东西——切喉鳟的基因。

原来虽然这是两种不同的鳟鱼，它们来自世界不同的地方，不过也没人告诉它这些。当这两种鱼有机会的时候，总是愉快地结合在一起。结果就出现了混种的"切虹鳟"，不同于无能的"骡子"，这种鱼很高产，甚至比它们的祖辈还要有支配力。对于基因纯度论的粉丝而言，这简直是灾难。黄石切喉鳟就这样在眼前消失了，它们的独特性被其混交的后辈所替代了。这对于鱼类分类学者来说，也不是件好事。这种鱼的存在简直是对分类学家的分类的一种嘲笑，完全驳斥了迈尔和杜布赞斯基的生物物种概念。混杂的物种从其整体的特征中窃取了客观衡量的标准。你如何将"切虹鳟"归类呢？是属于"虹鳟"还是"切喉鳟"呢？有种办法是退一步，得出结论，虽然它们出身不同，但其实是同一物种。而如果这么做的话，这种所谓的"物种问题"仍然没有得到解决。虽然生物学家不想承认，作为物种形成的极端情况——混种，即两个物种成为一个这种事，在生命树的下游是十分猖獗的。我和埃兹在海登山谷里拍到的大型野生动物可能是遵循物种形成的规律，而小型的脊椎动物、植物、无脊椎动物，可能还有爬满生命之树末端的一大群简单的有机体，都是在其基因池里有规律地分化并混合它们的基因。在那里，不是什么基因池，而是基因的沼泽，沉闷而混乱，物种在这里没有太大的意义。

生命是简单的

更糟的是，除了这种禁忌的杂交，我们发现生命体偶尔会和完全不同的物种进行小规模的基因交换，从而彻底改变它们的"物种"名牌，这被称为水平基因转移。细菌尤其习惯从其他种类的细菌中继承几种不同的基因，或是通过有害的病毒，或是偶然穿过细胞壁吸收游移的基因，或是主动穿破各自的细胞壁，交换它们的DNA。这解释了一个现象，1959年首次发现，许多不同物种的细菌都能抵御抗生素。它们不是分别单独地进化出这种防御机制，它们之间无数次传递着可以跨越物种屏障的基因。

所以这棵生命之树并不像我们想象的那么美好。它更像是一簇矮木林，在根部形成一团菌类的菌丝。离根部越近，对于分类学家来说就越如同灾难。在黄石国家公园，你只要穿过霍尔菲尔河（以及这里栖居的切虹鳟）上那座有点冒险意味的桥，就能了解到这种对分类学家来说像地狱般的情境。另一边看上去像是被"三只公山羊"啃过似的。这里寸草不生，连土都没有，只有陷在硅土里的一块块裸礁石。当埃兹和我走到这些岩石上，我们一下子穿越到元古代：地球大约20亿年前。那时候这里没有那么多游客，也没有多细胞真核生物。这是一个单细胞的世界，远古的愤怒的神在中心喷涌出一股蒸汽：这是大棱镜温泉，北美最大的温泉。我们通过木板道安全地接近了泉眼，坐落在壳状、淤泥般的山上，它在这里历经了千年。下方的岩石开始变成闪着迷幻般原核生物的黏稠物；先是变红，然后是橙色，而后是黄色，再然后是绿色。这种微生物彩虹所展现的每一道都是一个小型的生态系统，在这片细菌森林中，蓝藻细菌的迷你树冠和迷你森林下层，都位于其森林地表的一厘米之上。每当蓝藻细菌发生变化时，颜色也改变了。它们越接近泉眼，那里的水就越平静，颜色呈冰蓝色，它们就能越好地接收热量。黄颜色则一直待在那种可能会使你皮肤融化的温度中。

这就是曾经覆盖地球水表的生态系统。在这些地方，杂交以及水平基因转移这些带有违规意味的行为肆意上演，从而创造出各种令我们难以归类的生命体。在这些不同的细菌森林里，生命仍然是鲜活的。进化仍在持续。自然选择依然并不在意生命是否选择遵从我们理想的定义。毕竟，它的任务不是评判生命体与我们对"物种"定义的一致性与否。它的任务是检验其适应的能力。

在心智圈也必定如此。任何一种生命体都要接受自然选择。如果我想管锥形帐篷叫物种的话也行，因为物种这个词并没什么特别的含义。如果我发现一个带有三脚架结构和排烟孔同时存在的锥形帐篷呢？那就是两种不同帐篷的混合的产物。在生物圈有很多各种各样的混合体。为什么心智圈会不同呢？

我不用再纠结于"有机体"或者"物种"这些词表面的意义了。它们只是为了方便分类而被造出来的词。比如这些海鸥、细菌、鳟鱼、地衣、制造物等。这些物种的基因池并不是由什么真实的东西所限制，它们仅限于我们的想象力。

在泉水上方的蒸汽里缓缓出现了一道彩虹。我和埃兹都看到了七彩的颜色。但实际上，它们并不存在。彩虹是整个可见光谱都呈现在眼前的光学现象。我们看到的是连续光谱。它是我们"看到"带颜色的条带时，我们的视觉系统将接收到的光反馈呈现的结果。我们必须承认在心智圈也是如此。大千世界就是个连续光谱。界限更多来自我们所"看到的",而非想象力所带来的。在这里很少有真正的区分以及划分的界限,自然选择不需要这些。无论有多少破坏规则的行为发生,进化都持续进行着。

由于"有机体""物种"这类词越来越没有意义,在设计空间中你就能得到更多关于生命的探索。面对这种情况,一些生物学家在20世纪60年代开始怀疑他们整体的世界观。他们不禁怀疑,在我们的词汇中最重要的两个词是完全没有价值的,那我们处在什么位置,更重要的是,我们还剩下什么?威廉·汉密尔顿和乔治·威廉姆斯,作为两位杰出的进化论学者,各自得出了他们的答案。答案一点也不稀奇——基因。

正如彩虹背后唯一真正的物质是光子的集合,生命体背后唯一真正的物质是基因的集合。如果你带着批判的眼光来看威尔先生的组织等级,意识到有机体是个棘手的词之后,所有的一切都最终降级到最左端的组织结构:基因。

汉密尔顿和威廉姆斯给他们的科学带来了一副新的有色眼镜:以基因为视角的有色眼镜。从这一点出发,他们会说,你突然会看到生命通过我们试图排列的装配顺序而变得更整齐。透过这副有色眼镜,你会发现生命是简单的。它只有一个目的:竭尽所能地将基因传递给下一代。无论以复杂的、怪异的、投入的,或者是"非法的"任何一种形式达到这个目标,都会被自然选择所促进,并被生命体当作好的设计。而这时,他们会不屑地说,你看看进化吧。透过这些有色眼镜,这个过程无论以何种方式进行都只是相互竞争的基因为求生存的一场混战。其齿轮本质上是他们的这种方法产生的一个事故。通过设计空间向上的生命只是他们为了取得永生所进行不懈努力的偶发现象。汉密尔顿和威廉姆斯可能会眼睛一眨，宣布说生命体的推动力正是来自基因那种无休止的、不可阻挡的自私属性。

埃兹说："该我开了。"从我手里一把抢过克莱斯勒的钥匙，我假装生气地说："都是你的，行了吧。"现在沿着黄石河离开园区，向北开到蒙大拿州的这段路由埃兹来掌握方向盘了。他将会体验到在峡谷中穿梭，直到开到广阔的山谷中。这个自私的家伙。

他一路的确就是如此。我们的车从高地一路向下，穿过了更多猛犸象生活时期的冒着泡的硅酸盐通道。他朝站在路中央吃着宾馆里灌木丛的麋鹿鸣笛。他开车带我俩离开了怀俄明州，出了园区，到了蒙大拿州。

如果不是看到了这些地方磨损的标识，我们根本不会知道边界在哪儿。这些边界不是真实存在的，是任意的边界，应该是由一些戴高帽的人在未开发的风景中画出的直线。从远处、地图上看都很明显，不过当你身在其中，足够近的位置，这条边界并不存在。就如同原核生物世界中的有机体和物种，怀俄明州、蒙大拿州、黄石国家公园这些地方的边界都是由我们的想象力所决定的。

当我们（显而易见地）开到蒙大拿州时，黄石河一跃而过，充分享受着它所创造出的河谷的广阔空间。它从我们身边奔腾流过，朝远方延伸，流向两边的群山之中，在这里冲刷一些，在那里冲刷一点，就好像一路给墨西哥湾带去纪念品一般。那时候，我意识到我新的世界观需要黄石河的"基因"。如果说文化的生命就像是生物的生命，那它也必须有个根本的实质，一个最基础的单位。汉密尔顿和威廉姆斯创造出的这些有色眼镜，以及随后出现的一些理论，应该足够将这种实质有力地凸显出来，也就是挖掘出文化中的"基因"，将那个正把持着文化方向盘的自得其乐的自私的家伙找出来。

第 13 章

文化基因

关于模仿

为了能更好地鉴别出文化中的"基因",我们需要找到实验生物学家所说的模式生物。一种简单、熟悉、让人兴奋的生命体。在生物圈最有名的模式生物包括大肠杆菌、人类肠胃里的细菌、秀丽线虫、微小的蛔虫,还有果蝇。在这里,我们不需要一个细菌或是一个动物物种,而是一种思想。那什么可以被认为是简单、熟悉又让人兴奋的思想呢?

这里的关键词是简单。我们善于捕捉那些我们觉得简单的想法,但这并不意味着它们属于想法中的简单物种。有人会觉得,"咖啡店"是个简单的想法。不过在其成功地存于脑海之前需要很多其他的想法。首先,你得懂语言。其次,你得熟悉咖啡和店都是什么意思,还得明白把这两个词放在一起的含义,等等。这并不简单。这并不是一个文化原核生物的例子,就像生物圈的大肠杆菌那样。

我有了个想法。人类不是唯一的高级生物。还有其他动物也拥有自己的文化。就像我们一样,它们喜欢以群居出现,有空闲的时间,头脑很好,倾向于相互模仿。可能它们要比我们进化的时间更久,它们的思想肯定会随着思想的发展而越来越简单。那它们拥有什么样的思想呢？

在刚果的丛林深处，一些黑猩猩发现可以边穿过树林，边用叶子来盛水，就像海绵一样。我们认为这是一个文化行为，因为黑猩猩是不会本能地用叶子来盛水的。每一代黑猩猩都是通过观察它们的祖辈来学会这个技巧的。因此这个行为并不是天生的，也不是固定的：这是文化意义上的传播，只在黑猩猩的记忆里存在。如果不幸，在一个夜里，所有猩猩睡在上边的那棵树碰巧倒了，所有的猩猩都被砸到了头，然后失忆了，那这个用叶子像海绵一样盛水的想法，以及其他的所有黑猩猩之间的文化，就会永远消失。

在别的地方，有另一群黑猩猩不知道叶子这个技巧，但它们有另外一个点子：它们会用一种时兴的棍子把白蚁从窝里弄出来。还有一群黑猩猩并不知道这两种方法，但它们会乐于教它们的后代如何用"锤子"一样的石头在大点的"砧板"似的岩石上敲开坚果。所以说黑猩猩是有文化的，除了我们，它们可能是世界上最有成就的高级生物了。

不只是黑猩猩。日本猕猴会将米扔到海水中将水和泥沙分开。红毛猩猩曾经观察无防备的人类，然后学会了划船。巴塔哥尼亚浅滩上的虎鲸教会它们的后代如何捕捉海豹幼崽。澳大利亚西海岸的海豚在捕猎黄貂鱼时学会平衡鼻子上的海绵物来自我保护。还有大象会教给对方如何避免踩到地雷。这些行为都不是天生本能的，它们都是为了不断地进化而在记忆里习得并保持的。

可以说共同的主题是所有的高级生物都局限于我们称为"精神上的点子"。点子基于对肌肉的运用完成对肢体行为的模仿，别无其他。它们之间的传递并不需要语言。只要观察和学习就行了。

如果说精神上的点子是所有思想中最简单的，也就是心智圈中的原核生物，那应该不难找到一种熟悉又令人兴奋的物种。拿系鞋带来说。几乎我们所有人都熟记于心，不过肯定有上千种系鞋带的方式，也就是说为了让鞋固定在脚上会有上千种不同的方式。

我是系成蝴蝶结的（系成死结，除非为了方便穿脱）。我就是上下并排，然后（用双手）把鞋带一端圈成个圈，将另一端绕着它卷成圈（也就是所谓的"绕树"），然后将两端拉成蝴蝶结，整理一下直到看上去显得整齐。如果一会儿我要一直穿鞋走路的话，我会再整理一遍。这个过程很难用语言描述，因为这是个精神上的点子，最好的传播方式是有人向你展示。

是我母亲向我展示的。她十分耐心，要知道我当时才四岁。她教我系鞋带可能是我第一天上学，我不记得了。不过我记得为了学会这个技巧而付出的努力。我怀疑当时在集中于这个准备不足的行为时，四岁的我一直伸着舌头。我记得我一直试，我的结一次次地散开，因为我不能完全掌握这个动作。我还是练习不够。我那双笨笨的小手指实在有点糟糕。

不过我的大脑就像一个局域网文档服务器那样运转着。模仿一些以前没做过的行为是一件需要复杂处理的事情，因为这涉及如何将另一个人的行为进行转换。我胳膊和手的韧带和肌肉在复制我母亲胳膊和手的韧带和肌肉。我正将所有她的内在的机械运动变成我的，这一点都不容易。如果你不信我（假如你已经学会系鞋带的话），你去试试学习狐步舞。

为了原样照搬这些动作，我需要理解她每个行为的因果联系，这样我就不会模仿一些不相关的动作。比如说，如果我母亲的耐心逐渐消失（肯定有过这种状况），她可能在向我展示的中途抖了一下手腕，看了下表，而我一直盯着她的动作。对于四岁的我来说，即使是在幼小的我看来,也知道她抖手腕那个动作和系鞋带这个事情没什么关系。当我下次系鞋带时,我不会在当时抖手腕的,因为我知道这个动作不是在系鞋带中的连锁反应。这种考虑到前因后果的思维意识绝对是我们智慧盒中至关重要的工具。

所以说,学会如何系鞋带是个了不起的成就,成果也相当可观:在最后,我不仅学会了新技能,四岁的我脑子里还原样复制了我母亲脑子里的理念结构。我的高度专注和练习,以及她持续的教导,使我成功地复制了她的一段记忆。这个过程就好像我将她脑子里关于如何系鞋带的软件安装包中上百条编程都无线下载了下来。我以碎片化的形式继承了一整套心智运动(也就是我们说的点子)。

这种通过剪切和复制,以无线的方式在头脑间进行传播的碎片信息是思想最基本的组成单位,也就是文化物种的"基因"。我开始意识到这正是这些有色眼镜存在的意义。

黑足族的地方

在蒙大拿州西北部的大瀑布城,那些乱七八糟的沿路商业区和连锁店简直是最糟的,埃兹说:"这个城镇一点都没有城镇的样子。"他说的话没错。在我们仔细观察这座卫星城后,发现没完没了的玉米卷分发器、免下车的赌场、有美人鱼表演的小饭馆。我们一直开了数英里才把它们甩在身后,在松了一口气之后,发现草原地貌重新出现。矮草草原应该是我们这一趟旅行中见过的最荒凉的景色。我们一路朝西北开去,远离了中心地带。夕阳西下,我们朝西边看都晃得睁不开眼,眼前的一切被夕阳的金棕色所笼罩。这里的环境特别干燥脆弱,正从一整天炙热的阳光中逐渐恢复。当我们路过时,不时出现的荒凉耸立的山峦打破了背景，用一副幽暗的面孔瞪着我们。草地上挥发的热气透过开着的车窗一阵阵涌上来。

不一会儿，天空呈现出一片深蓝色，我们听到了挡风玻璃上雨滴重重地砸下来的声音。我把手伸出去，却感受不到什么。突然间，雨变大了，发出吧嗒吧嗒的声音，听上去像慵懒的夏天会下的那种雨，但朝前一看，挡风玻璃上满是黄色的点和斑纹，小的棕色肢体和薄如纸般的虫翼到处都是。下雨下得虫子都掉下来了。埃兹开了雨刷器，雨刷器在将虫子尸体在干燥的挡风玻璃上从一边清到另一边时，发出嘎吱的声音。雨越下越大。我们把窗户关上，因为虫子已经都掉到后座上了。声音越来越响，像冰雹一样。埃兹将雨刷器调高了一挡，它们带着不耐烦的节奏刷来刷去，将每一轮虫子的袭击分隔开。一大堆虫子尸体在我这边的挡风玻璃上越来越多。每一刷都带来新的一堆尸体，而太阳这时也跟凑热闹似的，照着这些聚集的黄色斑点，见证了我们的杀戮行为。埃兹按下了洗刷器的钮。

在我们离开了山顶，开到下一个山谷的时候，那一团虫终于消失了。清洗器把虫子的痕迹都洗刷掉了，使我们看到了从未见过的壮丽风景：一大片深金色的草地，广袤无垠，在山坡上一片片地聚集，就好像由黄色滚轮组成的海洋正迎面而来。上方的天空就像小孩画得一样：大片的蓝色，占据了整个画面的一半还要多。夹在天与地之间的是落基山脉的灵魂，在地平线之上，它在草原的远方不断延伸，是以绵长、锯齿状的线条呈现的灰色山峰。

我们到了落基山前沿。这个名字起得很贴切。再往南一点，是大平原和落基山交会处，这相遇既神奇又令人兴奋。在蒙大拿州北部，这两处地形像是势不两立，而在这里交会了。从这一直向北到加拿大的艾伯塔北部，长达 500 多英里。在其中有些地段，草原的面积要比落基山脉大，不过这些地方的山脉都格外雄伟，而大平原在后方以不断连绵来回应。

毫无疑问，平原上最艰苦的区域是像毛毡一样的荒野：夏天干枯暴晒，冬天酷寒，常年刮切努克风，暴露在对着群山的高海拔的地方。这里完全是荒凉的。矮草草原每天都要经受生命的洗礼，那的草比任何时候都要更粗短、更油亮、更枯黄。它们都低垂着头，好像灵魂受到了挫败一般。

当初来乍到的欧洲人将这里叫作黑足的时候，这里对于印第安人来说还是家园。这里并不只有一个部落，而是由说同一种语言的三个部落构成的：皮埃甘族、布拉族以及西克西卡族，最后这个族的名字在其部落语言中的意思是"穿黑色鹿皮鞋的人"。由于腹背受敌，黑足联盟十分注重对其领地的保护。这个黑足的名字，比其他更能对欧洲探险者起到震慑作用。到最后，并不是美国或加拿大的军队摧毁了这些部落的抵抗，而是北美野牛数量的锐减以及天花的暴发。

为了区分美国和加拿大的领地归属，政府官员运用这种不存在的文化边界将黑足领地一分为二。现如今黑足地区主要生活着蒙大拿州西北部的南皮埃甘族，以及加拿大的北皮埃甘族、布拉族以及黑足族。大部分是在加拿大境内。他们的美国领土上的飞地是在蒙大拿州的勃朗宁。当夕阳快从落基山前沿落下时，这个城镇出现在眼前。当我们离近的时候，灯刚刚点亮。勃朗宁这个地方就像是从盒子里一下丢到大草原上的一样。在这片荒地上到处都是不堪重负的木质结构建筑。我们还不着急开到市中心去。

我们开到一家加油站，那里原来还是当地的超市、青少年出入的场所以及流浪狗出没的地方。我从车里下来，差点被两只正在交配的狗绊倒，雌的那只让其同伴绕着转圈，让它白费力气。在室内，十几个青少年留着长又亮的黑发，穿着背心、篮球短裤，训练员在走道边来回走动，都各自沉默。我弯下身子拿了几袋零食，付了钱，就出去了。我们本想再多开一段，但很快发现在一栋带凉台的小房子旁边的小山丘上有锥形帐篷的剪影。在路上的大门口的牌子上写着"罗奇波尔画廊"，所以我突然转向，和埃兹解释说我们可能会在天黑前找到顶新的帐篷。

我们把车停在车道的最高处。在我们面前的山顶上有一顶精妙的锥形帐篷。帆布主体涂满了日光黄。顶上的排烟盖的颜色是天蓝，然后有大的黄色圆点的图案。底部是另一种蓝色，有黄色圆点。在一半的位置有一条窄窄的蓝色横条，在那之上站着一排长得一样的黑鸟，它们的头低垂，好像在祈祷一样。这是我们见到过的第一顶完全彩色的锥形帐篷。在乌鸦盛典上，几乎所有的帐篷都是白色的。有一些顶部有红色或蓝色的带子，还有奇特的图标，但没有一顶像这个画了这么多色彩。对于这顶帐篷而言，绘画不只是具有代表性的，而是令人愉悦的，这种愉悦感表达得很强烈，就像是在陈述某些东西。

我很快研究了下这顶帐篷的结构。就像之前肯尼说过的，如果真的是黑足部落的话，其帐篷应该是四孔的。你猜怎么着：排烟孔穿过空洞，由一个交叉棒固定住，就和克劳族的一样。和之前见过的其他帐篷比起来，这顶排烟盖看起来比较粗短：由于很短，使得下檐和门口之间的距离增大了，这就需要一大堆卡钉来把两边连起来。

我走到附近，表示我们的到访。主人从里边应了声，欢迎我们来参观他的画廊。这些画挂满了整个屋子，有草原生活以及各种手工艺品。屋子的主人叫戴劳，是一个艺术家，当我们参观的时候他很快又回去在画架上画起画来。在浏览了一番之后，我不禁问起关于黑足的帐篷是不是都会绘制图案这个问题。

他一边在帆布上涂着，一边回答说："不总是，不过我们确实比别人更爱画，而且我们的绘制方式也很独特。"

我问他黑足的帐篷和克劳族的有什么不同。

他盯着屋顶，说道："我们不会管屋子前边出来的那些系的结。"

对我而言，这个差异很细微，所以我想再进一步问，但我意识到他一直专注于自己的工作。我又转了一圈，然后问起帐篷上面的鸟。

"那些是乌鸦，"接着他很得意地说，"这是180顶属于黑足联盟的医疗帐篷之一。"

毫无疑问，我会问："什么是医疗帐篷？"这时，戴劳一下跳起来，跑到装满了颜料桶和刷子的里屋。回来的时候他手上多了本书，名叫《印第安人的锥形帐篷》，是由雷金纳德和格雷迪丝·劳宾在1957年写的。他把书放到我手上，直接看着我，和颜悦色地说："这本书里有你要的所有答案。"然后就又继续画他的画了。一个小时之后，当帐篷里开始用LED灯照明时，我发现戴劳说得一点都没错。

"有色眼镜"背后的观念

我问："谁来开车？"

埃兹说："我无所谓，你想开就开。"

"我不，你为什么不开？今天这条路肯定特别赞。"

"那么赞的话，你为什么不开？"

"好吧，那我开过去，你开回来。"

他说好，过了一会儿，他又问："那到底谁来开？"

我该解释下我的有色眼镜是怎么形成的了。正如我之前提到的，这些眼镜是由不同学术领域的一群思想家所造成的，他们虽然各执己见，在一点上他们是一致的：如果文化是进化的，肯定是被某些东西推动的，不然的话生命体是不会有变化的，更不会展开什么生命的进程。

在接受了汉密尔顿和威廉姆斯关于基因的观点之后，这些思想家才进而得出了结论，所以在描述有色眼镜是如何构造这个问题时，我必须要首先提到：

还记得在南达科他州时，我说过，为了骗过死神，生命体发明了基因，这样关于如何构造有机体的说明将会传递到下一代。基因的视角并不认同，而认为是基因创造了生命，这样它们才能骗过死神。

它们为什么需要创造生命呢？基因是有复制属性的，它们的构造方式使其可以自我复制。理论上讲，一个复制的基因可以无限地自我复制，只要其有合适的材料和适当的环境。基因打造生命体（从简单的原核生物开始[*]）从而能提供这两项需求。不过这种构建生命体的坏处是自然选择将会来检验生命体。如果建得不够好，比如不能存活或者复制，它就会在基因构建的过程中被消灭。因此，自然地，偶然或自发地，存活下来的都是可以成功构建最多生命体的基因。

那我们说"成功的基因"究竟是什么意思呢？基因视角说的就是这个，认为自然选择是不能直接与复制基因打交道的。它们能"接触"的是复制基因的效果，是基因在制造生命体的过程中所起的作用。在基因视角中，这些特点又被称为交互因子，因为是通过它们与自然选择进行作用的。

因此，在所有生命的核心中，在复制因子和交互因子之间都达成

---

[*] 实际上，我们不知道它们最开始是什么，即使是最简单的原核生物也是跳过了什么都没有的阶段。可能是一些更简单的，比如病毒，然后不断地发展，直到被最简单的原核生物所取代，但这个阶段仍然是肆意发展的。

了共识。复制因子偶然/自发地制造交互因子，帮助它们传递给下一代，从而变得更普遍。那些做不到的，就什么都不会发生。故事到此结束。而那些只有交互因子组成的生命体也不能成功。它们也没什么希望。因此之前提到的"成功"的含义是"从基因的角度来看"的。如果说生命体必须要奉献自身来将其体内的复制因子效益最大化，那就会发生以下的状况。蜜蜂在蜇人之后就死了。三文鱼在产卵之后就死了。灌丛鸦为了帮其祖辈抚育后代而独身，裸鼹鼠为其女王奉献而不育。生命全都变成了奉献，个体付出一切为了能回馈复制因子的付出。这么说，好像基因是"自私的"，但当然并不是，它们并没有感情，它们只是分子罢了。只是由于生命体之间的平衡让人有这种感觉罢了。

基因也不是任由发展的，它们也受制其中。由于世界上的资源是有限的，而且越来越难以获得，基因被困在一种军备竞赛般的不同生命体之间的较量中。每个生命体所创造出的一定要比上一个更好，进而可以和物种的其他，以及更广大世界中的其他物种竞争。所以这是一种无休止地对优化的追逐。正是这一点不断推动着生命的进程。生物圈中的生命呈现出的样子正是复制因子所决定的。

想到这，关于我的有色眼镜的问题也有了新思路。他们认为由于文化进化与生物进化如此相似，所以文化进化一定也是被类似的这种基本的复制-互动关系所驱动的。但由于他们知道这种关系中的复制因子不会是基因，正如我在第 1 章所提到的，我们以文化的名义所做的许多事情要么对于基因毫无益处，要么某种程度上反而造成了阻碍。所以如果文化不是基因驱动的话，那是什么在驱动文化进化的呢？1976 年，基因视角的主要倡导者，理查德·道金斯认为唯一能接受的说法是文化一定有其自身、新的复制因子。一种自成一脉的个体。这种个体的复制不是借助于我们的细胞，而是我们的思想。这种实体将其片段传播至未来的方式是通过构建成功的思想，从而在不同的头脑之间传递。他将这种新的复制因子称为"文化基因"。

我母亲教给我系鞋带的这些方法就被称为文化基因。每当我学着系鞋带时无线下载并储存在记忆里的每一条编程都是其中之一。一旦在我的记忆里留存，这些文化基因会制造出它们的互动因子，不同的心理行为会有不同种系鞋带的方式，从而共同构建了这个系鞋带的方法。根据"文化基因理论"，这些复制因子之间会产生竞争，从而确保在集体的人类资料库中的位置，进而推动着文化不断进化。

让我给你举个例子。在我家，有两种系鞋带的方法争执不休。我的方法是带蝴蝶结的，这种在南英格兰很普遍，而和我女儿米娅的方法有些出入，她的系法是荷兰式的。当米娅四岁的时候，她最好的朋友是个荷兰小女孩。一天下午，米娅朋友的妈妈教她们如何系鞋带。她系鞋带的方法是先弄两个圈，再系在一起，没有"绕这个动作"，这在我看来有点笨笨的，但我女儿更喜欢这样，而这种系法也欣然成了系鞋带中外来物种的主要方法。

我的英式系鞋带法和我女儿的差别可能只有一些文化基因和互动因子上的不同，只是一些手法——绕几个圈之类的，但这种差别形成了关于系鞋带的两个不同物种，它们在我家人的集体记忆里为了有限的生存环境而不断地竞争。我知道米娅的方法，因此这种文化基因在我的记忆里，但我只会用我一直系鞋带的方法。对我而言，那种荷兰式系法是不能发展的，就算提到，我也不会去帮着传播这种方法。为什么我会更喜欢自己的系法呢？这是个好问题，在这趟旅行结束前我会给出答案，现在只能说，文化进化导致了文化基因之间的争斗。只有那些一致建立起最成功的方法的文化基因会流传，还要再说明下，"成功"这个词的意思是"从复制因子的角度而言"。文化进化和生物进化一样受到了复制因子自私属性的沾染,文化中的生命体,那些点子、方法本身,会有些随之被牺牲掉。

那我们这些文化基因的宿主又是怎样的呢?如果文化基因会牺牲掉自身的生命,那它们会如何对待我们呢?对我们来说,和这种文化基因最相关的是如何适应文化,我们很有可能成为不止一个,而是两个这种"自私的家伙"的宿主。我们会发现,这就不难说明一切了。

印第安人的帐篷

> 科曼奇族用的是四杆搭建帐篷,而看上去像三杆的……
> 阿希尼博的帐篷杆旋转的方式与苏族和夏延族的相反……
> 所有使用四杆的民族都使用排烟孔,除了科曼奇族和肖松尼族用排烟袋……
> 克劳族的系绳方式很特殊……
> 克里族和其他三杆的比起来排烟袋的样式不同
> 基奥瓦族——每四个锥形帐篷会画上图案……

由于光线的作用,国家冰川公园的破败感笼罩着我,整座公园像是藏在松树和白杨树林中般神秘,一头黑熊在我身后湖边的某个地方来回走动,我一会儿从《印第安人的锥形帐篷》摘抄点笔记,一会儿点开笔记本上的链接,咬一口甜甜圈的边儿,再喝一口热咖啡。简直是天堂般的享受。帐篷起源的线索就在这本书中以及网页上,我感觉就像在看一本侦探小说,而现在就在结尾前的一百页左右的位置。

当我翻着我的新书时,信息量巨大的各式插图跃然纸上:排烟物的图案、部落结绳的系法、隐形图案、门口以及医药包等，这些都被标注着，就像是 19 世纪自然学者的速写本一样。在这些插图中，更珍贵的是模糊的、黑白的，20 世纪 40 年代末期、50 年代早期的一些遗迹。在画框的边缘是神秘的牛仔们以及他们的手和鞋，他们戴着宽檐帽，脸隐藏在阴影中，展示着如何搭建三杆的帐篷，如何制作生皮革，如何自制地灶。而后我发现，就在这本书的中间，藏着一批彩色照片。这些图看起来很柔和、低对比度，而且有些灰暗，它们展示了帐篷内部，那些过于严苛、过于热衷，甚至有点不真实的细节：两个人正在竭尽全力地融入不属于他们的文化之中。在一幅图的中间位置，正好也是书的中部，是一对相爱的情侣：雷金纳德和格雷迪丝·劳宾。他们正坐在一顶典型的苏族帐篷中，雷金纳德靠着真正的苏族靠背坐着，而格雷迪丝正倚着雷金纳德。他俩都穿着典型的苏族自然染色的衣服，戴着珠宝、饰头巾以及面部彩绘，假装他们是草原印第安人，有点做作地盯着镜头的左边方向，他们的眼半闭着，装出一副平静祥和的样子，就像拉斐尔笔下的主人公那样。

60 多年以前，他俩可是大忙人，这对美国白人夫妇试图要重组流失已久的草原印第安人的"传统方式"。即使在 20 世纪 50 年代，在部落人已经离开草原，到了新的聚居地以后，草原印第安文化仍然岌岌可危，这种文化传承，遗失，不被使用，只存在一些人的记忆中，还带有不被察觉的变化。劳宾夫妇在书中无数次解释的他们在不同部落中收集到的关于如何制作并搭建不同的锥形帐篷的信息并不完全可信。这些错误和不一致恰巧说明了年轻的以及通常是年老的印第安人已经多少忘记了他们搭帐篷的那些日子。劳宾夫妇要做的是不断地整理提炼，在经过数年对文化基因的获取和收集后，他们开始动笔写作，将这些正在消逝的思想、方法留于纸上。如果没有劳宾夫妇，美国的集体记忆库将会丢失很大一部分传统。

吃过甜甜圈后，我开始消化这些剩下的想法。我从它们的存在入手，而不是文化基因本身，也就是说我不能告诉你克劳人是如何系"特别的绳结的"，但我知道它是存在的，而这种系法很特别，如果有记录这方面信息的书，我会试图学习下。现在我想的是，《印第安人的锥形帐篷》本身就是文化基因。制造不同有色眼镜视角的人，一直在争论，书里、录音带、光盘甚至是风化的石碑上是否有文化基因。在我看来，它们没有。我认为文化基因不像结构单元那样有功能性。当不存在于人的头脑里时，它们就不存在了，而它们存在的地方，只是一些无趣的、干巴巴的信息而已。基因也是如此。当在细胞里时，它们有效运作。它们和酶一起发生作用。它们时而工作，时而休息。它们在细胞的水分中制造蛋白质，从而得以存在。一旦离开细胞，它们就不存在了，你带走的只有 DNA，那些带有丰富信息量的尘埃将会变得沉滞直到被带回到另外的细胞中，这个过程就像把海猴子扔回水族馆一样，基因重新被赋予了生命。我猜文化基因也是如此。《印第安人的锥形帐篷》这本书并不是所谓的"文化基因"。它需要一个对知识渴求的头脑来变成文化基因。除非这本书被打开并阅读，它不过是一些信息尘埃：没有生气，处于静止状态。

60 多年以前，当雷金纳德在写《印第安人的锥形帐篷》这本书时，克劳人关于系绳的特殊方法以及传统的生活碎片，这些文化基因在他的脑海中都十分鲜活。他将这些找出来，追溯了起源，并经过了提炼和总结。他致力于收集、检验并找到方法将这些记忆尽可能地传递给更多人。他和格雷迪丝在怀俄明的家中教授搭建帐篷的课程，还参加印第安人的庆典来教印第安人他们自己古老的舞蹈，就和以前的一模一样。他们为了把帐篷放在车顶上，还专门弄了装置，然后周游全美，向策展人、历史学者、全国博览会等人和组织机构进行展示，这样一次次地搭起帐篷，再拆掉，从而让其他人也就记住了这些传统的文化基因。这仍然不足以满足他们想要传承这种宝贵思想的热情。20世纪50年代，他们着手开始写一本书。在书里，他们决定将实际无法体现的思想留存下来：那些在偏僻地方的思想，还未被实现的思想，等等。在写书的过程中，雷金纳德决定要写下克劳人如何系结的特殊方法。那他应该怎么做呢？这是个精神上的东西，很难像妈妈教孩子系鞋带那样传承下去。理想情况是，通过展示的方式。那时候视频设备已经普及，他当然可以这么做，不过他又不是要拍电影，他是要写书的。所以他决定三管齐下。首先，他很细致地画了一个系绳的图案。为了能更清晰地说明，他将绕着杆系绳的地方夸张地进行了展示。其次，他写满了各种标签和注释，用各种箭头、字母等，还附有描述，进行各种说明，等等。再次，他写了一篇很长的文字说明，还对书的主要段落进行了补充。这么做是因为他觉得如果不能将提到的这些思想传给未来读这本书的人，那他的一切努力就白费了。不仅如此，他的直觉告诉他，如果他不能准确地传达，他是在给克劳族等印第安文化帮倒忙，这样的话，还不如什么都不做。

为什么雷金纳德对精确地传递思想这件事这么在意呢？为什么他要自找麻烦？他到底为什么要写《印第安人的锥形帐篷》这本书呢？通过文化基因这个有色眼镜，答案是显而易见的。对于这对花了毕生心血投入对传统思想的保护和传播的夫妇来说，真正获益的是那些构成了思想的文化基因。正如三文鱼和蜜蜂都为了传承它们的基因而奉献了自己的生命，雷金纳德和格雷迪丝·劳宾也为了文化基因的传承而奉献了终身，而不是为了他们自己生物基因的传承：劳宾夫妇一直都没有孩子。这并不能得出什么结论，我不知道他们为什么不要孩子，这也不关我的事情，不过他们两个有这么强的意愿来收集并传播他们如此看重的思想，并因此放弃生孩子来专注于他们的这项工作，也不是难以理解的事。除非你将文化基因与进化联系起来，不然这种无法想象的情景真的是难以理解。没有一种由基因组成的生物会敢于选择"双倍收入，不要孩子"的丁克家庭，除非他们致力于与其发展相关的事业作为另一种复制因子。这种复制因子的改变需要经过精心编排，没有一种生物的设计会完全拒绝其自身的基因，如果那样的话，生物在地球上只会存活一代，不会有什么未来可言。如果第二个复制因子可以引领本来兴趣在个人生存与繁衍的复制因子，将自身基因的存活和复制退而求其次，那么这个生物从此就会变得不懈地奋斗。虽然这可能会需要许多原型，但这会是这种独特的双复制因子进化模式的终极目标。

所以说……我现在读着《印第安人的锥形帐篷》，沐浴在阳光中，吃着甜甜圈，喝着咖啡，不时记着笔记——这个终极的文化基因的载体，并身处在这个终极文化基因的天堂之中。为什么我要做这些事呢？我吃甜甜圈是因为我的身体需要摄入高卡路里的食物。我喝咖啡是因为我的大脑神经需要咖啡因的刺激。埃兹在露营地门口的车里坐着，一直按喇叭，看得出他想开回到公路上。而我一直在吃甜甜圈，一直在喝咖啡，因为我一直在想关于思想、想法的这些事，这几乎占据了我的所有精力和时间。

为什么雷金纳德和格雷迪丝会写《印第安人的锥形帐篷》这本书呢？雷金纳德、格雷迪丝和我都知道答案——因为像我一样的人会读它啊。

这些锥形帐篷的起源

我们沿着冰川国家公园美丽的一侧一路向北，朝加拿大的边境开去。在消化了《印第安人的锥形帐篷》一书以及所有的想法后，握着方向盘开车的埃兹成了我的忠实听众……

我：埃兹，你说我们刚觉得草原印第安人历史悠久，但结果不是。我知道苏族人是最近才到草原的，而当齐佩瓦族到了之后，发生了多米诺骨牌效应，看了劳宾的书，我现在知道了，几乎所有的部落都已经出现在草原上，当19世纪早期欧洲人来了之后，他们是相对后来的，而他们就直接拾起了这些"旧传统"。

埃兹：多米诺？

我：对，比如说，苏族人在19世纪早期取代了从黑山来的夏延族，而夏延族本身也只是一个世纪之前来到草原的，来自东部同一片林地。当他们被苏族人取代后，他们从基奥瓦人那里又夺回了黑山。

埃兹：基奥瓦人？

我：是的，基奥瓦人可能就像草原印第安人一样安定地住在草原遥远的南部，当美国人到达那里时，只过了几十年，他们就从蒙大拿西部，从南方完成了长达一个世纪的迁移。他们从另一边过来，从西部穿过落基山脉，捕猎北美野牛，并像其他人那样搭建帐篷，由于没有空闲的地方，他们挪到了南部和东部，直到他们最后和在草原南方的科曼奇族生活在一起。

埃兹：科曼奇族？

我：是啊，基奥瓦人找不到空地的原因是一个世纪以前，大约17世纪，克里族、阿希尼博族以及阿拉巴霍族分别来到北方这片草原上。

埃兹：阿拉巴霍族？

我：对，但他们刚到这，就分化了。其中一支成了克劳斯凡特，一直发展到了加拿大边境，另一支，"阿拉巴霍"本族向西南穿越了800英里来到科罗拉多，他们不久在那和刚到不久的夏延族融合，接替了科曼奇族。

埃兹：科曼奇族？（他停顿了下）哦，我好像问过这个。

我：他们也是移到草原来的。他们在17世纪从怀俄明最西边以闪电般的速度来到这，就倚着山，统领着南方的区域。

埃兹：所以我们现在说到什么年代了？

我：17世纪早期。

埃兹：就这些？

我：那些一个个像多米诺出现的部落就这些，由于欧洲殖民者在这之前对他们没有太多了解。不过，部落仍在不断地迁移中。奈夫河的三支部落——希多特萨人、曼丹人以及阿里卡拉人，他们是五六千年前到了草原的东部边缘。过了不久，克劳族从希多特萨族分离出来，搬到了蒙大拿州，成为真正使用锥形帐篷的人。

埃兹：那黑足族呢？

我：我刚要说。在我们所有知道的部落中，黑足族是唯一在草原上有500多年居住历史的部落。因此他们也被称为"草原之王"。黑足族最开始定居在东边，当克里人来了之后，他们就被推到了山脚下，但在这之前他们一直是草原上的居民。

埃兹：所以是黑足人发明了锥形帐篷？

我：这个地方的历史很粗略也比较复杂。但我确定的是四杆的设计是先出现的。所有这些最早到达的草原部落：黑足族、克劳族，还有我没提到的萨西族，他们差不多和克劳族同时加入了北部的黑足族，还有南方的科曼奇族。他们用四杆的帐篷。要么四杆的帐篷先出现，要么出于某种原因四杆的取代了三杆的帐篷，我无法想象是什么原因，毕竟劳宾在书里不止一次提到三杆的帐篷是更好的设计。正如肯尼，那个尤特人曾说，三杆的更容易搭建，也更稳固。劳宾认为东部那些生活在多风开阔草原上的部落是出于这个原因选择了三杆帐篷。所以我觉得三杆是从四杆进化而来的，而不是相反。

埃兹：所以是谁发明了三杆帐篷呢？

我：我觉得是曼丹人，是因为：还有一个我之前没提到的使用四杆帐篷的部落——肖松尼族。他们以前是草原部落。他们以前一直和远处的黑足部落共同生活在草原上，直到17世纪，他们离开了草原，向西搬到了山上，来到了大盆地，可能有其他部落从东部又到了这里。现在来看，肖松尼的四杆帐篷有点奇怪。首先，它有排烟袋，我猜是他们发明的。其次，前排两根主要的支撑杆在门的两侧，一根五点半方向，一根六点半方向。位置很接近，以至于看上去像是三杆的。劳宾夫妇第一次看到肖松尼的帐篷时，还以为是三杆的锥形帐篷。

从肖松尼的设计说起，"发明"（我加了引号）三杆帐篷就是要在搭建时把前边的两根省去一根，这可能是偶然或者有目的性的，但我觉得这直到17世纪早期才发生。那时科曼奇作为肖松尼的一个分支，从南方移过来，他们还带来了同样奇特的四杆帐篷设计，所以三杆帐篷的设计是在这之后。而在这之后，草原上每个采用三杆设计的帐篷都有排烟袋。如果你问我是谁发明了三杆帐篷，我觉得是曼丹族。他们是最早使用三杆帐篷的部落。我们知道他们曾和肖松尼族有过交集，因为他们偷了其部落的那个叫萨卡加维亚的女人，那个曾经从曼丹的村子和刘易斯、克拉克出走的人。她其实是从肖松尼部落偷来的。那会不会是他们从肖松尼那里得到了搭帐篷的方法，然后进行了调整，无论是巧合或者有目的的，可能是因为他们在东部草原，所以需要一个更稳固的帐篷，进而更好地捕猎北美野牛？由于曼丹族和很多人都有贸易往来，三杆的设计更容易从他们那传授给其他新来的部落。

有意思的是，即使三杆帐篷的设计不到400年，每个新到的部落建出来的帐篷都有点不一样。每个部落都各自独立，如何搭建帐篷的方法就这样一点点分化，即使时间很短，排烟盖的形状以及排烟袋都有所不同，阿希尼博的帐篷却经历了奇特的突变：他们从相反方向堆积顶柱，但没有一根搭错。他们都是不同的物种，我怀疑这种随意的文化基因的转变，是因为那些部落的人喜欢这样。每个人都希望自己是独特的。

埃兹：所以你明白了？

我：没，我还没找到帐篷的起源，我只是找到了关于这些帐篷起源的一种理论。

我向埃兹展示了我在笔记本电脑上画的帐篷树形图。因为在开车，所以没法看。但他一直都同意地点着头。

他说："可我不明白，为什么他们这么晚才到草原上来。我知道是欧洲人来了之后，让他们走的，但那之前除了黑足和肖松尼族之外，草原上就没有别的部落了吗？为什么在17世纪以前草原上没有更多捕猎北美野牛的部落？"

欧洲人来了之后，主要有两方面原因促使部落到草原上定居：一来给从东部来到草原的部落造成了多米诺效应，二来也恰好帮当地居民学会了猎杀北美野牛的一项新技术——家养马匹。家马使得草原印第安人的生活更有成效，也没那么艰苦了。在驯养家马之前，草原上的部落捕猎大面积的北美野牛的能力是十分有限的。他们的移动能力也被严重限制了：他们不能像养马之后那样追逐牛群。在养马之前，在草原上移动帐篷的办法要么自己拽，要么拴在狗身上。草原印第安人管那段日子叫"倒霉的狗日子"。这种表述代表了一种艰难困苦的生活，一种你无法选择的生活。很少有人可以选。黑足族和肖松尼族可能是那段时间一直居住在草原上的部落，他们生活的密集程度要比后来松散很多。

从17世纪左右开始，驯养的家马被南方来的西班牙人抢走，由阿帕切族和肖松尼族驯养，最终通过贸易和偷窃，在草原上各处散布开。这些家马拯救了那些外来的流浪部落，给它们在最不可能的大草原一个可以繁荣的手段。没人知道那些北美野牛群花了多长时间抵抗这种新的捕猎技术。到最后，火车的出现中止了这些。

埃兹：所以，现在呢？

我：我们穿过边境，到加拿大了。在那还能看到那些"倒霉的狗日子"留下的痕迹。

第五部分

疑问解决

第 14 章

过去

嗅觉大脑的开端

"你可别睡着"……复折屋顶……山艾树……"乔尔,不是你的错"……"看看窗外,我看见了啥"……长相奇怪的围栏,从没见过这种样子的……"我知道,埃兹"……咖啡的味道……家里现在是几点?……"不,听我说,这不是你的错"……18 转的齿轮。麦克斯?……我需要一点点……"别和我捣乱,埃兹,不是你,不是你,埃兹"……痒,呼吸,眨眼……"加拿大,8千米……""……有个人问我们来这干什么"……慢点!……踩刹车……"叉角羚"……"在哪?"

在我脑子里,闪回着我的生活,出现了新的记忆,被整个世界充满了感官,令人窒息,心跳以及目不暇接,沉浸在埃兹的幽默感里,看着前方的路,听着鲍伊的歌,当我们以每小时 70 英里穿行时,最复杂的大脑计算着我们的定位。没有哪种动物像这样。人的大脑中储存了一千亿个脑细胞以及一百万亿个脑细胞连接。这是个奇迹,我非常幸运拥有它。问题是为什么我会有这么一个大脑呢?

如果你记得的话，这是一号迷思，"对过去的迷思"：我们人类为什么要进化一个我们看起来不需要的东西呢？如果我们的目标是基因的存活和复制，从表面来看，只需要设计上的一些调整就可以实现，却经历了从约 400 万年前至 20 万年前的翻天覆地的变化。这些年了不起的"进步"中我们的基因经受了什么样的压力呢？为什么我们的大脑进化在 20 万年前戛然而止了呢？

主流科学并不知道这些问题的答案。只有一部分解释来自叫作进化心理学的一批想法比较深邃的思想家。这些人花了二十多年的时间将基因视角理论的成果用来研究人类行为。他们发现了我们一系列行为中的自私基因，从通奸到虐待儿童到痛苦的办公室政治到谎言与欺骗。确实读起来都不是很愉快的事，这总让我们觉得人类就是穿着牛仔裤的猿人。而进化心理学家告诉我们其实比这还糟：我们只不过是穿着牛仔裤的基因而已。而这一点使得大众开始怀疑起来。

我们说，我们像猿人那一面确实抵挡不住甜甜圈和咖啡，我们的基因决定了我们对继子的冷漠，从基因视角来看，如果一个女的在带着婚外"私生子"的情况下，嫁给一个忠诚却有点软弱的丈夫也是合情合理的。那么你怎么解释，我们并不是全天候吞食着甜甜圈和咖啡，虐待继子的情况很少，以及那么多女性最终还是陷入和自私的傻子的感情，并无疾而终？在大多数情况下，在我们大多数生命中，基因视角并不奏效！不同于地球上的其他物种，自然选择的其他产物，基因适合度并不是我们生命中的主要推动力。那么，是什么呢？

这时就用到了文化基因的视角。透过这些有色眼镜，为什么埃兹和我那么独特而又与众不同的原因很简单：我们是进化的产物，是生命所经历的最了不起的进程，是由两种复制因子驱动的。基因在一定程度上还是起到了作用的，这也是进化心理学家可以解释我们行为的原因，不过这些年来，主宰人类秀这档节目，并完全乐在其中的，是文化基因。

为什么基因放弃了它的权力？而文化基因又是如何接替，并且发挥作用的呢？这便是解开我们关于过去迷思的答案，而这要从恐龙时代讲起。

哺乳动物大约在2000万年前进化而成，那时候是恐龙统治地球的时代。它们过得很艰辛。这种恐龙主宰的统治决定了如果我们祖先的基因要生存并且再生的话，就需要面临彻底的新设计。他们确实这样做了。他们创造了奇迹：他们很偶然地发现了，即使在侏罗纪时代，仍有半个地球并不受到恐龙的威胁，半个地球一直都远离阳光的照射。恐龙并不在夜间出没，因此我们的祖先在这个时候出来。

但夜间活动需要做一些调整。为了找到出路，早期的哺乳动物将主要精力放在了嗅觉上，从而带来了改变。嗅觉不同于其他感官。像视觉、听觉和触觉，只和一种或两种感觉受体细胞发生作用。这些细胞一直处于休眠状态，直到它们所敏感的能量形式，包括光能或者力能等，传导到它们特定的位置。这时它们会传递神经冲动到大脑，大脑会用每个感官的相对位置来建立"内部模拟"，一种对真实世界的图像、声音或感受的复制。比如，当我的手指碰到克莱斯勒的塑料门把手时，我"感觉"到了坚韧的塑料感，由于我大脑的触觉中心在我的指尖建立起"点到点"发射受体的地形图，这使我觉得自己好像感受到了坚韧的塑料感。影像和声音也都类似。

不过嗅觉是不同的。我们鼻孔上感受器的相对位置不是那么重要，是因为空气传播的味道并没有真实的"形态"，它们的存在要么不重要，要么并不在它们在鼻腔里停留的地方。另外，我们的鼻腔里并不只有一两种不同的接收器，而是上百个，每个形状各异，这样我们就能捕捉到上百种空气中传播的各种形态的味道。当有味道飘进我们鼻腔里时，接收器会接收信号，这时传递出"它在这"的信息，并快速传到脑中的嗅皮层。但光有冲动并不够。每种你能辨识的气味都像是空气味道混合而成的鸡尾酒，比如，当我感到我好像闻到了我刚买的咖啡的味道时，虽然还盖着盖子，我正在做的是用我鼻子中不同的接收器探测空气中不同的味道。这些接收器像接力一样将独立的信号传到我脑中的嗅皮质，而这正是展现魔力的时刻。

嗅皮质和点到点的其他感觉构造比起来，简直是一团糟。不过它也不需要太整洁，毕竟嗅觉是没有实体的。所以它会飘散在各个方向，随意地撞来撞去。当很多"咖啡味"的信息各自到达嗅皮质后，它们分别传递给其他相邻细胞，然后传给其他，再传给其他，每个信息都触发了嗅皮质中各自的连锁反应。在某一刻，一转眼的工夫，在一片混乱中，我嗅皮质的中间会有一个细胞同时接收到了所有的成分信息。这一刻，我闻到了咖啡的味道。这个细胞是我闻到"咖啡味"的细胞，我感觉中特定的地方。

计算机科学家将这种电路般的构造叫"随机访问"，就像你计算机的记忆一样。嗅觉和这个信息时代十分契合。正因如此，它具有一些独特的属性：

1. 可以带来新的体验。如果你恰好赶上一种新味道，一种空气中许多味道的混合物，没问题，在你杂乱的嗅皮质中，会有一个细胞存在于神经触发的新组合的连接处，这个细胞会变成你新的嗅觉感知的活性部位。

2. 可以被经验所改进。一个感官的特定部位被激活得越多，与之出现连接的就越会被加强。这是学习的一种简单的形式。

3. 可以变得更大。"随机访问"的回路没有上限，乱子越大，它们会变得越有辨识度，也越有力。

因此我们的祖先偶然优先的"随机访问"的回路，除了嗅觉之外，还有各种用途。在最基本的阶段，它可以辨认神经元放电的模式，这些放电代表着什么并不重要。如果"随机访问"的回路延伸以至于可以收集二手的视觉、声音和感觉会怎样？如果连接到个人的记忆和情绪会怎样？如果"随机访问"的数量足够多，会出现只在你闻到咖啡，吃到甜甜圈，看到彩色的唱片、柜台后边年轻的服务生、绿色以及听到舒缓的南美音乐才会释放的神经细胞：你会有一个"星巴克细胞"，一些与记忆和情绪相连的东西、一些额外的感知、一些概念上的东西。

如果你能建立起概念化的星巴克，理论上，你也能建立起别的任何事物。只要有足够多的"随机访问"回路、足够多的连接，你就能观察到各种触发模式。你可以从电影《心灵捕手》中找到复折屋顶、叉角羚以及各种旋律和台词。你可以把整个世界变为"皮质层的代码"。你可以把任何两件事联系起来。你可以在脑海里构建一个宇宙的超级模型。你可以从和你相关的世界中找到一些有意义的事物。

哺乳动物就是这么做的。在它们变为夜行动物之后不久，突变的哺乳动物的大脑开始出现了嗅皮质的"随机访问"回路，并这么运行着。这种新的大脑皮质——一堆离散的无知觉的神经元——在哺乳动物的历史中进化得很早。它位于大脑的顶部，就像一张薄纸，它下方的所有零碎都在可触及的范围内。在哺乳动物早期，新大脑皮质是很小的，但经过一小段时间后，它像"随机访问"的回路那样变成三倍之多。随后，它呈指数倍地增长。新大脑皮质越大，哺乳动物可以在其最初感知的顶层构建更多的连接，而它的工作也就越抽象。不久，大多数哺乳动物的脑内活动都在新的大脑皮质中进行了。从而发展成像循环网络那样，只要几秒的时间，就能使神经冲动的连锁反应在新神经元中得以进行。这使得哺乳动物可以挖掘它们与生俱来的反应，并开始在行动前思考谋划——开始思考了。哺乳动物开始变得很聪明了。

突然之间，6500万年前，一些意想不到的事情发生了。恐龙灭绝了。出现了曙光。即使是胆小的夜行生物也敢于面对了。温顺（而聪明）的生物接管了地球。

穿越边境

在美国与加拿大之间的边境是有交通信号灯的。我们排在第三个，等着灯变绿。我们的旅行路线需要我们先从美国离境，然后穿越无人之地，再获得加拿大的批准。这三步的第一步看起来不太吉利。美国边境耸立着一栋新的建筑，快要把整条路挡住了。一群金属的附属建筑被高的围墙围住。随着我们缓缓向前移动，我们看到了在深色玻璃里年轻的、留着短发的海关工作人员。这时我才意识到我们的护照在后备厢里。这时候绿灯亮了。

几千年前，几百个人在西伯利亚的东北端在等一种不同意义上的绿灯，虽然他们并没意识到这一点。他们注定是来到新世界的第一批人类。他们的穿越过程同样经历了三个阶段：

第一步：离开西伯利亚。在地球表面温度下降很多之前，离开西伯利亚并不是一个选择。在那之后，山间的河结成了冰，极点的海洋也冻住了。这一发生，冰冷、灰暗的海水向部落东部流去，阻碍了它继续扩大，并切断了与巨大湿冷的白令陆桥的联系。白令陆桥的排水经历了好几代的时间，一旦足够干燥到适合植被生长，那些捕猎北美野牛的部落的人就不可避免地用上新的住处，因为他们要追随大片的北美野牛群，而那些北美野牛只知道吃眼前那些刚长出来的嫩草。捕猎者需要紧紧跟随北美野牛群。在白令陆桥，夜晚总是在冰点以下，风也是变幻莫测的，地面只有在炎热的夏天才会解冻。如果不是靠兽群的毛皮和粪便，猎人们根本无法存活。

第二步：在无人之地陷入困境。下一步就更严峻了。过了一百个世代之后，部落仍在白令陆桥安营扎寨，就在今天被称为阿拉斯加最西端海岸的峭壁边上。过去两个世纪以来，温度一直不经意地攀升，当到达一定程度时，他们仍然靠捕猎北美野牛群为生。两极和山脉间的冰都融化了，冰冷、灰暗的海水又一次将新旧世界分离。一开始没人注意到海水逐渐越过地平线朝西部涌向内陆，随着陆地被越来越汹涌的浪潮所包裹，部落的人认为他们要么待在白令陆桥的东部，要么回到西部原来的家园。最后，这并不是他们所能决定的。大多数北美野牛选择了东边，所以大多数部落留在了这儿，在部落的人发现之前，海水的北部和南部相连，北美野牛捕猎者和其他的人相分离。在他们北部、西部及南部，海水又再次翻涌。在他们东部，陆地慢慢上升，变成一英里厚的冰墙。他们停在冰和海之间，几千年以来各个方向都是红灯禁止通行的信号。

第三步：进入美国。终于，绿灯出现了：全球气温再次上升，阻碍了向西回去的路，并出现了一条向东的路。部落的人发现的第一件事就是和他们有关的地都被洪水淹没了，这次不是海水，而是淡水。北美野牛群离开了低地，向上、向东逃离了不断增长的海岸沼泽。部落除了追随它们别无选择，但其这么做时，面临着一个备受挑战的场景。那座传说中阻碍他们东去的路的冰山开始在阳光下滴水，在山脉中央，一条走廊从冰山中逐渐形成。风从东面在山脉间吹过，冰原上的这条通道的表面覆盖着新鲜的嫩草。北美野牛群不假思索地走了进去，部落的人也跟着进去了。他们沿着走廊跟着牛群走了1500英里，在两边的上方耸立着冰崖，直到它们融合成一片覆盖着金色草地的无尽的高平原。激动的北美野牛群来到这片应许之地，部落也随之而来。虽然作为猎人和猎物都不知道他们独占了一片不冻冰又无人的领地，面积达3000万平方千米。

穿越边界的这三个阶段的日期还存在着很大的争议。冰河学家、考古学家、人类遗传学家以及部落的后代除了日期以外，对美国是何时开始有人居住也没有达成共识。还有美国是如何初次得到美洲野牛的。当牛群和猎人们初次到达大平原时，在美洲大陆上生活着另一种野牛。一种叫作古风野牛的本土北美野牛，它们体型更大，吃草更慢，四肢也更重，这些进化的特征都用来对抗它的天敌剑齿虎猫。但这些特征并不适合对抗它们的新捕猎者，也就是人类。这些人在上千年以来都一直靠其为生。

在当时，美国唯一幸存的草原食草动物是……马！在过去的300万年中，以前的马好几次跳过白令海峡，随着冰川的出现和消融，在新旧世界中来回跳跃。那些在旧世界的马需要适应人类刚出现的捕猎技巧，因为就像人类文化遗传捕猎技巧一样，它们的生物遗传也遵循了几个步骤。然而，突然出现的捕猎技巧熟练的猎人们装备了"梭镖投射器"，还有投矛器，在北美的新世界出现了太多马匹，以至于分类学家难以应对，而它们作为人类食物却只用了几千年的时间。入侵的美洲野牛，以其体型小、繁殖快、走路快的特点，恰好在上万年的时间里从人类手中幸免于难，而在大陆上不断地蔓延，安享整片草原。而猎人们也一直不断地以捕猎它们为食。

在达科他州的时候，我向埃兹提过一个问题：哪种动物是真正的大草原动物，马还是野牛？答案可不像他想的那么容易。北美的马匹比我们知道的野牛出现的时间要早几百万年。野牛是在人类到达后才出现的。事实上，它们是我们来到大草原的原因所在。是它们带我们来的。

我们在年轻的海关工作人员旁边停下。他一脸严肃地说："护照。"我回答道："我想起来在后备厢里。"他说："在哪？"这时埃兹打开车门，从车里出来去取。突然间工作人员从我的窗边跳开，打开他的手枪皮套，做出动作，手抵在左轮手枪的末端。

他大声喊道："请回到车里！"他的另一名同事很快站到了另一个瞄准射击的位置，这样他们就将我们包围住了。

埃兹说："好的，抱歉。"

他们让我们退回来，在一定的安全距离内取我们的护照。我们一遍又一遍地道歉，承认了我们的愚蠢，像只有英国人能做到的那样贬低自己，直到他们听着也觉得难受了。

他们吐着口水，说："道歉下次可不管用了。"

20分钟之后，我们到达了加拿大边境。一个工作人员微笑着说："嗨，你们好，来干啥？"我们把计划告诉了他，他说我们这几天会过得很愉快，我们觉得他说的话应该没错。我们"开足马力"来到了一模一样的乡村，不过文化景观却完全不同了。现在的时速是 100 千米。到处都是可回收垃圾箱。地平线上散落着风力发电厂。谷仓的样式很奇怪：复折屋顶，不过底部很宽。房子和英式的差不多，墙面是灰色，嵌有鹅卵石，还有屋顶采光窗。路上的标识也不同，由于有很多优先通过的标识，我发现我一直在踩刹车。不过好在路上的加拿大人并不介意。即使我们的车是得克萨斯的牌照，他们也不在意。

思想的营养

拥有了扩大的"随机访问"回路之后，在恐龙时代后期接管了这个空白世界的哺乳动物像鸭子离不开水一样，哺乳动物也离不开树、沙漠、海岸、河流、草地。它们侵占了每一寸空间生态，有以深海乌贼为生的抹香鲸，还有以沙漠块茎为生的裸鼹鼠。它们的构造是进化出多体量的毛发、温血、奶水和胎盘，更重要的是有新的大脑皮质来准备迎接机会的出现。非常偶然的情况下，哺乳动物发现它们比地球上的任何东西在设计空间中要高一个数量级。

和我们最接近的一群灵长类动物填补了抱树者的位置。它们中的第一批大半生都的的确确挂在树上，而进化提升了它们在树上栖息的灵巧性。很快它们长出了对生拇指、长臂、长腿，以及长的用来平衡的尾巴、向前看的眼，以便于准确判断和相邻的树之间跳跃的距离。有了这些，这些抱树的动物很快就没有到陆地的必要了。它们需要的一切东西都在地面之上，因此它们一辈子都在半空中度过了。

最初那组抱树者以捕食昆虫为生。昆虫生活在森林中的各处，因此这些重量轻、突眼的灵长类动物不用太担心领地的问题。它们独自生活在满是爬虫的环境中，当需要生育的时候和它们中的另一种进行交配。随着时间的推进，灵长类动物扩大了它们的野心。它们敢吃树叶了。

吃树叶不像听上去那么简单。当森林里的树成熟时，会将毒素注入树叶里，你要么具备特定的抗毒素，然后坚持只吃你能消化的树叶或者找那些最年轻、最嫩的树叶，这对于甲虫而言没问题，但对于像灵长类那么大的动物而言却不是如此。现在领地变得重要了，因为你的竞争对手会跟在你之后找嫩叶来吃。这些吃嫩叶的灵长类动物需要团结起来。它们结成了很紧密的团体，开始防御最初的领地。群居，也叫"社会性"，是一种极其重要的策略，有存在的必然性。你需要认识群里的每个人。你需要和群里的人有效地沟通。当可能与其他群发生冲突时，你需要能够相互信任。食叶动物开始变得更好地应对这些。为了帮助识别，它们进化了嗅觉和视觉线索。它们发展出一套发声法——尖叫以及吱吱叫等声音——来标志敌人的靠近或其他灵长类动物的出现，或者当你只能看到不足六米的时候，向世界宣布"我还在这"。它们开始互相很仔细地梳毛，一开始是为了找寄生虫，后来慢慢变成了群居灵长类生物维系社会凝聚力的一种方式。

这种个体间的互动是需要脑力的，或者说得更具体一点，是需要新大脑皮质的。社交中的嗅觉、视觉、听觉和触觉只有在新大脑皮质捕捉到它们，并赋予它们联系、语境与意义时才发挥作用。自然选择推动着新大脑皮质不断扩大，这样它才能跟上社交网络不断扩大的需要。新大脑皮质越大，这个群体也就越大，它们的领地也就越大，领地越大，可食用的叶子也就越多，后代越多，这个群体就越大，推动新大脑皮质的动力也会更强。经过这个循环，灵长类动物的新大脑皮质激增，尤其当它们采取下一步，开始改为吃水果之后。

在一片常绿的森林里，总会有结果的树。需要做的是找到它们，然后确保不让对手抢到。为了达成这两点，你需要更大的社会群体，我们现在知道，这意味着更大的新大脑皮质。差不多在恐龙消失的 2000 万年后，我们的祖先意识到自己和其庞大、复杂的社会群体以及其同样庞大、复杂的新大脑皮质主导着这片热带雨林。它们可以在天热的时候闲坐在那吃水果，互相梳毛，玩耍来训练它们的大脑，它们在这个世界中一直是领地的王者。在这之后的某一时刻，它们学会了模仿。

模仿的艺术

这些高度社会化的头脑发达的灵长类动物空出手来可以学习他人的行为，并进行模仿，就像我看我妈妈如何系鞋带并效仿她一样。生物学家将其称为学技。别人可能称其为模仿。*正如我之前提到的，模仿需要强大的精神世界。分析他人的行为并不容易，你要辨别什么是起因，什么是多余的，然后身体力行地重复那些起因的行为动作。不过不难理解，为什么我们灵长类祖先的基因会支持如此耗费脑力的活动，模仿他人的有用的行为对灵长类动物是有好处的，对它们的基因也是。比如说，向他人学习如何使用木棍将白蚁从白蚁堆中弄出来，这种简便又可靠的补给给灵长类的饮食增添了重要的蛋白质。那种从来不缺营养的灵长类动物会变得更强壮、更灵敏，也更能抵御疾病。这样就可能有更多的后代，那些一开始使灵长类动物获得模仿技巧的基因随着时间将会在后代的基因池中变得更加普遍。优秀模仿者的基因对于它们的配偶的基因而言也同样重要，因为在它们后代的体内，它们配偶的基因将会和更具有模仿力的基因相融合。所以如何使它们

---

* 或者叫"鹦鹉学舌"？如果你问路人"鹦鹉学舌"和"模仿"的区别，他们会回答鹦鹉学舌是不假思索地模仿，而模仿是需要经过思考的。如果是这样，这和生物学家的观点也差不多。

的灵长类能吸引到最佳模仿者对于它们的基因而言也很关键。正如心理学家苏珊·布莱克莫尔首次在进化理论中提出的：模仿者首先变得成功，然后变得性感，听着很熟悉，是不是？这就是模仿这种脑内活动传播的过程。

假如我们的祖先也是如此，在我们祖先的手翻书的几页里，可以看到文化是如何发展并进一步壮大的。模仿的艺术使最初的精神行为——比如，如何用木棍——在群体中传递，互相产生影响。这种文化的能力优势如此明显，以至自然选择促进了那些带有模仿技术的基因发展。通过将模仿力与性吸引力相联系，自然选择促使灵长类动物大脑的后代持续发展进步。出现了"基因热"，大量的神经研究全部集中于构建越来越善于模仿的头脑上。这意味着大脑的构建不是预先安排好的，而是开放并且可以学习的。可塑的大脑可以一直在封闭的状态中不断构建，它们越来越少受到基因的影响了。

基于迫切想体验性感模仿者的成功滋味，我们祖先的基因偶然或自发地放弃了其对身体上最重要器官的结构和功能的控制。这件看上去无关紧要的事……形成了一种新的遗传系统：文化，这样一种全新的机制，使信息可以在没有基因作用的前提下在人与人之间进行传递。因此一瞬间出现了一片新的复制因子存在的空间。

戴着和我相同有色眼镜的人们认为，这种新的复制因子，也就是文化基因，在过去的600万年中的某个时刻在祖先的头脑中闪现，可能是当我们祖先的那一分支从别的猿人分开开始。一旦形成，这种文化基因就发生了复制、突变、调整，在不同头脑间传递，就这么自发/偶然地形成了人类文化的所有思想。

这其实可以解释一切。为什么所有的生物学家不谈论文化基因呢？为什么很少有人使用"文化基因的有色眼镜"呢？持怀疑意见的主要观点：如果这些新的复制因子在我们的脑子里随处可见，那么会以什么样子呈现呢？如果说文化基因在人类头脑中如此广泛，那么"请展示出来"。

事实上我们做不到。我们并不知道文化基因长什么样子，但这并不意味着我们应该忽略其存在，不过对于广泛被接受确实是一个障碍。一个世纪以来，孟德尔基因理论只是个推测，直到沃森和克里克首次用 X 射线绕射体*"观测"到了基因的存在。这也是文化基因首次出现在我们的视野中。

1996 年，在十分巧合的情况下，意大利帕尔马大学的贾科莫·里佐拉蒂（Giacomo Rizzolatti）实验室的工作人员初次研究了模仿行为背后的科学。他们研究的是恒河猴运动前区皮质的神经元活动。运动前区皮质是对行为的选择、策划及排序。该团队试图发现猴子是如何使用运动前区皮质来引发手部动作的。放在猴子脑内的电极与实验室中的麦克风相连，每次猴子一想动手的时候，就从麦克风传来咔嗒声。实验很顺利，每次猴子想要拿水果时，实验室都传来咔嗒声。直到有一天，没有水果了，实验团队成员决定休息一会儿。在休息时，麦克风突然响了。里佐拉蒂看着猴子，以为它们会伸手去拿新发现的葡萄之类的，但却发现它们平静、沉默地坐在那儿。它们在做的是把实验反过来，它们在观察研究者如何给它们取食物。里佐拉蒂又看了看他的团队成员。其中一个人手里拿着香蕉。他突然说："再拿一遍。"研究者又拿了一个水果。咔嗒！又响了。一次又一次：每次实验室工作人员拿一个水果时，猴子脑子里的神经元就被激活了。每当它们看到其他人拿水果时，它们大脑就经历了一遍自己拿水果的动作过程。

---

*　他们首次用来拍下 DNA 图片的机器。

实验一直在重复，不断地发展，我们现在开始接触到关于所谓的"镜像神经元"，当它们看到别的灵长类动物做出动作时，在它们脑中被激活。我们现在了解到它们在全脑都活跃，而不是只在运动前区皮质。我们还知道观察行为能感知到的意图是很重要的，如果猴子以为研究人员拿水果不是为了吃而是为了放回午餐盒里，那么它激活的镜像神经元是不同的。我们还知道有些镜像神经元是和嘴部运动相关的，你会发现当嘴吃东西或者说话时，激活的神经元模式是不同的。猴子显然可以近距离观察其他人的行为动作，并根据周围情况来猜测行为意图，并在其脑内重复这些被激活的行为。这意味着具有这种脑能力的灵长类动物不仅仅是社会属性的，当它们互相观察时，它们的神经系统实际上也是相连的。

这听上去像是当变化多端的复制因子在脑间传递时，突然遭到了阻断。2010年，关于人类脑中存在镜像神经元的证据首次公布于众。[1] 在前期的研究阶段，21名癫痫患者自告奋勇将植入他们的电极提供给镜像神经元研究者。这些电极可不像植入在里佐拉蒂猴子里的那些，当患者活动并观察其他人的面部表情和肢体动作时，研究者发现这两者有同样的神经元被激活。唯一的不同是当患者只是观察的时候激活的范围要更微弱一些。

所以文化基因的轮廓大概是：在我们"随机访问"的大脑中，可能文化基因就是一种特定的神经元被刚好激活了。可能思想就是当成百上千的文化基因在我们新大脑皮质同时被激活时最独特的那个。*可能我们就是最好的思想交换者、最高级的猿人，因为每当我们观察

---

* 如果是这样的话，传统观念中的照明灯泡形象是恰当的——灯泡是固体和惰性的；只有当电的到来改变了它们的物理特性时，它们才会发光——光是一种短暂的动态现象。思想也是如此。神经元总是存在的——只有当电流以某种方式通过它们时，它们才会复活。

他人的时候，我们十分擅长将脑内的这些独特思想反映出来。也就是说，可能我们镜像神经元的随意抽动正是我们得以创造文化的精髓所在。

但我们要知道这种镜像系统的运作都需要些什么。对于在不同头脑之间成功传递的思想，供者头脑的神经元行为模式必须在接受者的脑内复制，但这两者在结构上不需要是完全一致的。由于没有任何两个人的大脑是相同的，这也是不可能的。不过需要在功能上相一致，至少是近似一致的（毕竟一点点变异并不是什么坏事）。换句话说，复制的文化基因必须将自身放置于大规模的连接中，这样可以同时引发相近的一系列文化基因。任何一种思想的价值，或"意义"，只有在和其他相关思想产生联系时才起作用。如果说模仿的艺术可以在其他人头脑里产生同样的效果，那么无疑形成了复制，自然选择这时开始发挥作用了。

文化基因出现了。虽然我对镜像神经元的研究感到兴奋，我并不需要看到某张图才会相信文化基因的存在。透过这些视角，文化基因的存在如此明显，当你盯着我们的近亲——黑猩猩看时，它们同样也具有模仿的艺术与文化的力量（虽然可能很原始）。它们甚至和我们的基因大部分相同（我们和黑猩猩之间基因上的差别只比你和我之间的多十倍）。区分你或我与黑猩猩之间的并不是这些，我认为，由于一些环境的转变，黑猩猩在进化中从未真正掌握文化基因，而我们不同。当作为父辈的复制因子还在不断地发展变化时，其子辈的文化基因接过了方向盘，建立了终极的文化基因机器。如果你想知道这东西是什么样子的，那照照镜子就可以了。

砸脑袋的地方

在过了边境北部差不多一个半小时后,我们发现一处明显的悬崖将平原一分为二。我们转向它开过去,出现了一处堆放的、驼色的峭壁;像桌面一样平坦,从油绿的草原之海中涌现,就像是一艘巨型油轮的侧面。

1792年,一位叫彼得·菲德勒(Peter Fidler)的英国绘图师在为哈得孙湾公司进行考察之旅时绘制了相似的峭壁。在山脚下他看到了黑足族部落的村子。在见到菲德勒这个第一位欧洲人之前,那些印第安人已经养了很多马。显然,这个部落从阿帕切人那换取西班牙偷的马持续了约两个世纪,到18世纪末期,在整个草原上散布开来,结束了"倒霉的狗日子"。然而,菲德勒和黑足族的相处证明他们还在适应他们的马匹。

部落的人选择在悬崖脚下安营扎寨,因为他们计划进行一场传统的北美野牛捕猎行动。养马之前,在空旷的平原上捕杀大批北美野牛的唯一方法是将它们赶到悬崖边。而菲德勒在地图上画的那座驼色的峭壁就是北部平原上捕猎北美野牛的最佳地点之一,因此对于部落来说也是一处价值连城的地产。黑足族人将这片区域称为北美野牛狩猎地(字面意思是野牛跳下去砸到脑袋的地方),是因为有个小男孩站在悬崖底下这个引人注目却又致命的地点看这场捕猎,结果不幸发生了。部落的人(在开发之前的这些日子里)对菲德勒很友好,并要求他也加入他们的捕猎行动。

事实证明,他所做的对于历史学家来说是从天而降的好运。当他加入黑足族的准备行动时,他刚好经历了罕见的"倒霉的狗日子"。侦察者在悬崖西部发现了一群牛,群居在豪猪山,在那里,猎人可以将它们围在一块儿，引其跳下山崖。当时是深秋时节，正是捕猎的最佳时机：牛肉肥美，牛毛浓密，小牛群都长大了，公牛们也走远了，这意味着牛群没有那么紧张了。接下来要来的冷空气可以使肉质鲜美，剩下的可以做成冬天食用的干肉饼。

黑足族人开始准备了。他们先是举行了一场仪式，要对野牛唱歌，把草点着，去蒸汗屋把人的味道掩盖住。接下来，他们来到山上，在牛群可能经过的地方搭建"跑道"。他们将道路两边用粪便、泥炭和树枝隔开。他们还把野牛皮拖到路中间，使它们熟悉味道，让带头的牛朝这个方向过来。他们在悬崖底部建了一处营地，里边有粪便燃料、铺着牛皮的窖、取暖用的石头，还有可以烧的水。

在捕猎的前一晚，他们把计划告诉了菲德勒：

1. 有一组年轻人会当"引牛人"。他们会披上狼皮，趴在地上，跟着牛群，躲在山脊后，让带头的牛领着牛群进到"聚集的盆地"来，这片区域就在"跑道"前方。其他人会披着牛皮，在跑向"跑道"的一开始，冲到牛群的前方，他们会一直在草丛里观望。

2. 剩下的猎手会藏在"跑道"上石堆的后面，手里拿着牛皮。

3. 当时机成熟，扮成狼的人会开始冲向牛群。而披着牛皮的小子会突然跳起来，像受到惊吓的小牛一样叫唤。在两面夹击的情况下，带头的牛会带着牛群来到"跑道"这条路上。

4. 一旦大多数的牛都过来了，扮成狼的人就开始奔跑，小牛们也开始跑，躲在石堆后边的猎人们一下跳出来，凶残、怒吼着拍打手里的牛皮。

5. 牛群一下变得惊慌失措。扮成小牛的小子们以最快的速度躲到石堆中间。他们跑开的时间刚好，没有影响到牛群的走向。

6. 在"跑道"的末端，全力冲刺的牛群将会来到跳崖点。之前提到的"砸脑袋的地方"是北部平原最理想的跳崖点之一。由于两边的小山将大批牛群赶到了一个很逼仄的地方，而这里高达9米的落差被悬崖顶上的边缘所遮挡，风主要从西边吹过来，这样牛群也闻不到山下人们搭建的营地的味道。

7. 如果成功的话，数以百计的牛会跳下去。大部分都直接摔死了，剩下的很快就被人用矛和锤子肢解了。

8. 舌头和牛杂几乎会被直接吃了。胃部被清洗后用来做防水容器。肉会被割下来，风干或拍成干肉饼。骨头成了工具，或者丢到滚烫的水里煮。煮得差不多了，那些骨头会慢慢分开，骨髓可以做润滑剂或胶水。筋腱可以用来做缝纫的线。牛皮在地上摊开，放好，刮干净，或者放在那，或者做成生皮革，或者做成锥形帐篷。

这是1792年部落人教给菲德勒的计划，但什么都没有发生。在了解了传统的捕猎方法之后，一些年轻的黑足族人头一次决定他们要把马匹加入捕猎行动中。这下有了马匹和跑道，捕猎将会非常成功。很棒的想法，可是没能成功。还没到"跑道"之前，马匹吓跑了牛群，狂奔时变得惊慌失措。到最后，只有一只野牛跌落悬崖，在下方还等着的部落的人大失所望。这个机会完全被浪费了。

这是为数不多的机会。黑足族人和所有草原印第安人的未来不在于能抓到多少只跌下悬崖的野牛，而在于如何调整他们的手段、传统和文化：比如当他们穿越草原时会跟着牛群，每天用箭，后来用来复枪一只只捕获，对于坐着的公牛来说是"老方法"，而骑着马捕猎是新方法。

　　这结束了几千年来草原部落的人带着他们的野牛穿过白令海峡时所维持的传统。这种传统的捕猎方法在草绿色斑驳的小石子路上依稀可见。考古学家在这里向下挖掘，发现现在 9 米的距离以前有 20 米。几千年来累积的破碎的岩石、泥炭以及野牛的骨头缩短了野牛下降掉落的距离。在这些骨堆中间，记录了 5000 多年前草原印第安人捕猎技术发展的石器时代尖头器。在最顶上，追溯到 1000 年前，是黑足族的箭头，两边都有碎石的凹陷，这样可以捆在箭头上。在这下面，是 1900 年至 1100 年前，"埃文利"的尖头器：薄而精细雕琢的石质箭头意味着这是一种完全不同的部落传统。在 3000 年至 1900 年前，尖头器又表现出了不同："鹈鹕湖"的尖头器，在弓箭这一套东西还没出现在草原上时，他们能用的武器是梭镖投射器，也就是投矛器。最底层，在 17 米左右，5000 年至 3000 年前，是"木乃伊洞穴"尖头器：更大，带缺口的火石。这种尖头器数量上并不多，意味着那时的野牛几乎都是直接摔死，猎人们并不需要浪费他们的武器。

　　这些文化传统都是黑足族的杰作吗？还是说每当这个方法换了新主人，都能及时划分边界进行区分？不得而知。每一种尖头器的设计在各个地域历史文化悠久，但这并不意味着黑足族和他们的祖先不用这些样式。正如之前这些视角提到的，思想可以独立于人而存在。在别的地方出现的思想很容易传到草原这个地方，并存于黑足族人祖先的脑海里。这也就是 1792 年菲德勒遇到的黑足族人已经有了弓箭并骑马的原因。并不是他们发明了弓箭或者驯养马匹，他们只是继承了这些思想，就像所有人类的头脑一样。

　　站在悬崖顶上，草原鸟在阳光里叽叽喳喳地叫，往下看着这片曾经有上万头野牛折断脖颈的地方，我最终意识到基因与文化基因之间切换的自由意味着我永远都无法知道哪个先来到这个国家的史前部落最初有了帐篷这个点子。可能是黑足族，也可能是一个完全不同、在他们之前统治草原、已经消失好久的部落。这取决于美洲原住民之间多久交换关于如何搭帐篷的点子。我要如何发现呢？

人类设计

我们这个故事的最终部分是最精彩的。想象一下这个画面：由于文化基因的能力与能否成功复制紧密相关，在过去600万年的某个时间，文化基因作为新的复制因子掌握了生物的进化过程，可以在设计空间中它所经历的每个方面施加控制，这就是说，这种存在质疑的生物已经有了很多种解释。它是哺乳动物，意味着它也有扩展的可以"随机访问"的大脑。它也是猿类，意味着其生活在社会群体中，有对生拇指、很多发声方法以及极强的模仿能力。这是个很好的学习模型。文化基因不会浪费这个机会。布莱克莫尔将这种"文化基因驱动力"称为使命。在所有可能的情况下，文化基因想从生命中"得到"什么呢？

其实很简单。就和基因从生命"得到"的一样：将生存和再生的机会最大化。从文化基因的角度来看，"生存"意味着存储在大脑记忆中的时间，"再生"意味着在另一个大脑中散布相近后续的过程。所以这种具有想从生命中"得到"的文化基因的生物会是：

1. 记忆要尽可能丰富，这样文化基因的储存空间将会最大化存活（设计目标之一）。
2. 完全擅长高准确性传递并接收文化基因（设计目标之二）。
3. 不断地利用这项技术持续这么做（设计目标之三）。

文化基因会要求基因这么构建，而每一个生物都不例外。我是其中之一，你也是，埃兹也是。虽然构建这些器官的初衷完全不同，文化基因都最终取得了胜利。那么是如何实现的呢？

设计目标之一：将记忆最大化

当你观察和我们最相似的生物时，它们并没有文化基因，你再看看我们，首先注意到的是我们大而像球的脑袋，和我们的躯体相连，显得无比巨大。没有哪种猿类是这样的构造。这样的特征解决了目标一：将记忆最大化。如果你想要一个更大的记忆，你需要打造一个更大的头脑。文化基因如何来指挥这么大一个脑袋呢？作为一种重要的组织类型，新大脑皮质的构造是会扩大的，并且由扩展的"随机访问"的环路构成。当头盖骨扩大时，出现了唯一的设计问题。问题不在于更大的脑袋，而是如何把其生下来。

婴儿的头相当于身体的四分之一。在怀孕后期，这个头需要安然地从母亲的身体里出来。在这种情况下，文化基因起了推动作用。就像我在书里一开始提到的，在没有现代医学的辅助下，生产是个极其危险的行为。在接生时，母亲或者婴儿的死亡是很常见的。这并不是基因所希望看到的，如果说存活的概率只是中度到高度，那么这种高成本的胎儿并不是很好。对我而言，感觉有点像文化基因的作用。

通过观察我们祖先的化石，我发现是文化基因形成的结果。在我们进化的历史中脑容量有两次发生了很大的变化。在200万年前，直立人出现。另外一次是50万年前，直立人最后统治地球的末期，我们的前额开始扩大了。这些变化与大脑的发展并没有太大关系，而是与育龄女性的骨盆适应性相关，这决定了大头的婴儿能否在某种程度上被生下来。

随着大脑变大，记忆力也变化了，但不是简单的数量上的增加。新大脑皮质量上的扩展意味着我们祖先的思想越来越抽象了。神经回路越长，感知器官被激活的距离就越遥远，思想在末端就需要处理得越多。数量上每增加一厘米，质量上的增加都会无法估量。这种不断膨胀的区域使我们的祖先可以构建更多语境、概念和意义。在没有任何特别新的构造的情况下，单是大脑的面积就为不断增长的智力提供了条件，而直接导致的结果是，随着不成比例、不断增长的智慧，出现了不成比例、不断增长的不同种类思想的生态。人类不断增长的头骨空间真正扩大了文化基因生命的设计空间。

文化基因还能引发其他的效果。通过简单地驱使组成血小板反应蛋白的单一基因，新大脑皮质中的神经元可以被刺激，进而提升突触数量，成倍地扩大神经元之间的连接数量，而增加的神经元连接会从根本上增加记忆和文化基因。

文化基因花了600万的时间扩充我们的头脑，改变育龄妇女的骨盆，然后又继续着整个进程。结果就是剩下全部由基因支配的生命的这种生物。智人具有在世界上无可比拟的记忆力和智力。我们的世界里只有人类自己。

设计目标之二：发展文化基因技术

只记住这些思想的能力是不够的。文化基因还要将猴子间交换思想的熟练程度最大化。

首先要做的是提高模仿的一般标准。我们相近的祖先不是猴子，不过它们也不善于模仿。比如，黑猩猩，可能会模仿捅白蚁，用树叶接水或者用锤子砸石头，不过复杂的精神活动，比如系鞋带，它们就彻底学不会了。

为了提高文化基因传播的准确性，或者"还原度"，需要发展手工技艺以及提高精确度。幸运的是，当我们的祖先从四脚进化到直立行走之后，出现了一个机会。腾出的两个前足变成了手，文化基因-基因的联合得以实现。在中间的这些年，我们前足的构造发生了很大的变化，把它们叫作脚听起来都有点侮辱。

不过光有了灵巧的手，文化基因并没有就此停止。为了提高我们的模仿能力，我们还有了"读心术"。这种能力可能只是我们灵长类祖先发展出来的镜像神经元能力的延伸，可能是一种可观察到的行为的深层镜像，不过可以确定的是，当一个人看到另一个人系鞋带时，她的确能设身处地、感同身受。她可以同时准确地判断出这个人系鞋带时是不是急匆匆的、焦虑的、心不在焉的，或者是有点无聊的。这种了不起的社会技能来源于心理学家所说的思维理念，一种理解别人具有他们自身的观念、观点、意图的能力。这对我们来说显而易见，我们希望所有不太开化的动物都具有这种能力，但实验表明并不是。即使是黑猩猩或者海豚都不太显露出这种"二阶情感意向"——能理解别人意图的能力。这对于我们人类，也是花了很长时间才发现的。

如果你给一个三岁小孩展示一罐品客薯片，让她猜里边有什么，她会说，"品客"（如果她很熟悉零食品牌的话）。如果你给她看罐子里只有铅笔的话，她会很惊讶，不过会很快做出心理调整。如果这时有个叫史蒂夫的人进到房间里，你问你的三岁小孩"史蒂夫觉得罐子里有什么"，这个孩子会十分自信地说，"铅笔"。她不会认为史蒂夫具有和她不同的生活经历。她不理解史蒂夫有他自己的思想。如果是她四岁做相同的实验，她可能就不会这样了，她的思维理念可能就发生变化了。

"读心术"的遗传优势很明显：这使得个人可以判断其他人的可信赖度，在依靠他人协作共存的过程中是极其重要的能力。当然，"读心术"对于文化基因也是非常有益的。当别人做出行为时能够理解对方的意图将会帮助模仿者避免模仿无意识的行为，任何对其他人观念的理解都会增加文化基因传播的还原度。

我们"思维理念"的开端可能是在过去600万年的任意阶段。我们祖先读心力的发展并没有留下任何化石做证明，所以我们也不得而知。一些心理学家认为思维理念的出现是在下一个文化基因概念的进化之前，这种文化基因叫作符号的沟通模式。

符号生物

文化基因生命的革命，与基因生命中偶然出现的多细胞相似，随之而来的是符号。符号总是任意且根据惯例的，和别的事物相关。比如说，竖大拇指的标志，标志着一种符号的特定类型：一种手势。这是很随意的，独立于意义之外，在生活中并没有任何价值，如果我们同意改变的话，随便就能被替代。不过作为我们物种社会历史的偶然事件，竖大拇指的手势具有常规的意义。实际上，根据情境不同，有很多常规意义。在日常生活中，有人向你竖大拇指，意思是问"好吗？""好！""行吗？""行！"如果这个人在水下，穿着水肺的潜水装备，这个手势的意思是"我要上去了"。如果他站在路边背着背包，意思是"谁能载我一程？"，而如果他在伊朗徒步，不论他是不是意识到当地习俗，这个手势的意思是"给我滚"。

这种和思想同步相关联的能力赋予了文化基因的生命。越来越多的抽象概念可以变成符号，只要每个人都同意采用相同的（作用上相一致的）含义。也许就不奇怪我们文化基因驱动的祖先最终找到了一套将思想机会最大化的符号沟通模式，一套完全基于不同类型的符号，声音符号：语言。

本质上来说，语言和手势类似。手势是一系列可模仿的面部或手部的肌肉收缩，并且具有相关的意义。语言是一系列可模仿的舌头、唇部、嘴部、喉部的肌肉收缩，并且具有相关的意义。两者都是任意的，也都需要具有一些惯例上的联系。它在对大脑的利用上是相同的。[*]近来的研究发现符号化的手势和语言是由大脑的相同部位协调。[2]皮质左侧著名的布鲁克和韦尼克区域，长久以来被认为只属于人类的生长，也被认为是我们独特性的关键所在。不过最终是语言主导了我们的符号沟通，并将文化基因带入了新的维度。这是由于语言比手势有更多重要的优势所在。当你的手被占用时你可以说话。你可以和你看不见的人说话，或者那些不太想看到你的。语言的还原度要比三维般的肢体动作高得多，它们的意义也更加精准。通过不同方式使用舌头、唇部、嘴部，你可以制造出不同的声响来为语言带来多样性以及各种表达方式。而传达这些不同的语言只需要花一点点的精力、一点点的时间，很快可以出口成章。所以当有了语言之后，当然还伴随着手势、表情，甚至口哨、标点等，也就不难理解是语言胜出了。

语言是使用符号的一套系统，每个位置上的符号都对其他符号产生影响。因此首先要发展出一套符号排序的规则，或者叫语法，不过关于我们是如何实现这一点的，学者仍未有定论。在字面符号完全相同的情况下，我们是如何知道"人吃狗"和"狗吃人"的意思是不同的？

---

[*] 因此可以说语言是思想的另一种形式：每一个单独的词语都像其他思想那样经历着自然选择和文化进化。这解释了为什么麦克沃特不能在语言中找到达尔文进化论的痕迹（见第11章），语言是高于文化物种的一级组织，大量存在的词语都可以随意地失去或者增加新的种类，就像云一样，时分时聚。

过去的50年间，心理学家和语言学家认为这种能力十分特别也十分复杂，必须要借助一种叫作语言习得的天赋才能实现。然而，最近这个观点受到了质疑。质疑者认为，语言只是一种非凡的记忆力。可能随着我们听到声音符号，并把它们全盘交给我们非凡的记忆力时，我们就自然地将语法惯例结合在了一起。毕竟我们是很擅长学习惯例的。

如果是这样的话，所有这些单词和语法规则和我们所"知道"的其他并无区别。它们不过是不同形式的可以继承的思想，仔细地记录于我们非凡的记忆里，且相关联，在许多年之后，变成了我们的约定俗成。我们整个的认知变成了一套巨大而宏伟的纸牌屋，每种可知的"东西"都由于和其他可知事物发生联系获得了价值、意义。我们的才智变成了一种神经元激活模式，像放烟花一样壮观，每个神经元都和其他的相连，并迫切地想激活它们。透过这些视角，每种激活神经皮质的模式都是文化基因，我们整个大脑成了存在于大脑空间中不同文化基因的混战，在这个空间里，是一个活跃的不断变化的，并基本独立的思想世界。

由于对符号沟通的熟悉和精通，我们可以亲手打造这样一个神奇的像思想的野生丛林般的心智圈生态系统。如果概括地说，我们接收或传递这些深层思想的能力完全依赖于我们在对的时间以对的方式移动我们舌头或手指的能力。这些约定而成的符号是文化基因生命，也是我们认知中至关重要的一部分。一个孩子在生命的头几年拒绝"文化适应"的过程，专家发现几乎不可能重新使她成熟的大脑再来适应我们的世界。作为一个"野孩子"，具有所有对的可适应的特征，这些特征使她成为文化基因的载体，但由于在早年时期没有一套符号系统的基础背景，她永远也无法掌握复杂的思想理念。

相信的理由

设计目标之三：让猴子说话

现在的情况是：一只假想的猴子，它的脑子注入了新的生命力，经历了上百万年的彻底的物理及社会变革，由变化了的基因导致新的生命力，文化基因的生命具有了更大的舞台和更多的观众。文化基因是如何让猴子表演的呢？

我们的脑子里充斥着各种思想的广阔的记忆空间，最先进的高科技技术使我们可以将思想传递给他人（无论这些思想有多抽象）。不过如果不具有这种冲动，如果我们的时间都用来吃水果，从周围人的毛发上找虫子、性交……从文化基因的角度来看，这些都没有意义。当然自然选择不支持，文化基因也不支持。这两者确认我们是永不满足的文化消费者、制造者以及散布者，什么都无法阻止我们探寻新的思想，闲暇时编造一些新奇的文化基因事物，并一直不停地讨论它们。我们无法控制。我们会闲聊，我们讲故事，我们教授知识，我们模仿，我们充满好奇心，我们对目标有热情，我们无法停止对事物的思考，我们无法保守秘密，我们互相理解，我们相信自己，我们自大而充满自信。就像植物对阳光的依赖，动物对植物的依赖，我们天生就是对思想上瘾的人。如果我们在荒岛上独自一人，无法将思想传给其他人（任何一个人），我们很快就发疯了。我们会自言自语。我们会在睡着时抽动。我们会失去活下去的意愿。我们会一直不停地系上再解开想象中的鞋带。

我没有被这种现实吓到。我不介意陷入对思想的沉溺中。事实上，我很享受。思想本身让我喜欢上这一点。我很享受吸收新的思想，并在它们静止时重新点燃。我很乐于传递思想，无论是特别的克劳族的部落结绳系法或者普通的系鞋带系法。事实上，不止如此。我需要把这些思想传递下去。这也是我写这本书的目的。

这是否意味着我是个极端自我主义者呢？是否由于心理异常让我相信其他人也想听或看或读我的思想想法呢？你也可以这么说，在生物世界里可能是异常的，但在我们人类物种的成员中，极端利己是很正常的。我们都极其自大。

"你为什么这么认为？"制造有色眼镜的人会用调侃的语气问道。"是因为文化基因想让你相信你的思想。如果你相信的话，你会更想要把它们传给其他人。"你要同意这个逻辑。拥有自我，那个你定义为"自己"的人，包裹在自身的个人信仰中，使我们每个人更多可能地表达我们的思想，由于我们把它们想成我们的思想，因此成了我们需要去捍卫的独特的构成。而有色眼镜的制造者们又说，你们中的"我"，是一种幻觉，也是广义上的文化基因技巧的一部分。我们能那么容易被骗吗？

这么想是有原因的。一系列的实验结果，对于某些人来说甚至有点可怕，认为我们没有客观的自由意志。研究者发现当志愿者被要求选择用左手或右手按下按钮时，脑内扫描能够在志愿者有印象他们做出了决定之前，预测他们的决定长达十秒的时间。[3]从实验可以得出我们的意识自我与其说是掌控进程，倒不如说是记录进程，是对我们潜意识里已做出行为的记录。

这个信息简直令人震惊。这毁掉了我们认为生命中有中介的观念。最安全的是不要轻易相信，不过你也并没听说过自己信念体系的不可靠性。

新一代的认知心理学家比起前辈来没那么热衷于对我们心智的研究，他们的观点认为我们在选择该信什么这件事上有多糟糕。首先，我们容易轻信，我们高的认知力主要是我们知觉体系的错误延伸，而我们又很少去质疑这些系统的运作是否真实。我们的直觉倾向于认为我们要更容易相信最先出现的事，因为事实真相的第一个版本是我们在脑海中预演最多的。我们很容易被骗。如果我们觉得一种思想的提出者是有魅力的，我们更倾向于相信他们的观点。同样，我们在接受新事物时的情绪对于我们接受新的事实真相有着强烈而非理智的影响。除了这种不客观以外，我们很少记得我们当作福音书的"真相"来源，因为语义（意义）和个人事件的情节记忆是分开的，我们并不介意参照系统是错乱的。我们充满了"确认偏向"，也就是一种强烈的倾向，只"相信"支持或至少和我们现存的信仰有些许关联的思想。我们沉浸于无休止的"动机性推理"，当他人的观念和我们的发生冲突时，严厉批评他人的观点。

你不相信？看下周围的世界。信什么的人都有，有人信有鬼，有人信地球是平的，有人信黑猫是不吉利的，有人信世上没有大屠杀，有人信他们系鞋带的方式是最好的，这些都是些荒唐可笑的事，只不过因为我们头回听说，或者符合他们听说过的别的一些事。这种有缺陷的观念获得体系让我们都妥协了。由于我们都有对于思想的特殊品位，我们某种程度上都成了基要主义者，心理上是无法保持客观的。我们会十分固执地认为有神或者无神。有自我或者没有。我不知道。我不知道该信什么了。

不过我有相信的理由，那便是文化基因想让我们这么做。在具有了足够多拙劣的文化基础、有缺陷的观念体系、坚定的自我之后，任何一种思想的背后都有信服的、乐于传播的思想宿主。在地球上的某个地方，每种思想都会找到它们的归属。

在地球上的生命体中，我们是很奇怪的，但我们不是无法解释的怪。我们这种物种由两种复制因子所构成。三分之二是基因构成的，剩下的三分之一是由对于我们来说独一无二的复制因子所构成的，那就是文化基因。这样关于我们的过去的谜团就解开了：在我们物种的形成过程中没用到过什么天降神器。

一个想法的痕迹

在"砸脑袋的地方"的平原上刮起了风。现在是接近傍晚的时间，我独自拿着片小叶子在小路上走着，心情很激动，因为凯西，黑足族的向导在游客中心跟我说，我可能在那片草原上找到想要的答案。我一直走到路的尽头，离事发地点刚刚好的距离。微风像白噪声一般在我耳边吹着，我孤身一人在草原上。

应该是在这附近的某个地方。我来回走着，不耐烦地找着线索，我自言自语，踢着草皮。然后我跪在草地上，由于风的缘故，感觉草像刀片一样锋利。它们结实、暖和、锋利并且坚硬。蚱蜢四处蹦着，就像离开发射井的迫击炮。我低低地蹲伏着，伸开双臂，无谓地丈量着。我什么都觉察不到。我挪到左边，继续割草。我一遍遍地重复着动作，变得越来越沮丧，动作越来越快，也越来越粗心大意。我的下巴划到了草尖。我呼吸着泥土的气息，以一种奇怪的伸展姿势扭曲着。昆虫的翅膀弄得我颧骨发痒，我胳膊上的皮肤也开始痒起来了。眼泪开始从我眼里流出来，我用左手指尖触碰到了某样东西：一块冰冷坚硬的石头。

我跳过它，跪在地上，将周围的草分开。这块石头大而光滑，青铜灰色，一半埋在土里。

我蹲伏着来到它的左边。这里还有一块。在它左边，一块接着一块，在地上呈一个紧凑的弧形。我站起身，脚在地上朝前搓了搓，一边走一边看脚下的草地里的石块：砰，撞上一个，砰，又一个……不一会儿，我就找到了整个一圈的石头。

凯西曾说"这个地方就像预留的停车位，你不该占别人的地盘"。我发现的原来是搭帐篷留下的一圈痕迹，在"砸脑袋的地方"下方以前是搭帐篷的。这些石头是用来压住帐篷覆盖物的。有一天搬走的时候要收起来，帐篷在半小时之内就拆解了，印第安妇女们收起了支帐篷用的杆子。覆盖物拿走之后，就留下了一堆石头，这一圈在直径上要比帐篷本身大一点。春天冰雪融化，石块陷入泥里，成年累月，越陷越深，成了一道风景。这是锥形帐篷存在过的证据，也是它们曾经存在过的唯一证据。

20 世纪 30 年代一次高原的考古调查中，出土了这样类似的共有 858 处，经年累月被使用帐篷的人留下的旧营地。[4] 保留最完好的有一百多个这样的圈。有一些圈还互相交叠。一些进到更深的泥里，表明它们的历史更久远。这些营地就是一个个大圈，每个帐篷的门都朝东，迎着太阳出来的方向（还能挡风）。大的帐篷圈子依次把"门"开在朝东的方向：在小屋之间有段距离，人们可以从那进来或者离开营地。

这些圈在直径上是 3.5 米至 5.5 米不等，和今天的帐篷相比有点小。帐篷的大小和用石头固定的现象都表明在过去"倒霉的狗日子"里，他们用的主要是水牛皮帐篷。水牛皮的帐篷要比帆布面的更重，所以要更小，这样方便在草原上由狗拖拽。还有一点，帆布的帐篷很少用石头固定，因为当帆布接触潮湿的地面时，其会腐烂，它们通常由饰带和地面相连。

在除了和狗日子相关的日子以外，尝试去追溯这些营地的位置是极其困难的。艾伯塔的考古学家喜欢花时间给他们在附近找到的工具建立年表。在我之前解释过的野牛跳表明5000年前已经使用了武器，除此之外，这里还挖掘出了很多更古老的遗迹。"斯科兹布拉夫的尖端"是那种大块石头，在底部被挡住，意味着它们是装到矛的杆上的。"科迪文化"9000年前也制造出这样的尖端武器，这个时间甚至比投矛器被发明的时间还要早。由于只能用重矛，科迪人更热衷于使用跳跃。不过并没有迹象表明他们用了。可能因为他们生活在新仙女木时期，那是一段极其寒冷的时期，冰川又朝南方蔓延，野牛群可能在最北的平原上变得稀少。可能在这里吃草的牛群不敢面对寒风，并从高地上跳下去。或者最有可能的是，因为草原上的人还没想到野牛跳这个点子。可能当发明投矛器以后，它可以从一定距离刺穿牛皮，足以吓唬牛群，引起恐慌。可能第一头野牛（不小心）掉下山崖，有人看到了，心想"妙啊！"

我现在坐着的这个帐篷圈可能没有9000年这么远，考古学家在现场可以算出每个圈子的时期，很少有超过3000年的。但这不意味着在这之前没有帐篷，我会告诉你原因。

在我所坐位置的西北部，回到了山间的走廊，穿过了阿拉斯加的山区，越过现在已经沉没的白令陆地，古北区人的部落在北部苔原和西伯利亚的北极海岸。现在他们都住在预知安装建筑里，从事石油开采或采矿业或驯鹿，而几代人之前，在亚洲野牛群还未经历北美野牛相同的命运时，这些部落的人捕猎野牛。夏天的时候，他们到草原上捕猎，他们带着临时居所，什么叫法都有，老朋友、亚朗格，或者用斯堪的纳维亚语说，叫拉乌。如果你去拜访这些人，并客气地问他们，他们会找到一顶给你看，多数村子会留一些用于捕猎行动或者传统庆典。它们看上去像什么呢？它们是由牛皮或帆布制成的圆锥形帐篷，并靠一堆撑杆的骨架支撑，在顶端留有排烟的空间。它们长得很像锥形帐篷。

这些帐篷是几千年前当所有的印第安美国人祖先穿过白令陆地时一起带过来的。它们被一路拖着穿过了冰川走廊，来到了北美的荒凉草原。在这些圆锥形的帐篷里诞生了最早的美国人。

不过实际上，这些不是锥形帐篷。无论名字叫什么，它们不具有锥形帐篷的两个关键特征：排烟盖以及非对称的横截面。它们长得确实就像锥形帐篷，这个在帐篷历史中一个时间相对近的点子至今仍被另一边的亚洲北部人民津津乐道。

在首批到达美洲以及首批到达草原的欧洲人之间，之前提及的两个特征的锥形帐篷出现了。尽管所有的帐篷都依靠一圈石头来抵挡风雨，我们发现很少有时间比较久的帐篷圈，这样就很难查明他们到达的确切时间。可能经历了三千场春雪之后，帐篷的圈就消失不见了。

我的猜想是，所有这些锥形帐篷的起源发生在最早的帐篷圈的几千年前，就在最早的野牛跳的点子之后出现的。那个时候野牛皮还有很多。这也是头一回当地居民可以三到五年换新的牛皮帐篷，头一回他们可以一直待在草原上，吃饱穿暖。有了投矛器和野牛跳，他们可能是最早常年生活在草原上吃牛肉的人。住在帐篷下的安定生活促使他们对帐篷的设计不断改进。排烟盖的出现可能是第一步，很多亚洲部落会在帐篷顶上盖一块东西来阻挡烟的流动，所以排烟盖并不是什么凭空出现的。另外就是非对称结构，这种我们在近期也能看到的三杆取代了四杆的结构。

帐篷的发展变化注定是一个过程——一波三折。进化也是如此。因为太缓慢了，不太可能捕捉到是何时开始的。每个圆锥形帐篷的点子都与之前和之后的点子相"融合"。只有在事情发生之后，回过头来，你才能说，"这事发生了"。因为点子就像物种一样，锥形帐篷并没有一个明确的"起源"。

我听到了口哨声，四下望了望，发现埃兹在远处，挥着手。他指了指他的手表，我知道他什么意思。没错。是时候把过去抛在脑后了。我现在觉得很平静。是时候回到现实了。

第 15 章

现在

欢迎来到丛林

在仲夏傍晚那种令人愉悦的半明半暗的光线下，车流告诉我们，我们开回到了正确的车道上。到处都是昂贵的轿车，宝马、奔驰，这些车在草原上可没法停放，对于汽车的生命而言就是"倒霉的狗日子"。在道路两旁有很多住家。我们离卡尔加里不远了。在过了两周远离文化半岛的旅行后，穿过一些人口分散的小岛，这种感觉像是重新回到了大陆。在我们前方的是住在同一个地方的一百万个不同的人。他们都有各自的思想。这一百万种思想都有最新的文化基因生命。而这一百万种思想共同构成了"当下"。"当下"的意思是，如果我们明天都把它忘了，那么一下子它就不存在了。

"右边，在右边！"埃兹喊道。我打了一下方向盘。我们一路开到一条十字路口的主街上，与天际线相连。过分鲜艳的颜色，过大的标志，半空中各种过亮的霓虹灯，各种小鸡、牛仔帽、卡通人物以及枫树叶的图案，都闪烁跳跃着，迫切地想引起我们的注意。我那充满了各种标志符号的大脑飞速转了起来。一堆文化基因肆意触动了我。我要唤起对快餐连锁店的记忆。我要记起"润滑油店"是什么。我要找到我的脑子里是否有"可驶入的婚礼教堂"的概念。

　　阳光最终消失了。交通开始拥堵起来。建筑物变得越来越高。到17大道的时候，我们赶上了车轮上的夜间散步游行。我们坐在克莱斯勒里一路跟着。鸣笛声一直响，车灯也一直闪烁着。摩托车在车流间来回穿行。一个戴着德国军用头盔骑着自行车的小伙子，很享受朝闪灯的车主怒吼，并撞向路两旁的栅栏。这是周五的晚上，卡尔加里的年轻人心情不错，我们能做的就是摇下车窗，享受这个过程。

　　各种训练生在接电话。有各种低腰的牛仔裤，各种不同高度的牛仔裤折角，不同种打招呼的方式，T恤上不同的品牌标志，各种不同颜色的染发。年轻的男孩在用一堆数字讨论着冰球。女孩们在谈论她们最喜欢的电视剧。酒吧服务生在调着鸡尾酒。人们在吧台，在车两旁，在街上，大声交谈着，或者打着电话。我能看到的每个地方，视野被无比丰富的文化基因生命弄得眼花缭乱。

　　我可以想象出剩下的部分。在酒店里，女服务员会把厕纸的末端叠成三角形。在阳台上，老奶奶们会用她们从上一辈那学来的织法编织。在小区中心，人们会谈论着去马丘比丘的旅行或女权运动。青春期的姑娘们会聊吸血鬼小说。孩子们参加过夜的聚会时会在晚上互相讲鬼故事。蒂娜会为她的科学课考试死记硬背。鲍勃会用谷歌查关于发电机的问题。萨莎会学习"月光曲"。帕奥罗会教他的朋友皮特意大利语。加百利会梦到他要在学校表演剧目的几句台词。而艾迪，在饭桌上，会再一次讲起两个电视天线结婚这个笑话。

　　我是如何将这个充满魅力的文化基因世界赋予意义的呢？又是如何在上百万个各自具有文化基因的丛林中，对这些鲜活的文化基因生命进行分类的呢？

　　放心，我是个受过训练的生态学家。弄清楚丛林的意义是我最擅长的工作。

让我跟你聊聊丛林，那种真正的丛林，而不是文化意义上的。丛林，或者更准确的说法——热带雨林，是基因生命的巅峰。它们是地球上最富生命力、最复杂、最有活力、最多样化的生态系统。看到这片丛林的首批欧洲人被这种不可概括的情境震撼了。1799年，德国的自然学者亚历山大·冯·洪堡特说："我们到处乱闯，就像疯了一样，在前三天，我们根本没法对任何东西进行分类，我们捡起任意一样东西，留到以后再管。邦普兰一直跟我说，如果这些疑问得不到解决，他会疯的。"[1]而这些自然学家一直在不懈地破解眼前的混乱。200年过去了，在生态学的作用下，雨林开始有了意义。这个合理化的过程并没有使我们的好奇心减少，而雨林也变得更加奇妙了。

我们现在对它的理解就像在一个3D舞台上，不分日夜，365天，上演着自然界最复杂的戏剧表演。它有无数条故事线，数不清的关系，纷繁复杂的角色历史。角色表名单上的名字有上百万个，一些是著名的明星，而大多数都是完全没名字的，演着一些对我们来说完全不重要的剧情。

基本的故事线很简单。每一种动物、植物、微生物都需要解决四个普遍的问题：需要吃的东西、住的地方、保护自己的方法、可以"爱"的对象。雨林在生态系统中的特殊之处在于解决这些问题的机会几乎是无穷无尽的。一部分原因是栖息地的构成比较复杂，物种的多样化程度比较高，另外也由于生物体的生存密度，它们或者生存在其他物种体内，或者依靠其他物种为生，这为自然选择提供了环境。进化形成了最令人叹为观止的物种之间的关系，使不同物种之间的联系随着时间的推移越来越紧密。一般表现为"共同进化"（两种物种一同进化）以及"特异性"（深刻而特别约定的关系）。由于大多数物种都涉及不止一种物种关系，森林不知不觉间形成了一个复杂的综合体。

对于提出的四个问题的解决方案是：

吃的东西。刚果的丛林象找到了脐橙树的果子当食物。它们知道每棵树的位置，它们把路变成车道那么宽，从而穿过浓密的森林，找到果树。脐橙树果这一顿饭可了不得。它的大小差不多有一个保龄球那么大，也那么坚硬。当它从树冠上掉下来的时候，会发出低沉的声响，响彻整个森林，宣布晚饭时间的到来。大象从数千米之外的地方赶来，在饭后，它们回到了原来的地方，一边走一边通过粪便的"大包"沿路撒下脐橙种子。经过几代大象的努力，路两旁种满了脐橙树，另外还有其他三十种果树，也是由大象一路播撒的。因此这些路上不光有果子，而更像是有一堆食物可供挑选的露天市场。

住的地方。在婆罗洲的繁殖季节，一对对的犀鸟在大树洞上安家。每个地方都是精心挑选的，因为那里会在接下来的几个月成为雌鸟的监牢。为了保护幼鸟远离捕食者，雌鸟会用泥土和反刍的水果把自己挡在洞里。雄性犀鸟负责每天几次来探望，并给雌鸟以及孵出来的小鸟喂食。当小鸟长大后，雌鸟会离开巢，而小鸟会重新把洞封上，并在羽翼丰满之前再待上一个月。树上的地方有限，古老而多洞的大树数量决定了这个地方犀鸟的数量。

保护自己的方法。蚂蚁很恶毒，它们会咬一切挡路的东西。不过它们这种坏脾气在雨林里派上了用场。很多植物像安保一样守护着蚂蚁的领地，让它们在茎的空洞里安家，还有特别的蜜腺给它们甜头。作为回报，蚂蚁守护这些植物免受食叶昆虫的困扰。不过很显然，这种系统会导致腐败。一些毛毛虫能向靠近的蚂蚁传送蛋白质作为"贿赂"。蚂蚁会公然接受这种贿赂，这不只会让毛毛虫继续啃食树叶，还会防止黄蜂侵扰它们。

可以"爱"的对象。当兰蜂飞过亚马孙时，像宝石一样闪闪发光。它们的身体被一层闪亮金属质感的绿色或蓝色所包裹。这身行头可不是用来求爱的。雄兰蜂是用信息素来吸引对象的。这种信息素来自远在树上的兰花形成的一种稀有的混合物。但这不是恩赐：兰花会通过每次释放一点点化学物质困住蜜蜂。所以雄性蜜蜂需要有耐心，一直不断地围着兰花转，直到可以获得足够多的混合物来求偶。通过这种方式玩弄着蜜蜂的爱情生活，兰花也展示了其自身的传奇风采。

雨林里的这种亲近、特定又很重要的关系不断扩散，200多年来，我们也只是了解了大概。这么多的生存方式、这么多的生态系统，我们永远无法全部掌握。不过这种交织网络的结果显而易见：在雨林中，没有一种生命可以独自存活。每种有机体都是这种生态中的一部分，努力找到自己的空间来生存下来。

这么看来，卡尔加里就像是一个心智圈的热带雨林，一个文化意义上的丛林。在这里存在着一大堆混乱的思想。每种思想都需要有自己的市场。它们之间相互竞争，从而在我们的脑海中留有一席之地，在我们的心里也是，从而对我们变得重要。随着时间的推移，为了追寻这些思想，它们会进行调整，从而更好地适应它们的特殊角色，通常也会发展出和其他思想之间亲近、特定以及重要的关系。它们实现目标的方法是广泛且多元的。如果我尝试分类的话，就如同找到文化意义上的兰蜂或者脐橙树，那我就会像冯·洪堡特和邦普兰那样，到处乱闯，像疯了一样，捡起一样东西，留到以后再管。我并没有时间、空间，或者精力来建立一个物种清单，但对于如何让这些事物有意义，我还是有些想法的。

思想生态

埃兹和我在利多咖啡馆中找了个角落坐下来，我的书里管这个地方叫"机构"。这个地方是一家中国人开的小吃店，里边的装修是20世纪50年代的风格，包厢座位、乙烯座椅、福米加塑料贴面的餐桌、桌上的自动点唱机，而那种没有完全装修成复古风格的感觉特别真实。我们昨天晚上喝了几瓶啤酒，所以早餐点了可乐、咖啡和一大份的煎炸物。我要了香肠、炒蛋和炸薯饼。这三样和英国的早餐都不一样：这里的香肠是一块煎肉，炒蛋是一盘滑滑、黄黄的东西，炸薯饼其实是炒土豆。不过只要加上番茄酱，味道还不错。我习惯把番茄酱放在一边，埃兹是那种弄得满盘都是的人。我俩之间的差别使再不起眼的理论观点都有进一步区分的空间。

坐在我们桌旁边的是一家年轻的法裔加拿大人。父母二人在聊着天，母亲一直在捡掉在地上的蜡笔，再拿给她的儿子（他正在给两只恐龙上色），而父亲在一旁给他的小宝贝女儿喂褐色多汁的苹果果肉。宝贝一口都没吃。虽然老实坐在餐馆提供的高椅子上，女儿就像个街舞舞者，各种动作，扭着胳膊，转着头，紧闭着嘴，眼睛也不睁开。因此父亲喂得很慢。

然后发生了些转变。父亲根据以往的经验，递给她了一份菜单。她停下来，盯着菜单，摸着菜单的边缘。他拿着黄色勺子慢慢移近。她折起菜单，顺着波浪线盯着看。当勺子送到她嘴边时，她父亲张大了自己的嘴。她学着这个动作，盯着他的嘴唇，也做出了相同的动作。她模仿他，因为这是一种复旧。这样水果送进了她的嘴，虽然一半还是直接吐出来了，这个过程还是成功了。她父亲脱口而出，用小孩能懂的法语说了几句表扬她的话。

我情不自禁地盯着这一幕，然后发现，法裔加拿大人和法国人在手势和表情上惊人的相似。我在法国待过很长一段时间，这个家庭肯定是法国人。不是从语言上判断出，而是肢体动作。他们说话的时候扬起眉毛，噘着上嘴唇，摆手还有耸肩，他们耸肩的样子和法国人一样。这一整套沟通的方法在南部是不存在的。这些精神上的点子，下意识的动作和表情，当然还有法语本身，都没有越过南部边境。像这样的思想需要在小的时候就耳濡目染。在那个坐在桌前的小男孩脑子里，他无意识地听着父母的交谈，模仿着他观察到的父母不经意的手势和面部表情，在他脑内的镜像神经元会被激活，虽然这种兴奋度不足以让他做出什么动作，但足以让他强化所需要的类神经连接，当时机成熟的时候，便可以重点发展这些行为模式了。童年就是：一段文化实践的时期，在这个阶段，如果大脑成熟了，想法就会跳出来。人类具有动物界最长的童年。我们的身体，包括我们的大脑，直到青春期后期仍没有停止生长，即使在 20 岁出头。在文化意义上讲，童年时期仍在成长，我们的子女很少离开，在性成熟时，会有他们自己的孩子。在很多发达国家，即使孩子 20 岁还留在家里也是正常的，可能在他们离开家之前还有很多文化需要继承学习。

一种让文化丛林有意义的办法是当其在一个不断发展变化的头脑里萌发并成熟时，在文化适应的延续过程中描绘出发生了什么情况。那个固执、拒绝吃东西的小女孩的大脑几乎是一片空白的，也是没有文化基因的。但不会一直如此。在过了 20 年之后，她会从每天伴随她的法裔加拿大文化丛林中学习到很多文化基因。她这么做是有迹可循的。

当我在大学学习生态学的时候，我学到了，只要有足够的时间，一小块石头也能变成一片丛林。这个过程叫作原生演替。第一步是没有生命的石头被最初的"开拓"物种殖民化，这些物种包括蓝藻细菌、地衣和非共生的藻类，它们会通过化学物质的直接作用穿过岩石表面，形成薄薄的一层银灰色的土壤。微生物，包括细菌、阿米巴变形虫还有其他，迁移到这片薄膜上，并发展壮大，互相进行着光合作用。随着时间的变化，物种多样性增加了，社群变得越来越复杂，这种不断增加的复杂性给更多的物种提供了便利。出现了线虫、螨虫，还有别的昆虫。食物链从此建立了起来。真菌寄生在底层，以不断增加的虫子尸体为食。

这个社群在数量、体量以及高度上不断发展。一层动物尸体和废弃的落叶堆积在岩石上。不断增加的底层使更大的植物生根，这使得更大的动物可以在这里安家。这就是不断持续的过程。差不多所有的先锋种都需要其他物种在它们之前撒好。如果没有那些它们生活其中、以其为食、共生的或寄生的物种，它们是无法存活的。所以这是一种正向反馈：社群变得越大，它就能发展得更好。

薄薄的一层绿草变成了草皮。草皮变成了灌木丛。灌木丛变成了树林。树林变成了林地。林地变成了森林。基因生命的囤积是一个持续的过程，而生态学家无法不将他们路过的社群进行分类。他们聊到早期的灌木丛以及晚期的林地。然而，最终社群成员的混乱局面将会结束。土壤会变得从未有过的厚实，植物会变得更缤纷，动物种类会变得更丰富。这种演替最终演变成"顶级群落"。可能还会有新的物种出现并取代现存的，不过它们之间是相互交换的关系，顶级群落本身是稳定并且完整的。

即使是最复杂的丛林也是这么形成的。我怀疑，最复杂的头脑可能也是这么形成的。坐在我旁边的法裔加拿大小女孩现在还在构建着她的先锋群落，这是所有后续想法的基础。一开始，它们只是最简单的精神上的想法、模仿的肢体动作等。她会模仿她父亲拿勺子。她会模仿拍手，大笑。她会模仿眨眼、张嘴、玩躲猫猫的手势。她会模仿这些事，因为人类可以模仿任何他们能做到的事。[*]

她初次对语言的尝试，"嗒嗒嗒""呀呀呀"，都是学习音素和音节的精神活动。虽然只是模仿一些嘴部和喉咙动作，放在一起看，某天她就会掌握一整套语言。

单词背后的象征性联想很重要，它是一组不同的思想。我将它们称为语义思想，可以学习传承。它们并不直接与肌肉运动相联系。它们只作为抽象概念存在于脑子里：特定的神经元在新大脑皮质中被激活，而这里与精神活动的思想通过相关区域联系。它们是后来的演替物种：它们只有当合适的先锋物种适当出现时才会到来。

语义思想是拥有无尽的多元性和复杂性的文化基因生命的王国。它们是紧密共生的超级 N 次方的有机体，紧密到难以区分辨认。一个社群的思想在数量、体量以及高度上越多，它具有的语义也就越多。那个画着恐龙的小男孩显然已经学会了越来越多的复杂的语义思想。他知道他画的是什么，首先是动物（他会拿着画的两边比画，好像它们在走），其次是恐龙（通过他模仿的吼叫声可以看出），另外，一只食肉，另一只食草（通过他选的颜色，一只是绿色的，另一只是蓝色的，下颌处有血滴下来）。他可能是从他爸爸那学到了这些，也可能是他自身的投入和推理，还有可能是完全无意识的。随着新的、更先进的思想加入他的思想社群中，他对这个文化基因构建的世界会理解得更加丰富。比如说，现在四岁的他已经知道禽龙膝盖和尾巴上的两条悬着

---

[*] 这不是说法裔加拿大小女孩，或者我们任何一个人的大脑是白板一块，没有任何特色或意义。

的线并不是什么飞虫,而代表受到惊吓的猎物留下的痕迹(他一边叫着一边把它们都涂成了红色)。男孩不断扩大的语义社群和独特构造的人类大脑相互作用,这样他逐渐就能读懂文化基因生命的密码了。

他才只有四岁,还有很多需要学习。为了能在现代世界运用文化基因,并在心智圈中发挥应有的作用,他还需要至少学习 15 年来进行思想的演替。社会通过义务教育将大多数人的文化适应正式规范了下来。从他走进教室开始,受过训练的专业人员会为他的这一趟学习之旅保驾护航,通过鼓励他学习书写语言来记住一大堆的思想。对于口语来说,书写的基础是一套精神思想:笔画。而这些又和发音与标点有关。这种稀奇又需要投入的手工艺技术与口语形式具有相同的词汇联想。它们是通过大脑的同一片区域相连的,这片区域叫作韦尼克区。

挖掘这个男孩新掌握的识字能力,正规教育肩负起每次为他的思想社群增添物种的使命,基于演替的规则,要确保早的思想物种(比如,圆的直径)要比晚的(πr^2)出现得早。这一路,男孩会学到一连串新的思想(比如,如何握网球拍,说西班牙语时嘴和喉咙的动作,如何使用鼠标,等等),还有数学、历史、音乐、科学以及其他领域的新的语义思想。他那种能够熟练驾驭这一长串思想,也就是能熟悉这片不断扩大的文化雨林的过程,我们称之为智慧。如果他十分善于运用这些语义思想,他可能对不属于他年龄段的教育知识如饥似渴,那么他就会继续积累他的思想社群,直到成年。

为什么我们要这么不厌其烦?为什么我们要忍受这么多年的教育?通过这些视角,答案是显而易见的:因为这与文化基因相适应。拿书写工艺来说,书写完全是一种文化技艺,由文化基因构成,学习起来很难,因为它的发展历史不长,我们的大脑还没机会进化出可以处理它的任何软硬件功能。从文化基因的视角来看,识字是必要的,值得我们努力，因为它为思想带来了内在的生命。任何可以被书写下来的思想都有永存的机会，无论是在纸上、硬盘的文档中，或者刻在石头上，直到某一天另一个人读到了它，它便重新有了生命。*在文化基因看来，一群识字的人类像圣杯一样珍贵。正是出于文化基因的考虑，我们要在教室里再被灌输15年还要多的知识。

后现代世界

义务教育是现代世界中解决文化适应这个问题的答案。我们通过找一些教师来构建后代的文化基因，但事情并非一直如此。对于我们生活在地球上的90%的时间，我们都是住在部落里的采集狩猎的人。部落里教育孩子的方式是让他们多花时间和村子里最年长的人相处。在一个一成不变的世界里，他们的思想是最值得借鉴学习的。他们知道所有的特殊技巧以及各种有教育意义的故事。他们的长寿甚至在面临从未经历的自然灾害时提供重要信息。2004年的海啸在印度洋安达曼岛上掀起了9米高的巨浪。印度政府官员担心岛上的部落会遭受严重的人员伤亡，结果发现并没有：部落口头传统告诉他们如果海浪来了，那就逃到高地上去。当新来不久的移居者陷入深深恐惧时，部落的人已经安全地躲到山里去了。

上年纪的人对我们传统生活的价值，虽然仍有争论，但很大程度

---

* 在经历了2018年的休眠后，罗塞塔石碑，上边刻着一堆人类思想的石碑，被法国人让·弗朗索瓦·商博良在1824年神奇地复原了。它们在公元前196年，存在于埃及王托勒密五世的神父的头脑里。在经历了漫长的无人问津之后，这个在学校受过教育的法国人——知道如何读懂古希腊语，为破解石碑做出了贡献。这些文字是关于如何建造庙宇里的雕像的，虽然对于商博良来说没太大用处，不过没关系，低温保存法发挥了作用。商博良将这些古代的文化基因传播给了现代世界。说到这，商博良还对石碑做了点文化基因上更有意思的事。他第一次翻译了埃及象形文字，将一整个领域的古代文化基因公布于众。

上决定了我们具有这么长的后生殖期的原因。没有任何一种动物或植物像我们人类一样享受晚年生活，因为在普通情况下，不育和衰弱的人都是不好的：在充满竞争的世界里，他们至少会成为负担或者很差劲的不被需要的对手。而对于我们人类来说，他们的存在至关重要，因为他们可以挑起文化研究中所说的垂直传播，在代与代之间"垂直"传递思想。在部落时期，信息传播主要依靠这种方法，直到离现在不久之前，义务教育和一般的社会标准使垂直传递一直处于主导地位。而现代社会似乎在传播方式上经历了一些转变。现如今的年轻人通过"水平传播"互相学习。年轻人不再需要老年人了。在这个不再是一成不变的世界里，老年人的智慧失去了存在的意义。思想变化的概率越大，新思想出现的概率就会越来越大。现在，即使是五年寿命的思想也被看作过气的。有些人会说由于新资本主义的发展加深了我们对服装、电器以及媒体的消费，不过我认为主要的原因是科技的出现以及科学崛起的后效应。虽然快速出现的思想席卷了整个市场，但也是思想传播的革命使得它们有机会这么做。出版社、贝尔的电话、收音机、电视机、电脑、网络以及手机都在设计空间中填补着文化基因的生命。现在任意一种思想可以在任何时候传递给任何人。现在是文化基因的开放时期。文化进化被卷进了超速行驶的阶段，朝着左、右、中间各个方向发展，大量的思想物种都变得快速发展、早期消亡，以及不断通过宿主的聊天、超链接、推特等方式开拓着现代的行为方式。

随着利多咖啡馆里上午出现的人流，可以对之前提到的进行举例。他们不同的长相、态度、生活方式、谈话都透露着"新的"方式。这并不是说以前的思想成了禁忌话题，眼前这座有历史的咖啡馆，挂着猫王的照片，还有冷饮柜台，就是很好的证明，只要那些站在文化前沿的人不觉得它们"过时"就行。

他们每个人走近柜台，都会为喝什么饮料做出抉择。很多人会选"可口可乐"。因为它好喝而且喝完很精神，可能也是因为可口可乐比较"酷"。通过核磁共振扫描仪，虽然大脑的奖励中枢主要被百事可乐刺激，而在盲选的过程中，百事可乐也是比较受欢迎的，但人们还是会选可口可乐，如果他们看得到标签的话。[2] 为什么会这样？当实验对象置于扫描仪之下，看到标签的时候，在他们前额的一片区域，内侧前额叶皮质开始被唤起了。这个区域是以自我为中心的。这个区域是只有当我们尝试与自我发生联系或者建立自身身份时才会被激活的部分。所以即使可口可乐不好喝，而我们依然喜欢的原因可能是我们将自我与这个品牌一定程度上联系了起来。可口可乐，无论是巧合或者市场营销的目的，都变成了我们自我构建的一部分，我们的人格。

这是文化基因对自然基因的胜利。我们的自然基因更喜欢百事可乐，但我们在不知情的情况下推翻了这个选项，由于我们的大脑将品牌符号与可口可乐的名字、易拉罐或者玻璃瓶的颜色关联了起来。在消费世界里还有很多相似的品牌竞争。当研究小组展示一组由学习时尚设计的学生选出的品牌以及名人后，需要重新对"酷"或者"不酷"做出排列，内侧前额叶皮质以及一个叫作"波德曼10号区域"的地方再度活跃了起来。当研究这些反应时，加利福尼亚理工学院的研究者注意到所有的研究对象可以分为三组。[3] 第一组：从始至终没有太强烈的反应。第二组：当展示很酷的标志或明星时，内侧前额叶皮质会有很多活跃活动。* 第三组：对不酷的东西在"波德曼10号区域"表现得很明显。从而得出的结论是，有些人并不太把酷不酷当回事，有些人会对普遍认为酷的文化产品觉得酷，而有些人惧怕不酷的东西。

---

* 我认为在我们脑子里，名人会有"品牌效应"。近期的研究表明，除了看到类似星巴克的品牌，我们的神经元会被唤起，有些时候，当看到詹妮弗·安妮斯顿的时候也会。

可能是第二组人不断推进着这个判断新思想是否时髦的过程，而第三组人害怕变得不酷的心理使心智圈中不断出现流行的时髦观点。在我的一生中有太多基于观念的狂热，我甚至怀疑，现在我们的社会中，也会一直这么存在着。可这种追赶时髦的风气对于时间、物质、金钱不都是一种浪费吗？我们不是应该不管酷或不酷，而是花时间、物质以及金钱做点更有意义的事情，比如实现世界和平之类的？

话虽如此，可你看什么时候我们停下了？我们就是文化基因的猴子而已。让我们感到开心的是文化基因带来的观念，观念通过占领我们的奖励中枢来实现这一点。对于观念而言，能维持长久生命力的办法是每当我们娱乐它们的时候，都会给我们一点奖励。我们自然基因建立起的奖励中枢鼓励我们去做有益于我们的事情：发生性行为，渴了的时候喝水，照顾后代等。而文化基因的出现显然破坏了这个机制。我们如何从传递观念中获得乐趣呢，比如教我们朋友如何握高尔夫杆，讲笑话或者开始每一句之前加上"在我看来"？加利福尼亚理工学院的那组研究人员测试了那些对酷不酷不感兴趣的人，他们虽然可能对时尚品牌不感兴趣，但我敢说他们肯定也从别的思想观念中产生过兴趣。他们肯定有些别的爱好，比如集邮、玩魔兽世界或者打棒球。我们都有自己的癖好，这也解释了为什么我们在构建的文化丛林中有如此多的不同思想观念的分类。我们不需要为这种状态感到尴尬。我们反而应该庆祝。我们喜欢不同的思想观念。不过那又怎样呢？

真相

这并不意味着我们应该鼓励所有的思想观念。生命从一般而言，多样性是好的，文化基因的多样性对于文化生命的发展也是好的，这只是用来探索所有的设计领域，但这并不意味着对我们是好的。历史告诉我们，我们需要对我们的文化基因更加有辨识能力。

问题的核心是这个演替的过程不是注定的。在生态学上，外部环境和物种构成都"转向"演替，从而形成不同的结果。在孩子不断形成的脑子里形成的是思想观念的演替。孩子是没有辨别能力的，他们会欣然接受任何事实真相。无论是在校内还是校外，文化环境都对孩子大脑的演替方向具有深远的影响，就如同物种加入社群的属性一样。我接受的是典型的西方教育，主基调是理性主义和自由主义，因此我的脑内社群也主要是这些思想观念。但并不是每个人都受到和我一样的教育。由于我们在选择去相信什么时会出错，我们都不可避免地成了不真实、偏见以及坏想法的宿主。我们都受到思想意识形态的影响，或者我们应该称之为生态理念。政府（我的政府也是）都会出于社会政治的目的自觉或不自觉地形成孩子们的思想社群。我们都受到文化基因工程的影响。这能解释我们物种很多历史上的失败。一个 1940 年的德国年轻人和一个 1980 年的德国年轻人的区别在于他们的文化环境以及他们所经历的不同的思想观念。我们生来都是文化基因的猴子，也都很容易受其影响。

现在我们通过这些视角，可以看清周围的环境，我的希望是我们都能了解到这种脆弱性，并进行弥补。让我给你举个例子。在高加索的群山中有两个小国，印古什共和国和北奥塞梯共和国，虽然它们的名字听起来很好听，但它们自古以来一直是劲敌。印古什人觉得战争是北奥塞梯人引起的，而北奥塞梯人认为是印古什人。如果你去印古什的学校学习，你会学到很多关于北奥塞人是如何泯灭人性的。而如果你去北奥塞梯人的学校，你会学到关于野蛮的印古什人的背叛。印古什和奥塞梯的孩子都很容易受到这种自毁思想的影响。

不过，近年来，一组慈善工作者有了他们自己的想法。他们决定合作写一本印古什-北奥塞梯的历史书。与其作为文化基因的奴隶，他们选择让文化基因为他们服务。他们要做一些文化基因的构建工作。他们将收到的两边的智慧结晶进行对比和比较，从附近的区域采用历史证据素材，书写一部达成共识的历史，当然这个过程不会太温和。他们猜测，两国的老师将会分别讲新的历史，但他们肯定还是会教的。对于第一批人来说，可能要经过十年八载的时间，但在足够支持的情况下，下一代的高加索人将会从他们过去糟糕的思想观念中解放出来，使他们以后的成年岁月选择原谅和遗忘，并将目光从当地生活中放眼出来，投入一个更加广阔的世界中，在那里，70亿个不同的人类大脑在与其自身的自然基因和文化基因较量，试图在这个无意识的世界中做出一些进步。

像这样的情形就算没有上千，也有上百个。加沙地带、信贷危机、自杀袭击者、津巴布韦元等，这些都是潜在有毒的思想观念。基因治疗需要无尘的实验室、可利用的逆转录病毒以及阳离子聚合物等。如果文化基因治疗只需要一本新的历史书的话，那我们有机会可以重新认识我们自身导致的这些人为灾难。

埃兹和我离开了利多餐厅，酒足饭饱，我们走上拱桥，俯视着城镇边上河对岸的公园。周六的早上阳光明媚，卡尔加里的"文化基因的猴子们"都出来活动了，他们放风筝、野餐、划船、跑步、读报、从垃圾箱里找东西，有年老的，年轻的，中年的，有些带着孩子，有些是丁克夫妇，但没有一个怪人。我现在明白了，他们都在达尔文的宇宙世界里履行着自己的使命，这也是生命所经历的最了不起的进化历程的设计理念。

我们脚下的河泛绿而油腻，河水不停拍打着坚固的桥墩。过了一会儿，我们看到了在拱桥阴影下芦苇中的虹鳟鱼。它们毫不费力地逆流游动着。它们迎着河水一会儿向左，一会儿向右，克服它们的天性而进行了很好的适应调整。它们熟悉周围的水流。它们身上的每个部分都是用来战胜这股逆流的。它们拒绝随波逐流。取而代之的是，它们一直游着。

注　释

第 3 章：进化，明尼苏达州

1. Daniel Dennett, *Darwin's Dangerous Idea,* 1995, New York:Simon&Schuster, p.50.

第 6 章：选择，怀俄明州

1. Richard Dawkins, *The Greatest Show on Earth, 2009*, New York:Free Press, p.73.

第 9 章：西部如何取胜之二：1876 年 6 月 25 日

1. Quoted in Jacques Hadamard's *The Psychology of Inventing in the Mathematical Field*, Princeton:Princeton University Press,1949,p.16.

第 11 章：锥形帐篷分类的初级指南

1. S.K.Huber,L.F.De León,A.P.Hendry,E.Bermingham,and J.Podos, 'Reproductive Isolation of Sympatric Morphs in a Population of Darwin's Finches,' *Proc Biol Sci.* 274,no.1619(July 22,2007):1709-14.
2. John McWhorter, *The Power of Babel*, London: Arrow,2001, p.13.
3. www.ethnologue.com (October 2010).

第 12 章：想象力的约束

1. See Daniel Gilbert's *Stumbling on Happiness* (2007).

第 14 章：过去

1. Roy Mukamel et al., 'Single-Neuron Responses in Humans during Execution and Observation of Actions,' *Current Biology* 20,no.8(2010).
2. Xu J., P.J.Gannon,K. Emmorey, J.F.Smith, and A.R.Braun, 'Symbolic Gestures and Spoken language Are Processed by a Common Neural System,' *Proc Natl Acad Sci USA* 106(2009):20664–669.
3. Chun Siong Soon, Marcel Brass, Hans-Jochen Heinze,and John-Dylan Haynes, 'Unconscious Determinants of Free Decisions in the Human Brain,' *Nature Neuroscience* 11(2008):543–45.
4. E.B. Renaud, *The Archaeological Survey of the High Western Plains*, Denver, University of Denver,1936.

第 15 章：现在

1. Quoted in T.C.Whitmore, *An Introduction to Tropical Rain Forests*, Oxford: Clarendon Press, 1990.
2. McClure et al. 'Neural Correlates of Behavioral Preference for Culturally Familiar Drinks,' *Neuron* 44(2004):379-87.
3. See the Quartz research group,www.qlab.caltech.edu/Qpeople.htm.

文献目录

打造"有色眼镜"的那些人

我有意识地没有在文章中提到科学家和哲学家的名字，除非真的非常有必要。我觉得这样流于形式，也放慢了整个文章的节奏。现在该是列出他们名字的时候了。那么，是谁创造了我所看到的新世界的有色眼镜呢？

首先要提的是那些将生物进化与文化进化初次进行对比的人。达尔文就是其中之一。他的观点是自然选择是"基底中和的"，适用范围不局限于有机体，他通过词汇与工具设计之间的对比以及语言的进化来阐释他的自然选择理论。和他同时期的赫伯特·斯宾塞更善于将这两种进化融合，并将文明的文化作为一个人类思想成长的基础的进化环境。威廉·詹姆斯，作为先锋的心理学家，在1880年得出相同的结论，号召他的追随者完全掌握达尔文理论，从而更好地解释人类社会进化的过程。而这些早期的理论学家都受制于关键的一点，那就是：没人了解基因，所以很难获得文化基因的视角。

Darwin, C. (1859/1964). *The Origin of Species.* 1st ed. With an Introduction by Ernst Mayr. Cambridge, Mass.: Harvard University Press.

——(1877/2004). *The Descent of Man.* 2nd ed. With an introduction by Adrian Desmond and James Moore. London: Penguin.

James, W. (1880). 'Great Men, Great Thoughts, and the Environment.' *Atlantic Monthly* 66: 441-59.

Spencer, H. (1855). *The Principles of Psychology.* London: Longman, Brown, Green and Longmans.

这条通往文化基因的路上，首先出现的是一位德国动物学家，名叫理查德·沃尔夫冈·西蒙（Richard Wolfgang Semon），他首次假设文化以百万个单元存在于集体人类记忆中。在 1904 年发表的论文中，他将这些"记忆感知的"单元称为记忆基质，这是源于古希腊学者对记忆力的描述，并认为当大脑觉察到刺激物时，在记忆中形成了由"神经改变"构成的心理状态。他提出，当相同的刺激物再次出现的时候，这种状态又会被激活。

    Semon, R. W.(1921). *The Mneme.* London:George Allen and Unwin.

西蒙之后，理论界没有太大的动静，直到基因视角出现。道金斯在他有所突破的《自私的基因》一书中宣传了汉密尔顿和威廉姆斯对生命的观点，并重新引起了对于"文化基因：新的复制因子"的讨论。与达尔文相似，道金斯想要指出自然选择是"基底中和的"。他选择提出一种叫作"文化基因"的文化复制因子，这个词与西蒙的"文化基质"没太大关系，只是表示与记忆相关，并且和基因相关。这个词选得很好。作为文化基因理论的发明者，道金斯清楚地知道这个词可以当别的词的前缀，比如文化模因、模因、模因复合体等。

    Dawkins, R. (1976). *The Selfish Gene.* Oxford: Oxford University Press.

道金斯的文化基因理论是大胆而草率的，并不能被大多数人接受。20 世纪 80 年代，一些研究者也想要通过"共同进化模型"这个概念来解释文化进化与生物进化之间的紧密联系。这些人有社会生物学家 E.O. 威尔森、领先的人类基因学家路易基·卢卡·卡瓦利-斯福扎、加利福尼亚的人类学家罗伯特·博伊德以及彼得·理查森，他们都出版了作品，认为文化进化是达尔文进化，但这并不等同于文化复制因子。

    Boyd, R., and P. Richerson. (1985). *Culture and the Evolutionary Process.* Chicago: University of Chicago Press.
    Cavalli-Sforza, L., and M. Feldman. (1981). *Cultural Transmission and Evolution: A Quantitative Approach.* Princeton, N.J.: Princeton University Press.
    Lumsden, C., and E. O. Wilson. (1981). *Genes, Mind and Culture: The Coevolutionary Process.* Cambridge, Mass.: Harvard University Press.

20 世纪 90 年代，这场讨论被全新出现的科学所中断，这门科学叫作进化心理学。它试图将人类行为回归到编码的有利基因。进化心理学引起了很大的轰动，这门学科的研究热情是 20 世纪 90 年代科学界最值得引起注意的，不过最终还是失败了。这些进化心理学家的还原论太贪心，他们的基因决定论太深奥，开始和狭隘的科学联系起来。比如：

    Pinker, S. (1994). *The Language Instinct.* New York: W. Morrow and Co.

——(1997). *How the Mind Works*. New York: W.W. Norton.

Tooby, J., and L. Cosmides. (1992). 'The Psychological Foundations of Culture.' In J. Barkow, L. Cosmides, and J. Tooby (eds.), *The Adapted Mind: Evolutionary Psychology and the Generation of Culture*. Oxford: Oxford University Press, pp. 19-136.

在这个时间,美国的科学哲学家丹尼尔·德耐特写下了《达尔文的危险思想》。在书中他强调,从哲学观点的角度,我们不应止步于我们进化中非达尔文的任何描述:达尔文主义是我们所知道的所有使设计无意识的唯一事物,所以直到弄明白达尔文主义的发展之前我们都不应止步。他建议我们回到道金斯的文化基因理论,并再次进行研究。最初他无法理解我们是如何构建这么一门科学的,不过通过他的文章,我们有了为之努力的动力。

Dennett, D. C. (1995). *Darwin's Dangerous Idea: Evolution and the Meanings of Life*. New York: Simon & Schuster.

很多人接受了挑战。其中至今仍活跃在该领域的著名研究学者有心理学家苏珊·布莱克莫尔、阿莱克斯·梅索迪(Alex Mesoudi)、凯文·拉兰德(Kevin Laland),人类学家罗伯特·昂格(Robert Aunger),社会生物学家安德鲁·惠顿(Andrew Whiten)。随着对我们大脑的结构与功能,神经学以及神经心理学研究的不断成熟,我怀疑,这只是刚刚开始。

Aunger, R. (2002). *The Electric Meme: A New Theory of How We Think*. New York: Free Press.
Blackmore, S. (1999). *The Meme Machine*. Oxford: Oxford University Press.
Mesoudi, A., A. Whiten, and K. N. Laland. (2006). 'Towards a Unified Science of Cultural Evolution.' *Behavioral and Brain Sciences* 29(4):329-83.

补充阅读

以下所列图书与本书内容相关。它们都在我通过有色眼镜视角表达世界观时发挥了重要作用。

Aunger, R. (2000). *Darwinizing Culture: The Status of Memetics as a Science*. Oxford: Oxford University Press.

Begon, M., C. R. Townsend, and J. L. Harper. (2006). *Ecology: From Individuals to Ecosystems*. 4th ed. Malden, Mass.: Blackwell Pub.

Brodie, R. (1996). *Virus of the mind: The New Science of the Meme* . Seatle, Wash.: Integral Press.

Cavalli-Sforza, L. L. (2000). *Genes, Peoples, and Languages*. London: Penguin Books.

Darwin, C. (1959). *The Voyage of the Beagle*. New York: Harper.

Dawkins, R. (1986). *The Blind Watchmaker*. New York: W.W. Norton.

——(2004). *The Ancestor's Tale: A Pilgrimage to the Dawn of Evolution*. Boston: Houghton Mifflin.

—— (2009). *The Greatest Show on Earth: The Evidence for Evolution*. New York: Free Press.

Dennett, D. C. (2003). *Freedom Evolves*. New York: Viking.

——(2006). *Breaking the Spell: Religion as a Natural Phenomenon*. New York: Viking.

Diamond, J. M (1998). *Guns, Germs, and Steel: The Fates of Human Societies*. New York: W.W. Norton and Co.

—— (2005). *Collapse: How Societies Choose to Fail or Succeed*. New York: Viking.

Distin, K (2005). *The Selfish Meme: A Critical Reassessment*. Cambridge, UK: Cambridge University Press.

Dunbar, R.I.M., C. Knight, and C. Power. (1999). *The Evolution of Culture:*

An Interdisciplinary View. New Brunswick, N.J.: Rutgers University Press.

Evans, D., R. Appignanesi, and O. Zarate. (2005). *Introducing Evolutionary Psychology*. Cambridge, Mass.: Icon Books.

Fox, K (2004). *Watching the English: The Hidden Rules of English Behavior*. London: Hodder and Stoughton.

Frank, L. (2009). *Mindfield: How Brain Science Is Changing Our World*. Oxford: Oneworld.

Gilbert, D. T. (2006). *Stumbling on Happiness*. New York: Knopf.

Gladwell, M. (2000). *The Tipping Point: How Little Things Can Make a Big Difference*. Boston: Little, Brown.

Goble, P. (2007). *Tipi: Home of the Nomadic Buffalo Hunters*. Bloomington, Ind.: World Wisdom.

Grafen, A., and M. Ridley (2006). *Richard Dawkins: How a Scientist Changed the Way We Think: Reflections by Scientists, Writers, and Philosophers*. Oxford: Oxford University Press.

Iacoboni, M. (2008). *Mirroring People: The New Science of How We Connect with Others*. New York: Farrar, Straus and Giroux.

Jablonka, E. and M.J. Lamb (2005). *Evolution in Four Dimensions: Genetic, Epigenetic, Behavioral, and Symbolic Variation in the History of Life*. Cambridge, Mass: MIT Press.

Jones, S. (2000) *Almost Like a Whale: 'The Origin of Species' Updated*. London: Anchor.

Laland, K N. and B. G. Galef. (2009). *The Question of Animal Culture*. Cambridge, Mass.: Harvard University Press.

Laubin, R, G. Laubin, and S. Vestal. (1997). *The Indian Tipi: Its History, Construction, and Use*. Norman: University of Oklahoma Press.

Lynch, A. (1996). *Thought Contagion: How Belief Spreads Through Society*. New York: Basic Books.

Lynch, G. and R. Granger. (2008). *Big Brain: the Origins and Future of Human Intelligence*. New York: Palgrave Macmillan.

McWhorter, J. H. (2003). *The Power of Babel: A Natural History of Language*. London: Arrow.

Marcus, G. F. (2008). *Kluge: The Haphazard Construction of the Human Mind*. Boston: Houghton Mifflin.

Mesoudi, A. (2005). *The Transmission and Evolution of Human Culture*. St. Andrews: University of St. Andrews.

Raby, P. (2001). *Alfred Russel Wallace: A Life*. Princeton, N.J.: Princeton University Press.

Richerson, P.J and R. Boyd. (2005). *Not by Genes Alone: How Culture Transformed Human Evolution*. Chicago: University of Chicago Press.

Ridley, M. (2003). *Nature via Nurture: Genes, Experience, and What Makes Us Human*. New York: HarperCollins.

Schilthuizen, M. (2001). *Frogs, Flies and Dandelions: Speciation–The Evolution of New Species*. Oxford: Oxford University Press.

Sigmund, K (1993). *Games of Life: Explorations in Ecology, Evolution, and Behaviour*. Oxford: Oxford University Press.

Smith, J., and E. Szathmáry. (1999). *The Origins of Life: From the Birth of Life to the Origin of Language*. Oxford: Oxford University Press.

Waldman, C. and M. Braun. (1988). *Encyclopedia of Native American Tribes*. New York: Facts on File.

Freud. New York: HarperCollins.

Wilson, E. O (1998). *Consilience: The Unity of Knowledge*. New York: Knopf.

见识丛书

科学 历史 思想

01《时间地图：大历史，130亿年前至今》　　　　　［美］大卫·克里斯蒂安
02《太阳底下的新鲜事：20世纪人与环境的全球互动》
　　　　　　　　　　　　　　　　　　　　　　　［美］约翰·R. 麦克尼尔
03《革命的年代：1789—1848》　　　　　　　［英］艾瑞克·霍布斯鲍姆
04《资本的年代：1848—1875》　　　　　　　［英］艾瑞克·霍布斯鲍姆
05《帝国的年代：1875—1914》　　　　　　　［英］艾瑞克·霍布斯鲍姆
06《极端的年代：1914—1991》　　　　　　　［英］艾瑞克·霍布斯鲍姆
07《守夜人的钟声：我们时代的危机和出路》　［美］丽贝卡·D. 科斯塔
08《1913，一战前的世界》　　　　　　　　　　　［英］查尔斯·埃默森
09《文明史：人类五千年文明的传承与交流》　　　［法］费尔南·布罗代尔
10《基因传：众生之源》（平装+精装）　　　　　　［美］悉达多·穆克吉
11《一万年的爆发：文明如何加速人类进化》
　　　　　　　　　　［美］格雷戈里·柯克伦　　［美］亨利·哈本丁
12《审问欧洲：二战时期的合作、抵抗与报复》　［美］伊斯特万·迪克
13《哥伦布大交换：1492年以后的生物影响和文化冲击》
　　　　　　　　　　　　　　　　　　　　［美］艾尔弗雷德·W. 克罗斯比
14《从黎明到衰落：西方文化生活五百年，1500年至今》（平装+精装）
　　　　　　　　　　　　　　　　　　　　　　　　　［美］雅克·巴尔赞
15《瘟疫与人》　　　　　　　　　　　　　　　　　［美］威廉·麦克尼尔
16《西方的兴起：人类共同体史》　　　　　　　　　［美］威廉·麦克尼尔
17《奥斯曼帝国的终结：战争、革命以及现代中东的诞生，1908—1923》
　　　　　　　　　　　　　　　　　　　　　　　　［美］西恩·麦克米金
18《科学的诞生：科学革命新史》（平装）　　　　　　［美］戴维·伍顿
19《内战：观念中的历史》　　　　　　　　　　　　［美］大卫·阿米蒂奇
20《第五次开始》　　　　　　　　　　　　　　　［美］罗伯特·L. 凯利

21 《人类简史：从动物到上帝》（平装+精装）　［以色列］尤瓦尔·赫拉利
22 《黑暗大陆：20世纪的欧洲》　［英］马克·马佐尔
23 《现实主义者的乌托邦：如何建构一个理想世界》
　　　　　　　　　　　　　　　　　　［荷］鲁特格尔·布雷格曼
24 《民粹主义大爆炸：经济大衰退如何改变美国和欧洲政治》
　　　　　　　　　　　　　　　　　　［美］约翰·朱迪斯
25 《自私的基因（40周年增订版）》（平装＋精装）　［英］理查德·道金斯
26 《权力与文化：日美战争1941—1945》　［美］入江昭
27 《犹太文明：比较视野下的犹太历史》　［以］S. N. 艾森斯塔特
28 《技术垄断：文化向技术投降》　［美］尼尔·波斯曼
29 《从丹药到枪炮：世界史上的中国军事格局》　［美］欧阳泰
30 《起源：万物大历史》　［美］大卫·克里斯蒂安
31 《为什么不平等至关重要》　［美］托马斯·斯坎伦
32 《认知工具：文化进化心理学》　［美］塞西莉亚·海斯
33 《简明大历史》　［美］大卫·克里斯蒂安　［美］威廉·麦克尼尔 主编
34 《专家之死：反智主义的盛行及其影响》　［美］托马斯·M. 尼科尔斯
35 《大历史与人类的未来（修订版）》　［荷］弗雷德·斯皮尔
36 《人性中的善良天使》　［美］斯蒂芬·平克
37 《历史性的体制——当下主义与时间经验》　［法］弗朗索瓦·阿赫托戈
38 《希罗多德的镜子》　［法］弗朗索瓦·阿赫托戈
39 《出发去希腊》　［法］弗朗索瓦·阿赫托戈
40 《灯塔工的值班室》　［法］弗朗索瓦·阿赫托戈
41 《从航海图到世界史：海上道路改变历史》　［日］宫崎正胜
42 《人类的旅程：基因的奥德赛之旅》　［美］斯宾塞·韦尔斯
43 《西方的困局：欧洲与美国的当下危机》
　　　　　　　　　　　　　　　　　　［德］海因里希·奥古斯特·温克勒
44 《没有思想的世界：科技巨头对独立思考的威胁》
　　　　　　　　　　　　　　　　　　［美］富兰克林·福尔
45 《锥形帐篷的起源：思想如何进化》　［英］乔尼·休斯